经济内循环背景下
文旅融合发展研究

王诗铃 ◎ 著

吉林出版集团股份有限公司
全国百佳图书出版单位

图书在版编目（CIP）数据

经济内循环背景下文旅融合发展研究 / 王诗铃著. -- 长春：吉林出版集团股份有限公司，2023.11
ISBN 978-7-5731-4471-3

Ⅰ.①经… Ⅱ.①王… Ⅲ.①文化产业－产业发展－研究－中国②旅游业－产业发展－研究－中国 Ⅳ.①G124②F592.3

中国国家版本馆CIP数据核字(2023)第220462号

JINGJI NEI XUNHUAN BEIJING XIA WENLÜ RONGHE FAZHAN YANJIU

经济内循环背景下文旅融合发展研究

著　　者	王诗铃
责任编辑	杨　爽
装帧设计	优盛文化

出　　版	吉林出版集团股份有限公司
发　　行	吉林出版集团社科图书有限公司
地　　址	吉林省长春市南关区福祉大路5788号　邮编：130118
印　　刷	定州启航印刷有限公司
电　　话	0431-81629711（总编办）
抖 音 号	吉林出版集团社科图书有限公司　37009026326

开　　本	710 mm×1000 mm　1 / 16
印　　张	17
字　　数	245 千
版　　次	2023 年 11 月第 1 版
印　　次	2023 年 11 月第 1 次印刷

书　　号	ISBN 978-7-5731-4471-3
定　　价	98.00 元

如有印装质量问题，请与市场营销中心联系调换。0431-81629729

前　言

在全球化背景下，各种新的经济发展模式不断涌现，为经济发展注入了新的活力。其中，"双循环"新发展格局成为一个重要的研究方向。它强调通过内外循环相互作用，推动经济发展。如此一来必将会对各个行业带来不小的冲击和挑战。特别是在文旅领域，如何推进文旅深度融合，构建旅游"内循环"发展新格局，成为一个值得深入研究的话题。

文旅融合在当前的社会发展中占据了十分重要的位置。它将文化和旅游这两个领域紧密结合在一起，使得人们的休闲娱乐生活变得更加丰富多彩。在经济内循环的大背景下，文旅融合发展的研究显得尤为重要。本书从文旅融合的三个维度，即文旅发展观念融合、文旅产业规划融合、文旅发展要素融合，对文旅融合进行了深入的探讨。此外，文旅融合如何参与经济内循环也是本书的研究内容之一。本书从生产、分配、流通、消费四个环节出发，详细分析了文旅融合如何参与经济内循环，深入研究了文旅融合资源的挖掘与利用，包括历史与艺术文化资源、自然与生物旅游资源，以及民俗与特色美食资源的挖掘与利用。在探讨了文旅融合的理论与实践后，本书进一步分析了文旅融合的发展模式与实践，包括文化景观模式、主题公园模式、特色小镇模式、文创开发模式、文化节庆模式以及旅游演艺模式等。文旅融合品牌建设与推广也是本书关注的重点之一，书中详细讨论了文旅品牌的核心价值识别、市场定位、关键策略以及市场推广方式与实践策略。最后，本书对文旅融合的未来发展展望进行了深入探讨。从文旅资源的传承与保护、"文旅元宇宙"新模式探索以及文旅融合参与国际大循环三个方向，为文旅融合的未来发展提供了新思路和新方向。

目 录

第一章 绪论 001
 第一节 "双循环"新发展格局 001
 第二节 经济内循环的"两条主线"与"四大环节" 006
 第三节 文旅融合发展 013

第二章 文旅融合的三个维度 023
 第一节 文旅发展观念融合 023
 第二节 文旅产业规划融合 029
 第三节 文旅发展要素融合 038

第三章 文旅融合参与经济内循环 048
 第一节 文旅融合参与生产环节 048
 第二节 文旅融合参与分配环节 057
 第三节 文旅融合参与流通环节 073
 第四节 文旅融合参与消费环节 089

第四章　文旅融合资源挖掘与利用 ... 101
第一节　历史与艺术文化资源挖掘与利用 ... 101
第二节　自然与生物旅游资源的挖掘与利用 ... 110
第三节　民俗与特色美食资源挖掘与利用 ... 124

第五章　文旅融合发展模式研究 ... 136
第一节　文化景观模式研究 ... 136
第二节　主题公园模式研究 ... 144
第三节　特色小镇模式研究 ... 157
第四节　文创开发模式研究 ... 174
第五节　文化节庆模式研究 ... 180
第六节　旅游演艺模式研究 ... 191

第六章　文旅融合品牌建设与推广 ... 202
第一节　文旅品牌的核心价值识别 ... 202
第二节　文旅品牌的市场定位 ... 209
第三节　文旅品牌建设的关键策略 ... 215
第四节　文旅品牌的市场推广方式与实践策略 ... 224

第七章　文旅融合发展展望 ... 235
第一节　文旅资源传承与保护 ... 235
第二节　"文旅元宇宙"新模式探索 ... 242
第三节　文旅融合参与国际大循环 ... 253

参考文献 ... 260

第一章　绪论

第一节　"双循环"新发展格局

一、"双循环"新发展格局的提出

新发展格局是中国共产党第十九届中央委员会第五次全体会议提出的面向"十四五""二〇三五"的重要战略部署。加快构建以国内大循环为主体、国内国际双循环相互促进的新发展格局，把新发展理念贯穿发展全过程和社会各领域，不断提高构建新发展格局的能力和水平，既是对企业，也是对政府提出的要求。以内循环为主体，绝不是看低外循环或者放松外循环，也绝不是把自己封闭起来。外循环赋能已和40年前概念有所不同，是新技术架构上的全球化，一定会为我国企业带来积极的促进作用。

二、科学认识"双循环"新发展格局

从纵向看，改革开放以来，我国积极融入国际大循环，基本形成了以欧美为金融研发消费中心、中国为生产制造中心、一些资源能源大国为资源品输出中心的全球经济大循环模式。目前，我国已经成为世界第二大经济体，在国际分工链和价值链上不断攀升，对全球经济的影响力和外溢效应进一步增强。传统的低要素成本优势已不可持续，完备的工

业体系、较大的创新潜能和市场优势日益凸显，国际大循环动能明显减弱，国内大循环活力日益强劲，促使支撑经济增长的动力系统发生改变。继续作为"世界工厂"、处于价值链中低端国际分工地位、简单参与国际大循环已难以为我国经济持续健康发展提供强劲动力，现实迫切需要我国更多依靠国内大循环，为未来的经济发展提供更强的内生动力。纵观美国、日本、德国、英国等国经济发展规律，大国一旦发展到了一定阶段，必将逐步从外向型发展模式转变为以内循环为主的发展模式。

从横向看，在世界范围内，没有一个大国是以外循环为主体的。国际经济学界主流观点认为，大国经济依靠内需驱动才能获得稳定长远发展。新型冠状病毒感染在全球大范围的流行加速了世界变局，贸易保护主义上升、世界经济低迷、全球市场萎缩已经打乱了经济全球化的节奏，尽管我国依靠自身的有效防控而率先复工复产，给世界经济注入一针强心剂，但是在经济全球化背景下，我国经济也难以独善其身。国家为了把握国际大势和国内大局，提出的加快形成以国内大循环为主体、国内国际双循环相互促进的新发展格局，对于建设经济强国、带动世界经济复苏具有重要意义。

"双循环"是对一个国家经济运行格局的客观描述。任何一个国家，只要有对外贸易，都会有"双循环"，不同之处在于以哪一种循环为主。党中央明确提出加快形成以国内大循环为主体、国内国际双循环相互促进的新发展格局。从这可以得到两个启示：一是将更加注重国内大循环，并将其作为国内经济持续发展的主要动力来源；二是在强调国内大循环的同时，要实现国内国际双循环相互促进，简而言之，"双循环"就是谋求更高质量的国内大循环、更高水平的国际循环。

三、加快构建"双循环"新发展格局的对策

加快构建"双循环"新发展格局是一项系统工程。未来几年如何加快构建"双循环"新发展格局，主要从五个方面着手，如图1-1所示。

第一章 绪论

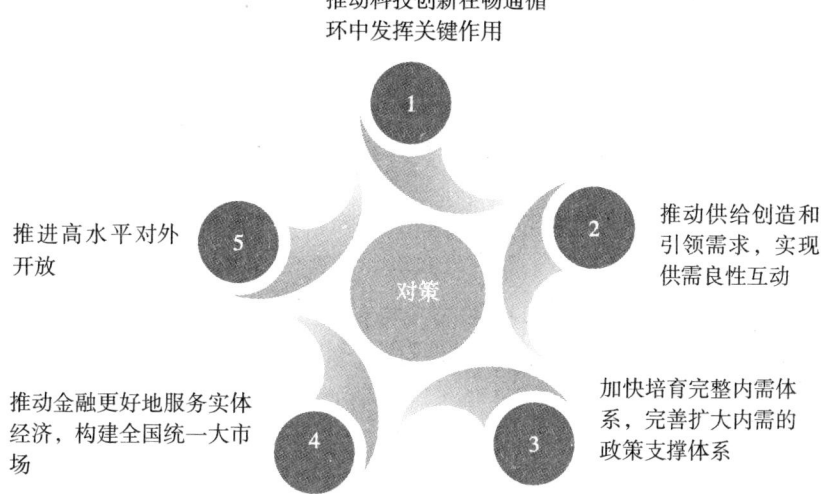

图1-1 加快构建形成"双循环"新发展格局的对策

（一）推动科技创新在畅通循环中发挥关键作用

在加快形成"双循环"新发展格局中，科技创新的重要性不容忽视。通过科技创新，可以提高产业链各环节的生产效率，优化资源配置，进一步拓宽市场，满足消费者更高层次的需求。尤其是在数字经济、绿色经济等新兴领域，科技创新能够推动新的经济形态的发展，提高产业结构的优化升级，从而形成更高质量的内循环。在全球化的大背景下，科技创新成果往往能够迅速扩散到全球范围，影响全球的产业链布局。只有拥有独特的技术优势，才能在全球价值链中获得更高的地位。同时，科技创新还可以提升国内企业的竞争力，推动国内企业走出去，成为国际市场的主要竞争者，形成更高质量的外循环。然而，要发挥科技创新的关键作用，还需要进一步优化科技创新环境，推动科技创新体系的建设。例如，进一步改革科技体制，打破各种障碍，激励科研人员不断创新。要加强知识产权保护，为科技创新提供良好的环境。此外，还要加强国与国之间科技合作，引进国外先进技术，推动科技成果的转化。

在未来的发展中，科技创新必将在"双循环"新发展格局中发挥更为重要的作用,推动中国经济进入更高质量的发展阶段。换句话说,只有让科技创新成为经济发展的主要动力,才能真正实现以国内大循环为主体,国内国际双循环相互促进的新发展格局。

(二)推动供给创造和引领需求,实现供需良性互动

在经济循环中,供给和需求是相互影响相互促进的两个重要环节。因此,为了实现"双循环"的高效运转,需要推动供给创造和引领需求,实现供需的良性互动。只有不断创新供给,才能满足市场的需求,推动经济发展。供给创新的主要途径包括技术创新、产品创新、服务创新等。这些方式可以提升产业链的竞争力,提升产品和服务的质量,进而满足消费者多元化需求,推动内循环的发展。引领需求是推动供需良性互动的重要途径。通过市场调研,了解消费者的需求,引导企业进行有针对性的供给创新;通过市场营销,塑造消费者的需求,引导消费者购买创新产品和服务。这种方式既可以刺激消费者的购买欲望,也可以推动企业进行持续的创新活动。

实现供需良性互动的前提是市场机制的有效运行。只有市场机制有效运行,才能准确地反映出消费者的需求,引导企业进行有效的供给创新。因此,需要进一步深化市场化改革,完善市场机制,激励企业不断创新,提升供给质量。

(三)加快培育完整内需体系,完善扩大内需的政策支撑体系

实现"双循环"新发展格局的核心在于加强内部循环的活力,而其中一项重要策略就是加快培育完整的内需体系,以及完善扩大内需的政策支撑体系。通过制定实施一系列政策措施,可以加快构建以内部循环为主体、国内国际双循环相互促进的新发展格局。

培育完整的内需体系需要从提高人均收入、扩大消费市场、提升消费者信心等多个方面着手。具体来说,提高人均收入不仅可以直接扩大内需市场,还可以提高消费者的购买力,从而拉动内需增长。为了实现这一目标,需要通过教育和培训提高劳动力的技能水平,以满足经济发展的需求。此外,还需要通过税收政策和社会福利政策,减轻中低收入

群体的负担，提高其消费能力，激发其消费需求。而完善扩大内需的政策支撑体系则涉及财政政策、货币政策、产业政策、贸易政策等多个方面。在财政政策上，可以通过降低税率、提高政府支出等方式，刺激内需；在货币政策上，可以通过调整利率、控制货币供应量等手段，保持经济的稳定增长，增强市场信心；在产业政策上，可以通过支持高新技术产业、推动传统产业转型升级等方式，提高内需质量；在贸易政策上，可以通过优化进出口政策，稳定外需，推动内外循环的相互促进。

加快培育完整的内需体系和完善扩大内需的政策支撑体系，需要政府、企业、消费者等各方面的共同努力。企业需要通过技术创新、产品创新、服务创新，满足消费者多元化的需求，推动市场健康持续发展。消费者需要通过理性消费，促进国内市场良性发展。只有这样，才能形成一个完整的内需体系，才能实现"双循环"新发展格局。

（四）推动金融更好地服务实体经济，构建全国统一大市场

要想增强金融服务实体经济的能力，可以从以下三个方面进行考虑：第一，建立健全的金融服务体系，包括完善的金融机构体系、丰富的金融产品体系和高效的金融服务体系。完善的金融机构可以为客户提供多元化、专业化的金融服务；丰富的金融产品可以满足实体经济发展的多样化需求；高效的金融服务体系可以提高金融资源的配置效率。第二，优化金融资源配置，增强金融服务实体经济的针对性和有效性。金融资源的配置应更加关注实体经济的需求，对于推动产业结构升级、促进区域均衡发展、服务小微企业和民营企业等方面具有重要作用。第三，强化金融监管，保障金融服务实体经济的安全和稳定。加强金融风险防控，提高金融系统的抵御风险能力，为实体经济提供稳定的金融环境。

在构建全国统一大市场方面，消除区域和行业之间的壁垒，形成全面开放、竞争有序的市场环境是关键。这需要进一步深化市场化改革，包括深化要素市场化配置改革、完善产权保护制度、优化市场监管等。这样做不仅可以更好地调动各类市场主体的积极性，提高市场的活力，也可以通过优化资源配置，提高经济效率，进一步增强国内循环内生动力。

（五）推进高水平对外开放

推进高水平对外开放能够引入更多的外部资源和技术，以助力内部产业的升级转型。这包括先进的生产技术、管理经验、优秀人才等，它们可以提升本土企业的竞争力，推动产业结构优化升级。外部资本的引入，也可以提升国内市场的活力，为企业发展提供更多可能性。因此，高水平的对外开放可以提高国内市场的规模效应，扩大内需市场。全球范围内的经济融合可以帮助国内产品和服务找到更广阔的销售市场，通过引入更多的外部需求，形成对内部经济发展的良性刺激。从客观上看，这样做可以进一步推动内循环，提升经济发展的内生动力。此外，推进高水平对外开放也有利于深化国际合作，通过各种形式的国际合作，包括跨国公司的投资、国际联合研发、国际产业链的协作等，可以进一步引进先进的技术和管理经验，提升本土企业的竞争力，推动内部产业的升级转型。需要注意的是，推进高水平对外开放也面临诸多挑战，包括如何处理好开放与保护的关系，如何防范和应对外部经济风险等。这需要采取一系列应对措施，如强化深化改革，完善法律制度，加强风险防控，提高对外开放的质量和效益等。

第二节　经济内循环的"两条主线"与"四大环节"

一、经济内循环的"两条主线"

经济内循环是指国内的供给和需求形成循环。从理念上讲，内循环是通过国产替代，完善技术和产业供应链，改变受制于人的局面；通过激发和做大内需，弥补外部需求的疲弱和不足，减轻外部需求波动对国内宏观经济的冲击，提升经济运行效率，解除居民消费后顾之忧，释放消费需求空间。经济内循环有两条主线：一是投资，二是消费。

（一）投资

投资是推动经济增长、创新和结构优化的关键力量。它既包括企业对生产设备、技术的投入，也包括国家对基础设施、公共服务的建设。这里所说的投资并不单单指的是物质资本的投入，也包括人力资本和知识资本的投资。

1. 投资推动经济增长

投资对经济增长的推动作用主要体现在两个方面：产能扩充和就业机会的创造。首先，投资可以引导资金流入生产领域，促进企业生产设备更新和技术升级，提高生产效率，从而增强生产能力。这种能力的提升直接反映在总产出的增长上，推动经济增长。其次，投资还可以创造就业机会。当企业和国家进行投资时，往往需要雇佣更多的劳动力，这样就为社会提供了就业机会。这些新的就业机会带动了人口收入的增长，增加了社会消费需求，进一步推动了经济增长。

2. 投资是推动经济创新的重要手段

投资推动经济创新的主要方式体现在支持研发活动和引导技术改进上。首先，知识资本的投资是推动创新的关键。这包括对研究和开发的投入，以及对教育和培训的投入。这些投入可以增加知识和技能的储备，进而产生新的产品、新的生产方法、新的市场和新的供应来源。其次，投资还可以引导技术改进。通过投资引入新设备、新技术，或者对现有设备和技术进行改造，可以提升企业的生产效率，减少资源浪费，提高产品质量，推动经济的发展。

3. 投资对于经济结构的优化起到至关重要的作用

投资对经济结构优化的贡献主要体现在产业升级和产业多元化上。首先，投资可以引导产业升级。通过对高技术、高附加值产业的投入，企业可以提高产品的技术含量和附加值，推动产业结构向更高层次发展。这种产业升级对于提升国家竞争力、推动经济持续增长具有重要作用。其次，投资还可以推动产业多元化。对服务业、环保和其他新兴产业的投资，可以丰富产业结构，增强经济抵御风险的能力，提高经济的韧性和稳定性。

然而，投资并非无止境的增长，它需要在效率和规模之间找到一个合适的平衡点。过度的投资可能会引发资源浪费，产生"过热"现象，甚至可能引发经济泡沫。而投资过少，又可能导致生产能力不足，从而影响经济增长。因此，如何进行有效的投资，使得投资的效益最大化，是一个需要深入研究的问题。

（二）消费

1. 消费是经济增长的重要驱动力

消费在推动经济增长上的作用表现在两个方面：需求驱动和生产驱动。从需求驱动的角度来看，消费是需求的重要组成部分。无论是家庭消费还是政府消费，都会对商品和服务产生需求，从而刺激生产。尤其在目前服务消费比重不断提高的情况下，消费的需求驱动作用更加显著。从生产驱动的角度来看，消费需求的增长可以提高生产企业的收益预期，促使企业增加投资，扩大生产，这种情况在消费升级的背景下尤其明显。

2. 消费对经济稳定的重要影响

通常而言，消费是确保经济循环畅通的关键一环，其变动幅度与投资和出口相比较小。这是因为消费决策常受到生活必需、个人偏好、收入水平等因素的影响，而非短期的经济波动。因此，尤其在面临经济下行压力时，消费的稳定性成为对抗风险的重要力量，有助于抑制经济波动，防止经济衰退的出现。与此同时，保持消费的稳定增长也能有效地激发企业的生产积极性，带动相关产业的发展，进一步稳定就业，实施国民经济的良性循环。

3. 消费对经济结构的影响

消费对经济结构的影响主要体现在引导产业结构调整和推动服务业发展两个方面。首先，消费引导产业结构调整。消费者对高质量、高附加值的产品需求增加，这将对供给侧产生影响，推动产业向更高质量、更高附加值的方向发展。这种变化将进一步优化产业结构，提高经济整体效益。其次，服务消费的增长推动服务业发展。消费者对包括但不限于文化、健康、教育在内的服务需求增长，将进一步推动服务业的发展，这对于优化经济结构，提高服务业在国民经济中的地位具有重要作用。

4.消费升级对经济的影响

随着消费者消费观念和消费模式的转变,消费升级的趋势日益明显。在物质消费达到一定水平之后,消费者的消费需求便会日趋多元化与个性化,这种变化不仅推动经济向更高质量方向发展,也对相关产业的发展产生深远的影响。例如,消费者对健康、环保、智能等高质量产品的需求增加,将引导相关产业进行技术改造和创新,向更高质量、更环保、更智能的方向发展。在这个过程中,消费升级将带动经济持续健康发展,推动经济实现高质量发展。

二、经济内循环的"四大环节"

(一)生产环节

生产环节是整个经济运行的初始环节,是从自然环境中获取资源,将资源转化为具有使用价值的商品和服务,并将商品和服务投放到市场供消费者购买和使用的过程。这个过程涉及的各个阶段都受制于生产力发展的水平和生产关系的性质。

生产规模决定了经济体大小,生产结构决定了经济的性质和发展方向。例如,如果一个经济体的生产主要依赖于农业,那么这个经济体可能会受到自然条件的限制,而且可能更难以实现快速的经济增长。而如果一个经济体的生产主要依赖于高技术产业,那么这个经济体可能会有更高的经济增长率,但也可能面临技术更新和市场竞争的压力。在生产过程中涉及的活动,如劳动、技术创新、资本积累等,都是实现社会财富增长的关键因素。这些因素通过生产活动,不断地创造出新的价值,为社会的发展提供物质基础。这些活动也塑造了社会的经济格局,影响了社会的权力分配和社会的稳定性。通常而言,生产活动往往伴随着资源的消耗和对环境的污染,给生态环境带来不同程度的影响。因此,如何在保证生产活动正常进行的同时,有效地管理和保护生态环境,是生产环节需要关注的重要问题。

生产环节与其他经济环节紧密相连,共同构成经济的内循环。生产环节产生的商品和服务，需要通过分配环节进行分配，通过流通环节进行流通，最终到达消费环节，满足人们的需求。反过来，消费者的需求也会影响生产环节的决策。因此，如何更好地满足消费者的需求，提高生产的效率和质量，是生产环节需要不断思考和实践的问题。

（二）分配环节

分配环节是实现社会公平和经济发展的关键。这一环节的运作，既受制于市场规律，也受到社会政策的影响。从宏观经济的角度来看，分配环节决定了经济成果的分配方式和比例，影响着经济的结构和效率。在一定程度上，分配方式和比例反映了一个社会的公平与公正，是体现社会主义核心价值观的重要方面。分配方式的公平性对于社会稳定、社会和谐具有尤为重要的影响。与此同时，合理的分配方式还能激励生产的积极性，提高生产效率，促进经济发展。

从微观经济的角度来看，分配环节决定了资源的配置效率和市场的竞争状况。分配机制是资源配置的主要手段，其公正性和效率决定了社会资源能否流向高效的应用领域。在市场经济中，价格机制是主要的分配工具，价格的变动反映了市场对资源的需求和供应状况。如果某一种资源的价格上涨，说明这种资源的需求增大，市场需要更多的这种资源，那么资源就会流向这个领域。相反，如果资源的价格下跌，说明市场对这种资源的需求减少，那么资源就会从这个领域流出。这在一定程度上使得市场机制能够发挥较大作用。此外，分配方式也会影响市场的竞争状况。对于市场参与者来说，收入是他们努力工作与创新的重要驱动力。如果分配方式公正，那么他们就能通过努力工作、提高效率、创新来获得更多的收入，这就会激发他们的积极性，增强市场的活力。相反，如果分配方式不公，收入差距过大，那么就可能会使市场的竞争变得不公平，从而影响市场的正常运行。因此，合理的分配方式，既要保证公正性，同时要考虑到激励效应，维持适度的收入差距，只有这样，才能够刺激市场竞争，激发创新活力。

分配环节对于经济的可持续性发展也具有重要影响。经济的持续健康发展，需要平衡当前的需求和长远的发展。在分配环节中，如何处理好分配的公平性和效率性，在满足现代人的需求的同时，又要留有足够的资源满足未来的需求，是一个重要的课题。分配环节是联系生产和消费两个环节的重要纽带，通过合理的分配机制，可以将生产出的商品和服务分配到社会公共需要的各个方面，满足不同的需求，推动经济的发展。在这个过程中，分配环节的运作也会反过来影响生产环节和消费环节，彼此形成一个复杂的互动关系。

（三）流通环节

流通环节的效率对整体经济效率有直接影响。高效的流通环节可以将商品和服务更快、更便捷地送达消费者手中，减少库存积压，降低运营成本，提高经济效率。而低效的流通环节则可能造成资源浪费，抑制经济活动的活力。市场经济本质上是一种由价格机制决定资源配置的经济体制，而价格的形成和变动在很大程度上又取决于商品和服务的流通状况。流通环节的畅通无阻可以更准确地反映市场供需状况，促进价格机制的有效运作，引导资源向更高效的应用领域流动。

流通环节也影响着市场的公平性。在公正和公平的流通环境中，每个参与者都可以平等地参与市场竞争，无关其规模大小、资本实力或历史背景。这样的环境鼓励市场参与者积极创新，提高效率，并通过提供优质的商品和服务来赢得消费者的认可，而不是通过运用不公正的手段来排挤竞争对手。一般来说，市场垄断不仅会导致商品和服务的价格上涨，消费者权益受损，而且会抑制市场竞争，阻碍经济的健康发展。在公平的流通环境中，任何试图通过不公平的手段来限制竞争的行为都将受到约束，从而有助于保护消费者的利益和维护市场的竞争秩序。

此外，流通环节还是技术创新和服务创新的重要领域。随着信息技术和物流技术的发展，流通环节正在经历一场深刻的变革。电子商务、供应链管理、智能物流等新型流通模式的出现，正在提高流通效率，降低流通成本，扩大消费者的选择范围，提高消费者的购物体验。

（四）消费环节

虽然消费环节是经济内循环的最后一环，但其重要性绝不亚于前三个环节。它直接影响着市场需求，进而驱动着生产、分配和流通环节的运行，对整个经济活动有着深远的影响。

1. 消费环节是市场需求的体现

消费者的购买行为直接反映了市场对不同商品和服务的需求。这种需求可以告诉生产者哪些产品受到欢迎，哪些产品需求低迷，哪些行业和领域值得投入更多资源，以及哪些市场细分具有增长潜力。换句话说，消费环节是一种信息反馈机制，使得生产者能够根据市场需求调整产品设计、生产计划、营销策略等，以适应消费者不断变化的需求，提高生产效率和经济效益。这种反馈机制能够有效地减少市场信息不对称，促使资源得到充分利用，优化资源配置，提高市场运行效率。消费者的购买行为不仅受到产品价格、产品质量、服务质量等因素的影响，还受到消费者的偏好、价值观、生活方式、收入水平、教育水平、社会环境等多种因素的影响。因此，理解和把握消费环节，需要深入研究消费者的需求和行为，了解和分析消费者的心理、社会文化背景，这对于制定有效的经济政策、优化市场结构、推动经济发展具有重要意义。

2. 消费环节对经济增长有着直接影响

在宏观经济学中，消费被视为决定国民经济总需求的主要部分，占据了经济活动的大部分。消费的增长可以推动经济增长，而消费的下滑则可能导致经济衰退。对于经济增长，消费的作用主要体现在两个方面：一方面，消费的增长可以增加就业机会，促进产业发展，从而促进经济增长；另一方面，消费的增长可以通过乘数效应，引发投资的增长，进一步推动经济增长。另外，消费环节的变化对于预判经济趋势有着重要的指示作用。消费增长下滑的速度、消费结构的变化、消费者信心的变化等，都是反映经济状况、预判经济走势的重要指标。通过对这些指标的分析，可以对未来经济走势进行预测，为政策制定提供方向。

3. 消费环节是社会福利的体现

消费环节不仅在经济上扮演了重要角色，也是社会福利的体现。消费行为的确满足了人们对于各种商品和服务的物质需求，但它远不止于此。消费者的选择也反映了他们的价值观、生活方式、社会身份、自我实现等多种精神需求。消费者通过购买和使用各种商品和服务，一方面改善了生活条件，提高了生活质量，另一方面也实现了个人的价值，满足了精神需求，提高了生活的幸福感。因此，消费环节是实现人的全面发展、提高社会福利的重要途径。

4. 消费环节是创新和变革的驱动力

在市场经济中，消费者的需求和喜好不断变化。这些变化不仅对市场需求产生了影响，也为企业创新和改革提供了动力。只有那些能够不断创新、满足消费者新需求、适应市场变化的企业，才能在市场竞争中取得优势，实现可持续发展。消费者的新需求和新喜好，促使企业不断进行产品创新、技术创新、管理创新、模式创新等。这种创新不仅可以提高企业的竞争力，扩大市场份额，也可以推动产业升级，促进经济结构优化，提高经济效率和效益。因此，消费环节是推动经济创新和变革的重要驱动力。

第三节　文旅融合发展

一、文旅融合的基本概念

（一）融合

从物质或文化形成过程的维度理解的"融合"，英文为fusion，例如，歌剧就是五种艺术相辅相成的综合艺术。从组合衍生或生物学维度理解的"融合"，英文为mixis，如在繁殖过程中不同物质的相互结合。

1. 引证解释

原物质逐渐熔化，与新物质化为一体。"屌水出屌山，其源出金银矿，洗，取火融合之，为金银。"调和、和洽，出自晋朝史学家常璩的《华阳国志·汉中志·涪县》。"天人报应，尚堕渺茫；上下融合，实关激劝。"出自宋朝陈亮的《书赵永丰训之行录后》。

2. 心理解释

由于独特的个体成长需求或环境因素，每个个体或群体都会形成不同的心理行为模式。随着时间的推移和经验的累积，这些群体或个体必然会与具备不同特性的其他个体产生交集，并在交流与互动中产生思想观念和心理活动上的冲击。彼此间的互动与沟通，使得不同个体的认知方式、心理特征和行为方式等发生着变化，大众认知趋同现象日益凸显。

3. 融合的主要表现

融合主要呈现在五个明显的方面：第一，由经济状况引发的融合，如贫困群体和富裕群体之间的融合；第二，性别差异引发的融合，如男性与女性思维方式的融合；第三，东西方文化差异的融合，主要体现在由文化和种族差异引发的接纳、适应以及合作等；第四，由于代际关系而产生的融合，如父母与孩子之间观念的融合；第五，不同社会阶层或身份地位群体间的融合。

（二）文化

《现代汉语词典》将"文化"一词定义为："人类在社会历史发展过程中所创造的物质财富和精神财富的总和，特指精神财富，如文学、艺术、教育、科学等。"

广义的文化包括物质文化和精神文化两个方面，它们共同构成了人类社会的文化体系。物质文化主要涉及人类的生产活动和物质生活，而精神文化则主要涉及人类的思想、信仰、价值观、道德、艺术等方面。两者相互依赖、相互影响，共同推动着人类文明的发展。

狭义的文化主要指精神文化，它包括思想、信仰、价值观、道德、艺术等方面。精神文化反映了一个民族或社会在思想观念、宗教信仰、传统文化、道德规范等方面的特征，它既与物质文化相互依赖，又具有自身的独特性。精神文化代表的是人与人之间的关系，因为精神文化的产生、传承和发展都离不开人类的交往和沟通。

精神文化可进一步细分为行为文化和心态文化。

1. 行为文化

行为文化是由人类在社会实践中约定俗成的习惯构成的。行为文化既具有地域性特点，又具有民族性特征，它体现了民族的独特性和多样性。行为文化是民族文化传承和创新的重要载体，它在不断地传承中得到演变发展。随着社会的变迁，人们的生活方式和价值观也在不断地调整和改变，行为文化也在这个过程中得到丰富和创新。不同民族、地域之间的文化交流使得行为文化得到了借鉴和融合，从而不断丰富着文化的内涵与形式。

行为文化对于民族文化的传承和发展具有重要的意义。通过了解一个民族的行为文化，人们可以更好地理解这个民族的历史传统、价值观和生活方式。此外，行为文化也有助于民族认同的形成和发展。通过共同遵循和传承特定的行为文化，人们能够感受到归属感和认同感，从而增强民族凝聚力。在全球化的背景下，各民族和地域之间的文化交流日益频繁。人们应该尊重和学习不同民族的行为文化，借鉴各民族优秀文化成果，以丰富自己的文化底蕴，也应该保护和传承好自己民族的行为文化，让它们在全球化的大背景下得到更好的发展和传播。

2. 心态文化

心态文化是文化的核心部分，它涵盖了人类在社会生活中形成的价值观、审美观、思维方式等。心态文化包括社会心理和社会意识形态两个层面，体现了人们的精神世界和观念形态。

社会心理是指人们在社会生活中产生的情感、需求、期望等心理状态。这些心理状态在很大程度上受到个体所处的社会环境、文化背景和教育程度等因素的影响。社会心理在个体和群体之间相互作用，反映了人们在特定历史时期和社会环境下的精神生活。

社会意识形态是在社会心理基础上形成的更为系统化的观念体系，它包括基层意识形态和高层意识形态。基层意识形态主要涉及政治理论、法权观念等方面，反映了社会对政治、法律等领域的认识和观念。高层意识形态则涵盖哲学、文学、艺术等领域，体现了人类在精神文明方面的追求和创造。

（三）旅游

在联合国统计委员会和世界旅游组织推荐的技术性的统计定义中，

旅游是指为了休闲、商务或其他目的离开其惯常环境到某些地方，并停留在那里，但连续停留时间不超过一年的活动。

1. 旅游的三要素

尽管上述技术定义应适用于国际旅游和国内旅游，但涉及国内旅游时，并非所有国家都采用这些定义。不过，大多数国家都采用了国际通用定义中的三个方面的要素：①出游的目的；②逗留的时间；③旅行的距离。

2. 出游的目的分类

现代旅游主要涵盖以下几方面的内容：①一般消遣性旅游。自主决定的或非强制性旅游活动；有意把商务旅游单列出去，只把消遣旅游者视为旅游者。②会议和商务旅游。会议和商务通常和一定量的消遣旅游休闲结合在一起；参加会议的公务活动也被视为旅游休憩。③体育旅游。与重大体育赛事联系在一起的康体旅游。④互助旅游。一种新兴的旅游方式，通过游客与有潜在或已经得到游客帮助的当地居民互相帮助，交换住宿设备、餐饮等，由一方向另一方提供食宿甚至交通工具或向导。因为当地人的介入，游客不但能更深入地体验当地的人文和自然景观，而且节省了旅费。

3. 旅游的分类

（1）依据旅游者到达目的地的地理范围划分，旅游活动可以分为国际旅游和国内旅游。

（2）按旅游目的可以划分为：①休闲游；②娱乐游；③观光游；④健身游；⑤探知游；⑥商务游①。

（3）按参加一次旅游活动的人数划分，旅游活动可分为四大类：①团队旅游；②散客旅游；③自助旅游；④互助旅游。

二、文化与旅游的关系

文化与旅游之间的关系具有深远且复杂的特性。在很大程度上，文化是旅游的根本，是旅游业的灵魂，旅游则是传播文化、保护文化的重要载体。

---

① 王德刚，王素洁. 领导干部旅游知识读本[M]. 青岛：青岛出版社，2001：14.

文化为旅游业提供了丰富多样的资源。全球各地独特的文化元素，如语言、艺术、建筑、风俗习惯和美食等，为旅游者提供了无尽的探索和体验可能性。这些文化元素就像旅游业的磁铁，吸引着游客纷至沓来，感受独特的文化体验。

语言是文化的重要组成部分之一，每个国家或地区都拥有自己独特的语言，它反映了人们的思维方式、价值观和历史传承。游客通过学习并使用当地的语言，更好地融入当地社区，深入了解当地居民的生活方式，并与他们建立起真诚的人际关系。艺术是文化的精髓之一，世界各地的艺术形式独具特色，如绘画、雕塑、音乐、舞蹈和戏剧等。游客可以欣赏当地的传统艺术表演，参观艺术馆和博物馆，了解不同文化和艺术风格。通过对艺术的欣赏，游客能够感受到不同文化背后的创造力和情感表达。建筑是文化的重要表现形式，各国的建筑风格独具特色，反映了历史、地理和文化的独特性。游客可以探索不同城市的建筑风貌，欣赏古老的庙宇、宫殿、教堂以及现代的摩天大楼和各种建筑奇观。通过观察和了解当地的建筑，游客可以感受到不同文化的建筑哲学和审美观念。风俗习惯是文化的生动体现，每个国家和地区都有自己独特的风俗习惯，包括庆祝节日、举办传统仪式和遵循特定的礼仪规范。游客可以通过参与当地的庆典活动，体验独特的节日氛围，与当地人一起分享快乐和喜悦。尊重并遵守当地的习俗和礼仪是游客对文化的尊重和欣赏。美食是文化的重要组成部分，不同地区的美食文化独具特色，无论是口味、烹饪方法，还是食材都反映了当地的地理环境，凝聚着当地的传统文化。品尝当地特色美食是旅行中重要的体验之一，它不仅满足了游客的味蕾，还让游客对当地文化有了更深层次的理解。

而旅游业则是文化传播的有效渠道。游客在旅行中体验到的风土人情，感受到的民俗文化，不仅能够使个人受益，还有可能将自身的经历和感受带回家，与亲朋好友分享。这使得旅游业成为一个跨越地域、民族和语言的桥梁，将全世界连接在一起。当游客踏足不同的地方，与当地人互动，他们会亲身感受和体验到新的文化元素，如语言、风俗、习惯和宗教等。这种直接接触使得文化得以传递和传播，打破了地域和民族之间的隔阂，加深了人们对其他文化的认识和理解。另外，旅游业也为文化保护提供了重要的支持。许多地方的文化遗产和传统艺术形式因吸引游客而得到了保护和维护。游客的到来为当地带来了经济效益，这促使当地政府和居民更加重视、保护和继承自己的文化资源。通过旅游业的发展，一些濒临失传的文化遗产得到保护，客观上使得中华优秀传统文化得到传承和弘扬。

三、文旅融合的发展趋势

随着社会的进步和人们对文化体验的追求，文旅融合已成为新时代文化与旅游事业发展的一大趋势。其发展趋势主要包括以下六点，如图1-2所示。

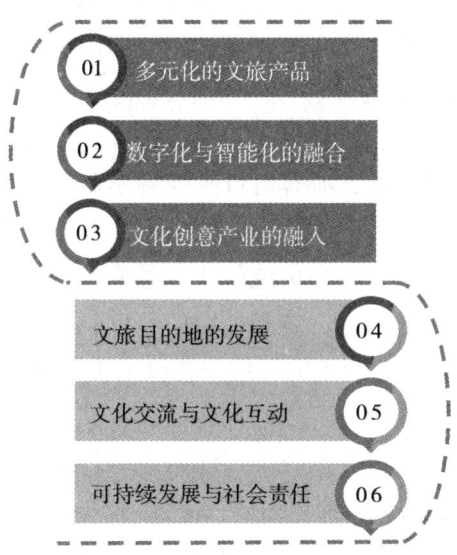

图1-2 文旅融合的发展趋势

（一）多元化的文旅产品

文旅融合将促进创新和多样性的文旅产品不断涌现。文化主题的旅游路线是多元化文旅产品的重要组成部分。通过将旅游路线与当地的文化特色相结合，游客能够更深入地了解当地的历史文化和风土人情。例如，在游览古城时，可以安排专门的文化解说员为游客讲解城市的发展历史，并带领游客参观当地的历史遗迹和文化景点。这样的旅游路线不仅为游客提供了观光的机会，还能够为游客带来更加深入和丰富的文化体验。文化体验活动也是多元化文旅产品的重要内容之一。这些活动包括传统的手工艺体验、文化表演、民俗活动等。例如，游客可以参加当地的传统手工艺工作坊，学习制作当地特色的手工艺品；观看传统音乐、舞蹈和戏剧表演，感受当地的艺术氛围。这些文化体验活动使游客能够参与其中，与当地人进行交流和互动，加深对当地文化的认知和理解。此外，特色展览也是多元化文旅产品的一种形式。举办特色展览，可以展示当地的文化遗产、艺术作品和历史文物等。例如，举办当地传统工艺品展览，可以展示独特的手工艺品制作技艺；举办历史文物展览，可以让游客了解当地的历史沿革和文化发展。这样的展览不仅能够吸引游客的注意力，还能够传播和推广当地的文化资源。在开发多元化文旅产品的过程中，要注重创新和品质。创新是推动文旅融合发展的关键，通过引入新的设计理念和技术，可以创造出独特而吸引人的文旅产品。此外，要注重产品的品质和服务，提供优质的旅游体验，让游客满意并愿意推荐给他人。

（二）数字化与智能化的融合

随着信息技术的快速发展，互联网、大数据和人工智能等技术的应用为文化旅游产业带来了全新的机遇。通过将文化资源数字化，可以使传统的文物、艺术品、文献等转化为数字形式，实现虚拟展示和在线访问。游客可以通过互联网平台浏览文化遗产，不受时间和地域的限制。例如，通过虚拟博物馆和在线文化平台，游客可以远程欣赏世界各地的艺术品和文化遗产，了解其历史和背后的故事。数字化展示为游客提供了更多接触文化资源的机会，扩展了旅游体验的边界。智能导览系统、语音识别和人脸识别等技术的应用，为游客提供了更加智能化和定制化的旅游体验。例如，游客可以使用智能导览系统获取导览信息，并根据自己的兴趣和偏好进行个性化的参观规划。智能化应用还可以通过分析游客的行为和偏好，提供个性化的推荐和建议，使得旅游体验更加符合游客的需求。此外，虚拟现实（VR）和增强现实（AR）技术的应用也为文旅融合带来了新的可能。通过VR和AR技术的使用，游客可以在虚拟的环境中体验不同的文化场景和历史事件，如参观古代建筑、参与历史战役等。这种沉浸式的体验使游客能够更加深入地了解和感受文化的魅力。例如，在博物馆中，游客可以通过AR技术观看展品的3D投影，获取更多的信息和互动体验。VR和AR技术的应用为旅游体验增添了新的趣味。

数字化与智能化融合也面临着一些挑战。首先是技术的成本和普及问题。虽然数字化和智能化技术已经取得了很大的进展，但在实际应用中仍然需要投入大量的资金和技术支持。其次是信息安全和隐私保护的问题。在数字化和智能化应用中，个人信息的收集和使用需要遵循相关法律法规，并需加强对数据安全的保护。

（三）文化创意产业的融入

文化创意产业的融入是文旅融合发展的重要方向。文化创意产业以其独特的创意和设计理念，为旅游业提供了丰富的文化产品和服务。将文化元素融入商品的设计过程，可以创造出与当地文化相关的纪念品、手工艺品和特色商品等。这些文化创意产品既具有观赏性和实用性，又能够激发游客对当地文化的兴趣和认同感。例如，以当地传统手工艺品为基础，结合现代设计元素，创造出独特的文化艺术品，能够吸引游客的关注并提升销售价值。旅游纪念品是游客回忆旅行和纪念特定经历的重要载体，文化创意产业的参与使得旅游纪念品更加注重文化内涵和个性化设计。通过将当地的文化元素融入纪念品的制作过程中，提高了纪念品的附加值和吸引力。例如，设计一款以当地名胜景点为主题的创意纪念品，将其与当地的文化符号和故事相结合，可以使游客在购买纪念品时能够更好地体验当地的文化特色。文化创意产业不仅为旅游业提供了创意产品，还提供了创意服务和活动。例如，通过举办文化艺术展览、文化主题活动和手工艺品工作坊等，游客有机会亲身体验和参与文化创意的过程。这样的创意服务和活动丰富了旅游体验的内涵，使游客在旅行中不仅能够欣赏沿途的风景,还能够与当地居民进行文化互动,增加了旅游的趣味性和体验性。

(四)文旅目的地的发展

文旅融合推动了传统旅游目的地向文化目的地的转变。越来越多的地方开始注重文化的保护、传承和创新,将文化元素融入旅游开发中。丰富的文化资源和体验项目,可以提升目的地的知名度和吸引力。例如,通过建设文化街区、文化村落和文化主题公园等,打造独特的文化旅游目的地。

文化街区通过整合当地的历史建筑、文化机构、创意产业和艺术表演等要素,打造具有浓厚文化氛围和独特风貌的旅游区域。这些文化街区通常以特色鲜明的文化主题为核心,提供多样化的文化体验活动。游客可以在街区中欣赏艺术展览、品味当地美食、购买手工艺品,感受文化的魅力和活力。

文化村落以保护和传承当地的传统文化为主要目标,通过恢复和改造传统村落,将其打造成独具魅力的特色旅游目的地。这些村落通常保留着悠久的历史传统和独特的古老建筑,为游客提供了一个了解当地文化的窗口。游客可以参观传统工艺品作坊、参与民俗活动,感受村落中的传统生活方式,与当地居民进行互动,体验真实的文化传统。

文化主题公园通常以历史、民俗、艺术等文化元素为主题,通过娱乐和教育相结合的方式,为游客提供全方位的文化体验。公园内设有展览馆、剧场、表演场所等,通过展示和演绎不同的文化元素,使游客能够沉浸其中,进而了解当地的文化传统和历史背景。除此之外,公园还可以举办文化节庆和特色活动,吸引游客的关注并使游客参与其中,推动文化旅游的发展。

(五)文化交流与文化互动

文旅融合促进了不同文化之间的交流与互动。游客可以通过参加当地的传统节日、庆典和民俗活动,亲身体验当地的文化传统。例如,在某些目的地,游客可以参与民族舞蹈的表演、传统手工艺品的制作,甚至参与当地人的日常生活。这种互动体验让游客能够更加深入地了解和感受到不同文化的独特魅力，增进跨文化交流的亲近感。游客可以通过与当地居民交流，分享各自的文化背景和习俗。可以说，这种交流不仅能够拓宽当地居民和游客的视野，增进双方对其他文化的尊重和理解，还可以建立和谐的国际关系。与此同时，文旅融合也为艺术、文化团体和机构提供了合作的平台，通过举办文化展览、演出和交流活动，加深不同文化之间的交流与合作，并为文化多样性的保护和传播做出了积极贡献。游客的到访为当地文化的传承和发展提供了经济支持和关注度。当地政府在为旅游者提供文化体验的同时，也更加重视对本地传统文化的保护和传承。通过文旅融合，文化多样性得到了更广泛的认可和传播，有助于保护和传承世界各地的独特文化遗产和传统艺术形式。

（六）可持续发展与社会责任

文旅融合应注重可持续发展和社会责任。旅游业的发展应尊重和保护当地的文化遗产、传统习俗和艺术形式。这包括保护历史建筑、文物和古迹的完整性，传承和弘扬传统文化的精髓，保护和发展民间艺术和手工艺的传统技艺，加强对文化资源的管理和监管，防止商业化过度和文化侵蚀。政府和相关机构应制定相应的政策和法规，明确文化资源的保护责任和措施。旅游业发展对生态环境的影响不可忽视，因此应注重减少对环境的负面影响，并积极推动绿色旅游发展。这可以通过采用可再生能源、推行节能减排措施，减少能源消耗和废弃物的产生等措施，使其得以实现。加强对自然景观和生态系统的保护，鼓励游客遵守环保法律法规。政府、企业和游客应共同努力，形成可持续发展的合力。此外，旅游业的发展还应注重社会效益，关注当地社区的利益和福祉。企业在投资和开发旅游项目时，应尊重当地居民的权益和生活方式，提供公平的就业机会和合理的薪酬待遇。企业和游客也应积极参与社区发展和公益事业，回馈社会。而政府则应加强监管和引导，鼓励企业履行社会责任，促进文旅融合的可持续发展。

第二章 文旅融合的三个维度

第一节 文旅发展观念融合

一、可持续发展观念在文旅融合中的应用

可持续发展观念在文旅融合中的应用是推动文旅业健康发展的重要方面。可持续发展强调经济、环境和社会的协调发展,追求长期利益的最大化和资源的合理利用。在文旅融合中,可持续发展观念应用的核心在于平衡旅游业的发展和文化资源的保护,以确保文化的传承和旅游业的可持续性。

(一)可持续发展观念在文旅融合中的应用体现在文化资源的保护与利用上

文化作为一个国家和地区的宝贵财富,其保护和传承是文旅融合的重要任务。在发展旅游业的同时,必须注重对文化遗产、传统习俗和艺术形式的保护。为此,需要建立科学的管理体制,这包括设立专门的机构或部门负责文化遗产的保护与管理,建立相应的法律、法规和制度,确保文化遗产的保护工作有法可依、有章可循。政府应加强对文化遗产价值和重要性的研究,对有潜在风险的遗产进行科学评估和风险管理,制定有效的保护策略和措施。同时,通过加强对文化遗产保护的立法工

作，使得法律法规的适用范围和具体要求得以确立，文化资源的保护责任和权责关系得以明确，文化遗产的开发利用和管理流程也得到进一步规范。除此之外，政府还应加强对相关政策的宣传和培训，提高相关部门和从业人员的法律意识和保护意识。可以说，加强文化教育和提升保护意识对文化资源的保护至关重要。例如，开展文化教育活动、举办文化遗产展览和讲座等形式，提高公众对文化遗产的认知和理解。这有助于增强公众的文化自觉性和自豪感，提高对文化遗产的尊重和保护意识。又如，加强对青少年的文化教育，培养他们对传统文化的兴趣和理解，推动文化传承的可持续发展。要形成全社会的共识和行动，需要加强文化遗产保护的宣传和参与。政府、媒体和社会组织可以联合开展宣传活动，向公众普及文化遗产保护的重要性和方法。鼓励社会各界参与文化遗产的保护与传承工作，形成多元化的保护主体。这可以通过组织志愿者、开展社区活动和合作项目等方式实现，鼓励公众积极参与，从而提高文化遗产保护的有效性和可持续性。

（二）可持续发展观念在文旅融合中的应用体现在旅游业的环境保护和可持续性发展上

文化与旅游的融合提升了人们对于各地文化遗产的欣赏和理解水平，为旅游业带来了较大的商业价值。然而，旅游业的发展与环境的保护是一个既有利益关联又存在矛盾的复杂问题。为了实现可持续发展，人们必须在满足旅游体验需求与保护文化遗产与自然环境之间找到平衡。

环境保护在文旅融合的可持续发展中占据至关重要的地位。旅游业的过度发展常常会对环境资源造成破坏，如过度的旅游活动可能会对文化遗产产生破坏，也可能对自然环境，特别是生态敏感区域造成压力。例如，对水资源、空气质量、土地利用等方面的压力，以及对自然景观和生物多样性的影响。因此，保护环境资源，减轻旅游对环境的压力，是实现文旅融合可持续发展的重要任务。在这一任务中，推广绿色旅游理念是一项重要措施。绿色旅游倡导的是一种尊重自然、保护环境、注重文化遗产保护、社区参与和经济效益兼顾的旅游方式。它鼓励游客采取低碳、节能和环保的旅游方式，如使用公共交通、选择环保的住宿和用餐设施、参与自然保护活动等。与此同时，实现文旅融合的可持续发展还需要加强对旅游目的地的环境评估和管理。因为环境评估可以帮助人们了解旅游活动对环境的潜在影响，以及如何通过合理的规划和管理来避免或减少这些影响。此外，建立有效的管理体系，可以确保旅游活动对生态环境的影响得到有效的控制和修复。这包括制定和实施旅游环境保护政策，建立旅游环境监测系统，开展环保教育和培训活动等。

（三）可持续发展观念在文旅融合中的应用体现在社会责任和公平发展上

在文旅融合中，尤其需要强调的是旅游业的社会责任和公平性的关键作用。这不仅涵盖了经济层面，如提供公平的就业机会，给予合理的报酬，也涉及了社会文化层面，如维护当地社区的权益，增进当地居民对文旅发展的认同感。在这一方面，旅游业发展的公平性是关键的考量因素。文旅融合的发展必须保证公平的就业机会和合理的薪酬待遇。例如，旅游业可以为当地居民提供就业机会。这种公平的就业机会不仅能够促进当地的经济发展，而且能够让更多的人从旅游业的发展中获益。而社会责任的履行，则包括对环境的尊重和保护，对当地社区的认同和支持，以及对公众利益的维护，它是文旅融合发展的核心原则。旅游业的发展必须尊重和保护当地社区环境。一方面，这可以通过严格的环境保护政策和规章制度来实现；另一方面，也需要通过开展环保教育和培训活动，提高游客和业内人员的环保意识。

增强与当地居民的沟通和合作在文旅融合中也是一个重要环节。旅游业务的开展离不开对当地社区利益的充分尊重和保护，这样才可以确保当地居民能在旅游业的发展中获得公平的收益。从客观上看，这可以通过推动社区参与，让当地居民参与旅游业的规划和管理中来，增进他们对旅游业发展的认同感。文旅融合的发展也应该致力于文化教育和公益事业的推广，如可以通过开展相关的文化教育活动，让更多的人了解和欣赏当地的文化遗产；也可以通过公益事业的方式，让文旅融合的发展带动当地社区公共福利水平的提升。

二、文化保护与旅游业发展的平衡

在探讨文旅融合的过程中，文化保护与旅游业的发展如何取得平衡，是一个关键且复杂的议题。这涉及两个领域的相互影响和交融：一方面，旅游业的发展带来了人们对文化资源的高度关注和开发利用，使文化得以更广泛地传播和交流；另一方面，文化资源的过度商业化和消费化则可能对文化本身的内涵和价值构成威胁，从而影响其原有的生态完整性。

旅游业的发展可以为文化保护带来新的可能性和机遇。旅游业对文化资源的需求推动了人们对文化保护和传承的关注，特别是对那些可能因为被遗忘、侵蚀或者人为破坏而濒临失传的非物质文化遗产。例如，一些古老的手工艺、民俗或者口头传统，在旅游业的推动下，得以被重新发现和保护，甚至创造出新的表达形式。这样既有利于这些文化遗产的传承，也丰富了旅游业的内容和形式。

然而，这种关系并不总是积极的。在一些情况下，文化资源过度的商业化和消费化可能会对文化的内在价值和意义构成威胁。文化作为一个社区或民族的共享记忆和共有资源，其价值并不能完全用商业价值来衡量。过度的商业化和消费化可能使文化丧失原本宝贵的价值，成为空洞的、失去内在联系的商品，影响其原有的生态完整性。因此，平衡文化保护与旅游业发展的关系，需要在尊重和保护文化的同时，充分利用旅游业的潜力来促进文化的发展和传播。这需要从以下几个方面入手：第一，建立适当的政策和机制。政府和相关机构需要建立一系列政策和机制，以保证文化保护与旅游业发展的平衡。这包括合理的利益分配机制，确保文化资源的使用者（包括旅游业）为文化的保护和发展提供足够的资源，以及对文化资源使用的规范和约束，避免其过度商业化和消费化。第二，增强公众的文化保护意识。通过教育和宣传，提高公众对文化保护的重视，让他们了解和尊重文化的内在价值，避免文化的过度商业化和消费化。第三，创新文化的传播和表达形式。通过创新文化的传播和表达形式，既可以满足旅游业发展的需求，也可以保护和传承中华优秀传统文化。

三、社区参与与共享发展理念的结合

社区不仅是文化资源的重要载体，也是旅游业发展的基础。社区的参与能够确保文化资源的有效保护和传承，也能使社区居民从旅游业发展中受益。

（一）社区参与

社区，作为文化的发源地和主要承载者，其角色在文旅融合中显得尤为重要。社区的多元性和特殊性使其成为文化资源的宝贵库藏。同时，社区居民对自身文化的独特理解和深度体验，使他们有能力真实、完整地将本地文化传递给游客。

每一个社区都有其独特的文化符号、传统习俗、历史传说，甚至是特有的方言习语。这些文化元素构成了社区的文化基因，成为吸引游客的独特魅力。社区居民作为这些文化元素的创造者和传播者，他们的参与无疑可以使游客得到更为真实、丰富的文化体验。因此，社区居民应参与旅游业的各个环节，包括规划、运营、管理和服务。基于社区居民对本地的地理环境、人文风情的深入了解，他们对于如何开发和利用这些资源有着独到的见解。他们的参与，可以使得旅游业的规划和运营更为接地气，更具有针对性。与此同时，社区居民可以通过参与旅游业的运营，为游客提供独特的文化体验。这些体验可能包括了手工艺演示、民俗活动、地方美食等。比如，社区居民可以开设烹饪课程，教授游客制作地方美食；可以组织传统节日的庆祝活动，让游客感受到浓郁的民俗风情。这些活动既能够传播和保护本地文化，也能够提升旅游服务的质量和特色。另外，社区居民作为生活环境的直接受益者，他们对环境的保护和维护有着强烈的意愿和动力。他们的参与，可以有效地防止旅游业发展对环境造成的过度损害。

（二）共享发展

共享发展理念在文旅融合中的实现，意味着文旅发展中的经济、社会和文化利益，需要被社区居民共享，这就要求在旅游业发展的过程中，

社区居民的利益不能被忽视或者侵犯,而是应该通过各种方式确保他们能从中得到实实在在的益处。旅游业作为一种产业,其发展会带来一定的经济效益。这种经济效益应当回馈给社区,形成经济的正向循环。例如,社区居民可以通过提供旅游服务、出售手工艺品、提供住宿等方式,获取直接的经济收入。这种方式不仅可以让社区居民从旅游业中获得经济利益,也有助于激发他们积极参与旅游业发展的热情。

旅游业的发展不仅可以带来经济收入,也能推动当地基础设施的建设和完善。为了方便游客的出行,交通设施通常是旅游业发展考虑的首要因素。这包括公路的修建和改善,公共交通的增设和优化,以及飞机场或火车站的建设。对于社区居民来说,更为便捷的交通网络将使他们的出行变得更为便捷,无论是上班、上学还是购物,都会变得更加方便。住宿设施是旅游业发展的重要组成部分之一,酒店、民宿的建设和改善不仅能够为游客提供更好的居住体验,也能为社区居民提供就业机会。此外,住宿设施的建设常常会建设一些公共配套设施,如公园、娱乐设施等,这些设施的建设将进一步提升社区居民的生活质量。餐饮和购物设施的建设和改善也是旅游业发展的必然产物。美食广场、购物中心、特产市场等场所的建设,将为社区居民提供更为丰富的餐饮和购物选择,使他们的生活变得更加丰富多彩。

旅游业的发展,特别是文化旅游,能够使本地的文化得到广泛的传播和推广。对于社区居民来说,他们的文化被更多的人了解和欣赏,无疑会增强他们的文化自信和自豪感,也有利于他们对本地文化的保护和传承。

(三)公平参与

公平参与原则是文旅融合实现共享发展的重要基础,其核心目标在于让社区居民能够公平、公正地参与旅游业的发展,共享其中的成果。为了保证社区居民的公平参与,透明的规则和程序显得尤为重要。这就需要在旅游业的各个环节,包括规划、运营、管理和服务等方面,制定公开、公正、公平的规则和程序,以确保所有的社区居民都有机会参与其中。在具体实践中,可以通过公开征求社区居民的意见,让他们参与旅游规划的制定；通过公平公正的招聘程序，让他们有机会参与旅游业的运营；通过定期的评估和反馈，让他们能够参与旅游业的管理和完善。为了让社区居民能够有效地参与旅游业的发展，必要的培训和支持是必不可少的。这包括提供旅游业相关知识和技能的培训，以提高他们的服务能力和管理水平；提供创业指导和资金支持，帮助他们开展旅游相关的创业活动；提供文化保护和传承的指导和支持，帮助他们保护和传承本地文化。此外，公平参与也意味着要保护社区居民的权益，防止他们在旅游业发展中受到不公平的待遇。这就需要在旅游业的发展中，尊重和保护社区居民的文化权益，避免文化被剥夺或者滥用；尊重和保护社区居民的经济权益，确保他们能从旅游业的发展中获得公平的经济收益；尊重和保护社区居民的环境权益，避免旅游业的发展对环境造成破坏。

公平参与还需要关注社区居民的多样性，尊重和包容他们的不同需求和利益。这就需要在旅游业的发展中，关注和满足不同群体的需求，其中包括不同性别、年龄、身份的人群。他们在旅游业发展中的角色、利益和需求可能会有所不同。例如，年轻人可能更倾向于从事旅游服务工作，老年人可能更倾向于保护和传承本地文化，妇女可能更关心如何平衡家庭与工作的关系。因此，确保公平参与，就需要在旅游业发展中充分考虑到这些不同群体的需求，确保他们都能从中受益。与此同时，在旅游业的规划、运营、管理和服务的环节中，应充分考虑到社区居民的多样性，尊重他们的差异性，避免任何形式的歧视和排斥。例如，通过提供多元化的旅游产品和服务，满足不同群体的需求；通过开展各种形式的文化活动，让所有的社区居民都有机会参与其中；通过公平、公正的规则和程序，保证所有的社区居民都有机会从旅游业的发展中获益。

第二节 文旅产业规划融合

一、产业融合概述

产业融合是指在时间上先后产生、结构上处于不同层次的农业、工业、服务业、信息业、知识业在同一个产业、产业链、产业网中相互渗透、相互包含、融合发展的产业形态与经济增长方式。产业融合是一个动态发展过程，从融合萌芽到产业融合的最终实现需要一个过程，在二者之间存在不同的发展状态。同时，不同类别的产业融合其发展程度也不同，两个及以上产业相互融合会形成新业态，并不一定意味着原有产业的消失。产业融合通常发生在产业边界，呈现的是部分融合，而非完全融合。

产业融合具有以下五个特征，如图2-1所示。

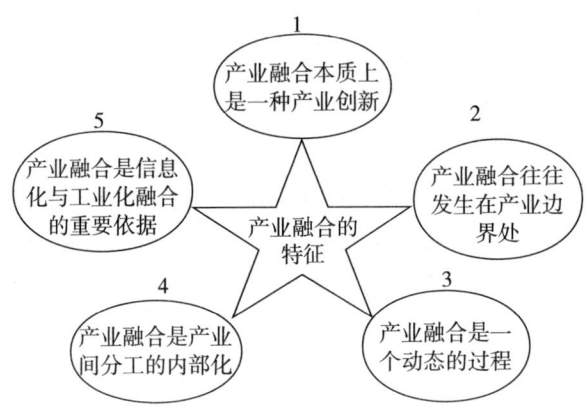

图2-1 产业融合的特征

（一）产业融合本质上是一种产业创新

产业融合的本质可以被视为一种产业创新，它具有深化行业变革和激发新的经济增长动能的特性。产业融合是由技术进步、市场需求和产业政策等多种因素推动的产业发展的新阶段，这一过程中新的业态、新的商业模式和新的价值链不断产生和发展。

技术进步是产业融合的基础和驱动力。随着科技的快速发展，信息技术、互联网、大数据、人工智能等新兴技术的广泛应用，使得不同产业之间的界限变得越来越模糊，原本独立的产业开始实现互联互通，产生了深度的融合和交叉，这就是产业融合的主要表现形式。例如，互联网技术的应用推动了传统零售业与电子商务的融合，创造出了新的零售业态——"新零售"。市场需求是产业融合的重要推动力。随着消费者需求日益多元化和个性化，传统的单一产品和服务已经不能满足消费者的需求，需要生产者通过跨行业的融合和合作，提供更为丰富和个性化的产品和服务。例如，汽车产业通过与信息通信技术的融合，使得汽车不再仅仅是交通工具，而是成了移动的智能终端，为用户提供了驾驶辅助、娱乐信息、远程服务等多种功能。产业政策也在推动产业融合的过程中发挥了重要作用。许多国家和地区的政府都把推动产业融合作为提高经济竞争力、实现经济结构调整和升级的重要手段之一，制定了一系列的政策措施来引导和推动产业融合的发展。例如，提供研发资金支持、税收优惠、政策扶持等，以鼓励企业进行跨行业的技术研发和市场开拓。

因此，产业融合本质上是一种产业创新，它是在技术进步、市场需求和产业政策等多种因素的推动下，通过不断探索新的业态、新的商业模式和新的价值链，实现了产业的深度融合。

（二）产业融合往往发生在产业边界处

产业边界，是指产业间能力和资源的分配边缘，也是各个产业各自运行、发展的分界线。这些边界在过去，因技术、市场和法规等因素的制约，相对稳定且界限分明。然而，随着科技的迅速发展和市场需求的不断变化，产业边界日益模糊，产业融合现象在这些边界处尤为明显。

产业融合发生在产业边界处，一方面是由于技术创新的推动。新技术的出现，尤其是信息技术、大数据、云计算等的迅速发展，打破了传统产业间的隔阂，使得不同产业能够进行更深度的交互与融合。这些技术的运用大大拓宽了产业边界，使得原本独立的产业可以共享数据、资源和市场，从而实现融合发展。另一方面，产业融合的发生也得益于市场需求的多样性和变化性。消费者对于产品和服务的需求日益个性化和细分，对于质量、性能、服务等有着更高的期待，这使得单一的产业往往难以满足市场的多元化需求。在这种情况下，不同的产业开始寻求在边界处的融合，通过整合各自的优势资源和能力，提供更优质、更全面的产品和服务，满足市场的需求。此外，政策环境也在一定程度上影响了产业融合的发展。许多政府部门为了促进经济的发展和创新，对于产业融合给予了一定的政策支持和推动，这些政策使得在产业边界处的企业更有动力和更多机会进行产业融合。

（三）产业融合是一个动态的过程

产业融合并非一蹴而就，它是一个持续发展和变化的过程，其过程中涉及技术、市场、环境等多个因素的互动和影响。这一过程既包括了宏观的产业政策调整，又包括了微观的企业创新行为。

从技术角度看，科技的快速进步是推动产业融合的关键因素，特别是新一代信息技术，如云计算、大数据、人工智能等，它们的发展使得原本独立的产业可以实现数据的交互和共享，从而提高了效率，拓宽了业务领域，加速了产业融合的进程。产业融合并不是一次性完成的，而是随着技术进步和应用的深化，也在不断进行和发展。从市场角度看，消费者需求的变化也在推动产业融合的进程。随着消费者需求的日益多样化和个性化，单一产业往往无法满足其复杂和多元的需求，这就需要产业间进行协同合作，以提供更全面、更优质的产品和服务。随着市场需求的变化和发展，产业融合也在不断深化。从环境角度看，政策环境的变化也在影响着产业融合的进程。政府的政策指导和推动，对于产业融合的方向和程度具有重要影响。随着政策环境的变化和优化，产业融合的过程也在不断地调整和发展。

因此，产业融合是一个动态的过程，这种动态性要求不能仅关注其当前的状态，更要关注其发展的方向和趋势，以及各个因素之间的互动和影响，以此来理解和把握产业融合的本质和规律。

（四）产业融合是产业间分工的内部化

产业融合在一定程度上，反映了产业间分工的内部化。在此背景下，产业间的界限开始变得模糊，各产业通过融合，互相借力，实现了优势互补，增强了整体的竞争力。

产业间的分工，古已有之。但在传统意义上，产业间的分工更多体现为各自独立，相互之间存在明确的界限。然而，随着科技进步和市场需求的变化，各产业间的交互越来越频繁，产业间的分工开始发生改变。这种改变主要体现在产业之间的边界开始逐渐模糊，各产业不再仅仅依据自身的能力和资源进行发展，而是通过与其他产业的融合，借鉴并应用其他产业的优势资源，实现更高效的运营和发展。例如，传统的制造业和互联网产业的融合，就是一个典型的例子。在融合中，制造业利用互联网的大数据和云计算等技术，优化了生产流程，创新了产品设计，提高了市场反应速度，从而提高了整体的生产效率和市场竞争力。而互联网产业也借助制造业的实体产品和生产线，扩大了业务领域，增加了收入来源。这种融合，在一定程度上使得各产业之间的分工内部化，形成了一种更加紧密和深入的合作关系，使得整个产业链条能够实现更加高效的协同运作。这种分工的内部化，不仅有利于各产业的发展，也有利于整个社会的繁荣和发展。

（五）产业融合是信息化与工业化融合的重要依据

产业融合是信息化与工业化融合的重要依据，也是它们发展的必然结果。在信息化与工业化的融合过程中，信息技术正在引领和推动各个产业的创新与发展，而各个产业也在接受信息技术的影响，进行自身的革新和改变。

信息化，以计算机技术和通信技术为主要手段，以信息资源为主要对象，使信息资源得以充分利用和高效传递。而工业化，则是通过工业生产手段对资源进行加工，制造出满足人们需求的商品。两者融合的结果，就是通过信息化手段，使得工业生产更加精准、高效和智能化，而且这种融合趋势还在不断深化和扩展。在工业生产过程中，信息技术可以提供精准的数据支持，使得生产的各个环节都可以做到科学化和精准化，从而提高整体的生产效率。信息化与工业化的融合，可以帮助企业更好地应对市场的变化。通过收集和分析大数据，企业可以及时了解市场动态，快速调整生产计划和营销策略，以适应市场的变化。信息化与工业化的融合，也为产品创新提供了可能。以3D打印技术为例，这种基于数字模型文件，运用粉末状金属或塑料等可黏合材料，以逐层打印的方式来构造物体的技术，就是信息技术和工业生产技术的完美结合。它的应用，不仅大大提高了生产效率，还使得产品创新变得更加容易。

二、目标共享：以旅游促文化，以文化塑旅游

目标共享在文旅产业规划融合中，体现为旅游业与文化产业共同推动两者的发展，形成互促关系，从而实现共享发展目标。这种发展模式的关键在于找到文化和旅游之间的共性，创造并实现共享目标。

旅游业的发展首先需要吸引游客，而文化产业具有丰富的内容和形式，可以为旅游业发展提供吸引游客的素材和方法。比如，通过开展各种文化活动，展示当地的历史、文化、风俗等，可以吸引游客的兴趣，促进旅游业的发展。反过来，旅游业的发展也可以带动文化产业的发展。游客对当地文化的需求可以推动文化产业的创新和发展，而旅游业的发展也可以为文化产业发展提供资金、技术和市场等方面的支持。然而，要实现以旅游促文化，以文化塑旅游的共享目标，需要文旅产业之间的深度融合与合作。这包括两者在目标、策略、规划、执行等方面的共享和融合。比如，在目标上，文化产业和旅游业需要共同制定发展目标，明确各自的角色和任务；在策略上，需要基于共享目标，制定合适的发展策略，优化资源配置；在规划上，需要根据策略，制订详细的行动计划，包括开发文化产品、建设旅游设施、推广旅游品牌等；在执行上，需要密切协作，确保行动计划的有效实施。

文旅产业规划融合的目标共享，不仅可以推动两者的发展，也有利于实现可持续发展。这是因为，文化产业和旅游业的发展可以带动经济增长，提高人民的生活质量，促进社会的和谐稳定；两者的融合与合作也有利于保护和传承文化，促进文化的发展和创新，实现文化的持续繁荣。因此，目标共享是实现文旅产业规划融合的关键，也是实现可持续发展的重要手段。

三、空间联动：打造文旅复合区

空间联动是文旅产业规划融合的一个重要方向，具体表现为打造文

旅复合区，即在一定的空间范围内，整合各种文化和旅游资源，形成集文化展示、旅游服务、商业活动等多功能于一体的复合区域。这样的空间布局，不仅能够有效地利用和发展文旅资源，也能提升游客的旅游体验，带动区域经济的发展。

第一，文旅复合区的建设需要在规划阶段进行充分的考虑和设计。在选址上，具有一定文化底蕴、旅游潜力的区域，如历史文化街区、风景名胜区等，都是理想的候选区域。这样的区域通常蕴含丰富的文化资源和自然资源，对游客具有较高的吸引力。具体来说，历史文化街区可以通过其独特的历史建筑和文化氛围，让游客深入了解当地的历史文化；风景名胜区则可以通过其壮美的自然景观，让游客感受大自然的魅力。在规划设计上，首要任务是如何有效整合文化和旅游资源。例如，可以通过建立文化展览馆、艺术表演中心等设施，让游客深入了解和体验当地的文化；也可以通过设置观景台、休闲步道等设施，让游客尽情欣赏自然风光。此外，还需要考虑如何布局各类功能设施，如商业设施、服务设施、休闲设施等，确保游客在游玩的过程中的各种需求得到满足。最后，如何优化空间结构，如何使各类功能设施在空间上形成良好的联动，也是规划设计中需要考虑的重要问题。

第二，文旅复合区的建设需要考虑如何实现空间联动。一方面，内部联动主要体现在文旅复合区内部各类功能设施之间的互动关系。例如，文化展示设施和旅游服务设施可以相互配合，共同服务游客。当游客在文化展示设施中了解和体验各种传统文化时，旅游服务设施可以提供各类便利的服务，如导游服务、翻译服务、餐饮服务等，以满足游客的各类需求，提升游客的旅游体验。商业活动设施也是内部联动的重要部分，它可以通过提供各类商业服务，丰富游客的消费选择，带动经济发展。例如，可以通过销售当地特色商品，让游客深入体验当地的文化；也可以通过提供休闲娱乐服务，让游客在游玩的过程中，享受到乐趣。

第三，外部联动，即文旅复合区与周边环境的联动，这是实现整体旅游系统高效运作的关键。首先，与周边的交通设施联动至关重要。文旅复合区可以与周边的公共交通网络如公交、地铁、出租客运等形成有效接驳，为游客提供便利的进出条件，也可以与机场、火车站等远程交通节点形成有效联系，为游客提供远程的交通便利。其次，通过与周边的商业区、住宅区联动，形成一个充满活力和生活气息的文旅区域。商业设施包括餐厅、商场、娱乐设施等，可以为游客提供丰富的消费选择和娱乐体验；住宅区则可以带来稳定的人流量，使得文旅区始终保持活力。另外，与周边的自然环境联动，是保护生态环境、提供优美的旅游环境的重要途径。例如，可以通过设置生态走廊、绿色步道等设施，将文旅区与周边的自然环境有机地连接起来，让游客在游览文旅区的同时，也可以欣赏到美丽的自然风光。

第四，文旅复合区的建设还需要考虑如何实现可持续发展。一方面，保护文化遗产，传承文化传统，是维护文旅复合区核心价值的基础。这不仅包括物质文化遗产如历史建筑、文物等的保护，也包括非物质文化遗产如民间艺术、传统技艺等的传承。另一方面，促进文化创新，是实现文旅产业持续繁荣的重要途径。例如，可以鼓励艺术家、设计师在文旅区开设工作室，开展各种文化创新活动；也可以举办各种文化活动，如艺术节、音乐会、戏剧表演等，吸引更多的游客和创作者参与，形成良好的文化氛围。

四、服务升级：优化文旅体验

优化文旅体验旨在通过提供更加优质的文化旅游服务，提高游客满意度，促进文旅产业的持续发展。

（一）提供个性化的文旅服务是优化文旅体验的关键

因为每个游客都有其独特的兴趣爱好、消费水平和旅游需求，对服务的期待和要求也各不相同。因此，服务提供方需要深入了解游客的个性化需求，并在此基础上提供适合他们的服务。例如，对于那些热衷于探索历史文化的游客，可以提供专门的文化导览服务，邀请有专业知识和丰富经验的导游为他们讲解历史故事，解读文化遗产，让他们深入理解和感受当地的历史文化魅力。对于那些喜欢亲近自然的游客，可以提供生态旅游服务，组织他们参加自然保护区的徒步旅行、野生动物观察等活动，让他们在欣赏美丽自然景观的同时，更加敬畏自然环境，增强环保意识。对于那些喜欢购物的游客，可以提供特色商品推荐服务，向他们推荐具有当地特色的商品和手工艺品，让他们在购物的过程中，也能体验到当地的文化风情。

（二）提升服务品质是优化文旅体验的重要途径

高质量的服务不仅可以满足游客的基本需求，还可以给他们带来超出期待的体验，提高他们对旅游目的地的满意度和忠诚度。为了提升服务品质，服务提供方需要从多个方面进行努力。首先，需要提高服务人员的专业素质，如通过定期的培训和学习，提升他们的专业知识和服务技能，使他们能够提供专业、高效的服务。其次，需要提供优质的硬件设施，如舒适的交通工具、设施齐全的住宿环境、干净整洁的公共场所等，为游客提供舒适便利的旅游环境。再次，需要提供便捷的服务流程，如通过在线预订系统，让游客能够方便快捷地预订和购买各类服务，节省他们的时间和精力，提高他们的旅游体验。

（三）创新服务方式是优化文旅体验的重要策略

技术的进步带来了服务方式的革新，为游客带来了前所未有的便利和体验。如今，VR、AR、移动支付等技术正在逐步融入文旅服务中，以满足游客日益增长的体验需求。

例如，VR技术使游客可以沉浸式体验远方的风景，而无须离开自己的家。这种全新的旅游方式，为游客提供了一种新的旅游体验，让他们可以足不出户就能感受到远方的风景和文化魅力。此外，这种技术还可以提供历史场景的重建，让游客可以更深入地理解和感受历史文化。移动支付为游客的旅游消费提供了较大的便利。无论是购物、餐饮还是门票，游客只需通过手机就可以轻松完成支付，大大提高了消费的效率，节省了支付的时间。而且，移动支付还可以实现线上预订、优惠折扣等功能，为游客提供更加优质的服务及体验。

（四）建立良好的服务环境是优化文旅体验的基础

服务环境的好坏直接影响游客的体验感受，服务提供方需要定期清理旅游区的垃圾，保持环境的整洁，给游客提供一个舒适的旅游环境；需要对旅游设施进行定期的维护和更新，确保设施的正常运行，为游客提供高质量服务；需要提供24小时的安全保障服务，包括安全巡逻、应急救援等，保证游客的人身和财产安全；还需要制定和实施一系列的安全管理制度，如火灾预防、食品安全、交通安全等，从源头上防止各类安全问题的发生。总之，服务提供方要努力营造一个和谐、友善的服务氛围，让游客感到宾至如归，提供各种便利设施，如洗手间、休息区、信息咨询服务台等，满足游客的各种需求，提升他们的旅游体验。

第三节　文旅发展要素融合

一、人文资源与旅游资源的共享利用

在旅游发展中，人文资源和旅游资源的融合利用，不仅能够创新旅游业的产品和服务，还可以在很大程度上提高资源的利用效率，优化旅游环境，提升旅游品质。

人文资源，包括历史遗迹、民俗文化、艺术展览等，是一个地区的独特之处，也是吸引游客的重要因素。而旅游资源，包括自然景观、旅游设施、旅游服务等，为游客提供了旅游活动的基础条件。共享利用这两类资源，本质上是两类资源的有机结合，是一种创新方式，最终实现了两者的融合。在这个过程中，旅游业的发展和人文资源的保护并不是矛盾的。相反，他们可以相辅相成。一方面，旅游业的发展，尤其是文化旅游的发展，需要大量的人文资源作为基础。而人文资源的开发和利用，可以为旅游业提供丰富的产品和服务，从而提高旅游业的吸引力，增强旅游业的竞争力。另一方面，旅游业的发展，可以带动人文资源的保护和传承。因为，旅游业的发展可以提高人文资源的经济价值，提高

社区对人文资源保护的重视程度，吸引更多的投资用于人文资源的保护和开发。

要有效地实现人文资源与旅游资源的共享利用，需要进行科学的规划和合理的管理。首先，要科学地规划旅游资源和人文资源的开发和利用。这包括对旅游资源和人文资源的全面评估，明确它们的特点和价值；对旅游资源和人文资源开发和利用的规划，明确它们的目标和路径；对旅游资源和人文资源开发和利用的监管，明确它们的责任和义务。其次，要合理地管理旅游资源和人文资源的共享利用。这包括对旅游资源和人文资源的合理配置，实现它们的优势互补；对旅游资源和人文资源的合理开发，实现它们的可持续发展；对旅游资源和人文资源的合理利用，实现它们的公平分享。

二、科技进步对文旅融合的推动作用

科技提供了新的工具、平台和思维方式，从而使文化与旅游能够以前所未有的方式相互作用。科技改变了旅游业的运作方式，为提供个性化、高质量的旅游体验提供了可能。

（一）科技进步对信息传递与获取有着深远影响

旅游业本质上是一个信息密集型行业，科技进步在其中发挥的作用深远而独特。目的地信息、旅游资源、旅行计划、天气状况等，都是游客在制订旅行计划时必需的信息。在互联网和移动技术的助力下，游客可以轻松获取各种信息，随时随地搜索、比较、预订旅游产品，大大提高了效率，降低了成本。搜索引擎、旅游 APP、社交媒体等网络工具不仅提供了信息的获取平台，还改变了信息的传播方式。游客可以在社交媒体上分享自己的旅行经验和感受，影响和启发更多的人的旅行意识。这种互动性的信息传播，在某种程度上提高了信息的真实性和可信度。在传统的旅游市场中，旅游业者通常通过印刷品、广播、电视等媒体来发布和宣传旅游产品。而在数字化的旅游市场中，旅游业者可以通过网站、APP、社交媒体等多种媒介来宣传自己的产品和服务，这不仅降低了宣传成本，而且能够精准地触达目标消费者，提高转化率。

除此之外，科技进步还促进了旅游业者和游客的互动。例如，旅游业者可以通过社交媒体直接收集游客的反馈信息，及时了解和满足游客的问题和需求。旅游业者也可以通过这些互动，收集大量的用户数据，进行数据分析和挖掘，更深入地了解用户的需求和行为，从而提供更好的旅游产品和服务。

（二）科技进步为旅游体验的丰富性和深度提供了新的可能

在科技进步的推动下，现代旅游业在为游客提供丰富且有深度的旅游体验方面有了新的可能。其中，VR和AR技术的出现，使得旅游体验有了全新的维度和深度。

VR技术是一种可以创建和体验虚拟世界的技术。它利用电脑技术模拟产生一个三维虚拟世界，提供使用者关于视觉、听觉、触觉等感官的模拟，让使用者如同置身于虚拟世界之中，产生一种沉浸感。在旅游行业，VR技术的应用开启了一种全新的旅游方式，使得游客在家中就能体验到远方的风景。VR技术的应用，犹如打开了一个全新的世界，使游客得以跨越地理、时间甚至是物理的限制，体验世界各地的自然和人文风景。无论是古老的历史遗迹、壮丽的自然风光，还是文化活动和传统手工艺，都能被精准地复制和再现于虚拟的世界中。在VR的世界里，游客可以自由选择旅行目的地，自由控制旅行的进程，甚至可以在旅行中与虚拟环境进行互动，体验前所未有的旅游乐趣。VR技术也可以作为预览工具，帮助游客在出行前了解目的地的实际情况，从而制订更合理的旅行计划。通过VR预览，游客可以详细了解目的地的地理位置、环境特征、文化风情等，可以预见到可能遇到的困难和挑战，从而做好充分的准备。而对于旅游业者来说，他们可以通过提供VR预览服务，提高自己的服务质量和竞争力。

AR技术是一种将虚拟信息融入真实环境，使得用户不能从视觉上区分哪些是真实的，哪些是电脑生成的技术。与VR技术不同，AR技术并没有创造一个全新的环境，而是在现实环境中添加了虚拟的元素，以增强真实的感知。在旅游行业，AR技术的应用为游客提供了一种新的旅游体验。通过AR技术，游客可以在实地游览的同时，看到古建筑的原貌、了解历史人物的故事，或者发现隐藏在自然景观中的生物种类。这种混合现实的体验，不仅增加了旅游的趣味性，也增强了旅游的教育性，使游客在享受旅游乐趣的同时，对目的地的文化和历史有了更深的理解。

除了VR和AR技术，大数据和人工智能的应用也为旅游体验的丰富性提供了新的可能。通过收集和分析游客的行为数据，旅游业者可以更深入地了解游客的需求和行为，从而提供更具个性化的服务。例如，根据游客的历史搜索和购买记录，推荐他们可能感兴趣的旅游产品；根据游客的行程和位置信息，为其提供实时的旅游建议和帮助。

（三）科技进步对旅游业的管理和运营产生影响

科技进步对旅游业的管理和运营带来了深远影响，其中物联网（The Internet of Things, IoT）和智能硬件的应用，以及大数据和云计算的应用尤为明显。

物联网技术通过信息传感设备，将任何物品与互联网连接起来，实现信息交换和通信，从而提高了景区的管理效率和服务质量。例如，旅游景区可以通过安装各类感应器，实时监测景区的人流量、环境质量等关键数据。一旦发现人流量过大或环境质量下降，管理部门可以立即采取相应措施，如限制人流、增派清洁人员等，以保证旅游景区的正常运行和游客的旅游体验。此外，智能硬件的应用也对旅游景区的运营管理带来了积极影响。例如，智能导览设备可以提供定位导航、语音讲解等功能，帮助游客更好地了解景区的历史文化、自然景观等信息，提高游客的旅游体验。无人售票机则可以提高售票效率，减少人工成本，避免人工售票可能出现的错误，提高服务的准确性。

与物联网和智能硬件技术一样，大数据和云计算的应用也对旅游业产生了深远影响。大数据提供了对海量信息进行快速处理和深度分析的能力，使旅游业者可以快速、准确地获取到关于旅游市场、游客行为、旅游趋势等方面的信息。通过对这些信息的分析，旅游业者可以了解到游客的需求变化，及时调整产品和服务，以满足游客的多样化与个性化需求。例如，旅游业者可以通过分析游客在网站或 APP 上的搜索记录、浏览记录、购买记录等数据，了解到游客的兴趣爱好、旅游偏好、消费习惯等，从而提供更符合游客需求的产品和服务。此外，旅游业者也可以通过分析旅游市场数据，了解旅游趋势，预测未来的市场情况，制订相应的战略计划。云计算技术提供了储存和处理大量信息的平台，使旅游业者可以更方便快捷地处理和使用大数据。旅游业者可以将数据储存在云端，随时随地获取和使用数据，大大提高了工作效率。云计算也降低了数据处理的成本，使更多的旅游业者有能力利用大数据进行决策。

三、文旅融合中的人力资本开发

人力资本，简单来说，是指个人或社会在教育、培训和健康上的投资，以及由此产生的知识、技能和其他隐藏在人们身上的属性，这些都可以为经济生产活动提供服务。在文旅融合发展中，人力资本的开发显得尤为重要。

（一）高素质的人力资本是推动文旅融合发展的关键

要确保旅游业的发展和繁荣，人力资本的质量是至关重要的因素。具有专业知识和技能的员工，能够更好地理解和适应旅游市场的变化，提供高质量的服务，满足游客的个性化需求。而这些，正是通过系统的专业培训和实践经验得到提升和强化的。对旅游市场的理解是人力资本的重要组成部分之一。这需要员工熟悉旅游市场的运行规律，理解游客的需求和期望，掌握市场竞争态势和发展趋势。只有深入了解市场，才能设计出符合市场需求的旅游产品，制定出有针对性的营销策略，推动旅游业的发展。熟悉旅游产品是员工提供高质量服务的基础。员工需要了解旅游产品的各个方面，包括产品的特性、功能、适用对象等。他们还需要掌握产品的销售和推广技巧，以便更好地向游客推荐产品，满足游客的需求。只有对旅游产品有深入的理解，员工才能提供专业、周到的服务，提高游客的满意度。员工的服务技巧、外语能力和人际交往能力等软技能在旅游业中同样重要。优秀的服务技巧可以让游客感受到尊重和关怀，提升他们的旅游体验。良好的外语能力可以帮助员工更有效地与来自不同国家和地区的游客进行交流，消除文化和语言的障碍。而强大的人际交往能力则能帮助员工建立和维持良好的人际关系，促进团队合作。这些专业知识和技能不是天生就有的，而是需要通过教育和培训、实践和经验的积累来获取的。旅游业者应该重视员工的培训和发展，定期进行专业培训，鼓励员工参加实践活动，分享经验和教训，为其提供持续的学习和发展机会。只有这样，员工的专业素养和服务水平才能得到提升，旅游业的发展才能得到保障。

（二）人力资本的开发可以提升文旅产品的创新能力

创新是推动任何行业发展的关键驱动力，文旅业也不例外。然而，文旅产品的创新并不仅仅是技术的创新，更重要的是对文化的理解、创新的思维和敏锐的市场洞察力。因此，高素质的人力资本在这方面起着至关重要的作用。

具有深厚文化素养的员工更有可能理解并挖掘文化资源的价值，从而创造出具有深度和内涵的文旅产品。他们能够在传统的旅游产品中融入文化元素，使得游客在享受旅游服务的同时，也能体验到独特的文化魅力。例如，他们可能会设计出以某一历史事件或人物为主题的旅游线路，让游客在旅行中了解和感受到历史文化的精神内涵。具有创新思维的员工能够在理解和尊重传统的基础上，敢于突破既有框架，创造出独特且具有吸引力的旅游产品。他们不满足于既有的产品形式，而是会思考如何将新的元素、新的技术与传统文化相结合，以创造出既有新意又符合市场需求的旅游产品。例如，他们可能会利用 VR 技术，将游客带入历史现场，提供一种全新的旅游体验。他们还能够在瞬息万变的市场环境中，及时发现新的机遇和挑战，指导产品的创新和优化。又如，他们可能会发现游客深度游的需求，于是设计出以本地文化体验为主题的旅游产品，以满足这一需求。

（三）人力资本的开发有助于提高文旅业的管理效率

在文旅业中，人力资本的开发不仅涉及员工的个人技能和专业知识，也包括管理层的决策能力、领导能力以及协调能力。有效的管理是文旅业持续发展的关键因素之一，而高素质的管理人员则是提高文旅业管理效率的重要推动力。

高素质的管理人员能够准确理解并有效执行旅游策略。他们对旅游市场有深入的理解，能够根据市场动态、消费者需求以及公司的资源状况，制定出切实可行且有竞争力的旅游策略。同时，他们也能够通过有效的组织和协调，确保策略的执行，使得公司的旅游业务能够顺利进行。他们能够通过充分理解各种旅游资源的价值和潜力，以及如何最大化地利用这些资源来满足游客的需求。这不仅包括物质资源的配置，如旅游设施、旅游产品等，也包括人力资源的配置，如员工的分工、培训等。旅游业务涉及的领域广泛，包括市场营销、客户服务、产品开发、人力资源管理等，每个领域都有可能出现各种问题。他们能够对问题进行快速且准确的识别，采取有效的措施进行解决，以确保公司的旅游业务的稳定发展。高素质的管理人员还可以通过培训和指导，提高员工的服务质量和工作效率。他们通过制订出有效的培训计划，帮助员工提升专业知识和技能，提高服务水平。同时，他们也能够通过有效的指导和激励，激发员工的工作热情，提高工作效率。

（四）人力资本的开发可以促进文旅业的可持续发展

环保教育是推动文旅业可持续发展的基础。作为旅游业的一分子，员工应该明白自身的行为对环境的影响，并在日常工作中努力减少对环境的负面影响。例如，员工可以在工作中养成时刻注意环保的行为习惯，如节约资源、减少废弃物、使用环保材料等。员工也可以通过自身的行为，影响和教育游客，使他们了解并支持环保旅游，从而在更大范围内推动文旅业的可持续发展。与此同时，员工应该认识到，他们不仅仅是公司的员工，也是社会的一分子，他们的行为应该符合社会道德法律规范。这包括尊重游客的权益、保护文化遗产、维护公共秩序等。只有这样，旅游业才能在满足游客需求的同时，保持和谐的社会关系，实现长期发展。员工可以通过与社区的互动，了解社区的需求和期望，以实现旅游业与社区的共同发展。例如，员工可以通过参与社区的活动，了解社区的文化和历史；通过与社区居民的沟通，了解他们对旅游业的看法和建议，从而使旅游业的发展更符合社区的利益。

四、基础设施与旅游设施的共建共享

共建共享不仅可以提高设施的使用效率，减少重复建设的浪费，也可以通过整合和优化资源，提升文旅体验的质量。

（一）提高设施使用效率

在文旅融合的过程中，基础设施与旅游设施的共建共享是一个有效的解决方案，可以在一定程度上提高设施的使用效率。因为设施的建设需要投入大量的资源，包括资金、土地、人力等，如果每个旅游项目都独立建设自己的设施，将会导致资源的大量浪费。而通过共建共享，可以有效避免这种重复投资，节省大量资源。举例来说，一座大型的体育馆可以在非比赛日作为观光点或举办其他文旅活动，一处广场既可以作为市民的休闲场所，也可以举办各类文化表演或节庆活动。这些都是共建共享的实际应用，可以有效提高设施的使用率。共建共享还可以通过合理调度和使用设施，将设施的闲置时间和空间最小化。例如，旅游景点可以在非旺季时期举办各类活动，吸引本地居民参与，或者对外租赁空闲的设施，从而提高设施的使用效率。

（二）优化资源配置

旅游设施的建设和维护需要投入大量的资金，而共建共享可以通过集中投资，降低单个项目的负担，提高资源的利用率。共建共享还可以集中管理资源，提高管理效率。一个独立的旅游项目往往需要建立一套完整的管理体系，而共建共享可以通过整合资源，构建一套政府管理与市场化运营相结合的旅游项目管理体系，有效避免重复建设，提高管理效率。共建共享还可以使优质的设施和服务更广泛地服务于旅游业和社区。例如，一座图书馆既可以作为本地居民的学习场所，也可以作为旅游景点吸引游客；一个公园既可以作为市民的休闲场所，也可以通过举办各类文旅活动吸引游客。这些都是共建共享的实际应用，可以提高资源配置的效率和效益。

（三）提升文旅体验质量

在共建共享的模式下，各类旅游设施、文化设施和公共服务设施能够融为一体，为游客提供一站式的服务，避免了游客因设施分散而需要反复移动的困扰。例如，一处拥有众多文化遗产的历史区域，如果在其中添加必要的旅游设施，如信息中心、餐饮设施、公共卫生间等，并提供便捷的公共交通服务，就能够成为一处高品质的旅游目的地，为游客提供连贯且丰富的体验。共建共享的策略也使旅游目的地能够为游客提供更丰富多样的活动和旅游体验，满足游客的多元化需求。例如，公园在白天可以作为开放的休闲场所，提供绿色空间和运动设施；而在晚上，它可以举办音乐会、电影展映等文化活动，吸引不同兴趣的游客。与此同时，共建共享还能提升游客的参与度和互动性，这对于提升游客的满意度和忠诚度至关重要。例如，一些公共设施可以开设文化工坊、艺术课程等，让游客参与其中，体验当地的文化。

五、文旅融合的政策环境与法治环境建设

（一）政策环境对文旅融合的重要性

政策环境的建设是文旅融合发展的重要组成部分，而政府对此起着主导作用。在这个环境中，政府通过制定一系列的经济政策、财政政策以及行业指导政策，为文旅融合提供有力支撑。具体来说，政府可以通过财政补贴，提供资金支持，帮助企业克服在初期开发中可能遇到的资金困难，从而鼓励更多的企业和机构投入文旅项目的开发中；通过税收优惠，减轻企业的税负，进一步激发企业的积极性，促进文旅产业的持续发展。政府可以通过提供政策指引和信息服务，帮助相关企业和机构了解市场趋势，把握发展机遇，促使企业及时掌握政策动向和市场信息，增强企业的市场预见性，使其能够及时调整发展战略，以适应市场

变化。政府还可以通过采取一系列的政策引导，促进文旅资源的合理利用，保护文化遗产。这种政策引导能使文旅资源得到科学合理的开发和利用，避免资源的过度开发和破坏，从而保护文化遗产，提升文旅融合的质量。在此基础上，政府还需要通过政策措施，维护旅游市场的公平竞争，保证游客的权益。这包括规范市场秩序，打击非法商业行为，保护消费者权益，提高服务质量，建立健全旅游纠纷处理机制等。通过这些举措，政府可以维护市场秩序，保护消费者权益，促进旅游业的健康、有序发展。

（二）法治环境对文旅融合的重要性

一个健全和完善的法治环境对保障文旅融合发展的稳定和公正，降低运营风险具有显著影响。具体而言，明确的文旅法规和标准成为文旅活动的基础框架，它们为行业内的各方参与者提供了规则指引，有效防止了不公平的商业行为，如垄断、欺诈等，保障了市场公平竞争。以文化遗产权益保护为例，法律可以通过设定规定，保障文化遗产不受侵犯，防止文化资源被滥用。具体来说，通过制定版权法规，对文化遗产的复制、发行和公共展示进行详细规定，以防止其被恶意利用或非法盗用。如此一来，文化遗产和文化创新便能够在法律的保护下，得到合理地使用和传承，进一步推动了文旅融合的进程。

严格的法律制裁机制也是法治环境的重要组成部分之一。对于违法旅游行为，如欺诈、侵犯隐私等，应通过法律手段予以打击和制裁。这既包括对个人的惩罚，如罚款、监禁等，也包括对企业的惩罚，如罚款、吊销许可证等。这样的严格制裁不仅能够保护游客的合法权益，也有助于维护公平、诚信的旅游市场环境，为文旅融合的健康发展提供保障。

第三章　文旅融合参与经济内循环

第一节　文旅融合参与生产环节

一、文旅产业链的构建和优化

文旅产业链包括文旅资源的开发、文旅产品的生产、文旅服务的提供等多个环节。构建完整、高效的文旅产业链，不仅可以优化资源配置，提高生产效率，还可以提高产品质量，满足游客需求。

构建文旅产业链，首先需要进行文旅资源的系统性开发。这包括对文化资源、自然资源、人力资源等进行全面、深入的挖掘，以满足不同类型的旅游产品开发需求。其次需要进行文旅产品的设计和生产，这涉及对文旅资源的合理利用、产品设计的创新、生产过程的管理等。最后需要提供高质量的文旅服务，包括游客接待、导游服务、住宿餐饮、娱乐购物等。具体来说，构建优化文旅产业链包括以下四点，如图3-1所示。

第三章　文旅融合参与经济内循环

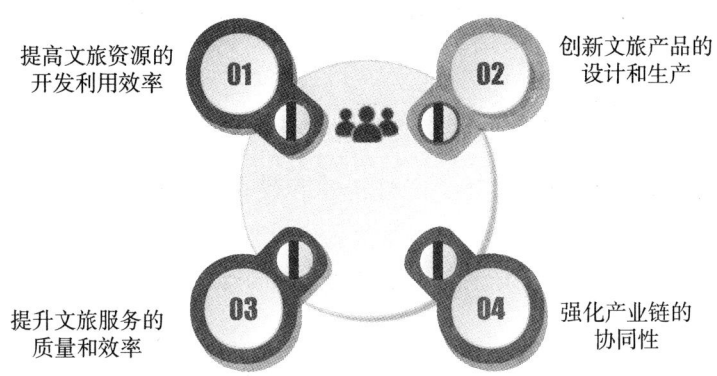

图 3-1　文旅产业链的构建和优化要点

(一) 提高文旅资源的开发利用效率

这个过程涉及多个环节，如文旅资源的发现与评估、科学分类、合理配置以及持续开发，每个环节都关系到整个文旅产业链的效率和质量。

在发现和评估文旅资源的过程中，需要考虑资源的价值、潜力以及开发难度。评估应当全面并且准确，它为开发策略提供了决定性的依据。通常而言，实现这一目标需要构建科学、系统的评估体系，积极引入现代科技手段，如大数据和人工智能等，以提高评估的精度和效率。作为提高文旅资源开发利用效率的另一关键环节，资源的科学分类和合理配置需要根据资源的特性、价值和利用潜力对其进行分类。资源配置的原则是优势互补、协同高效。举例来说，如果一个地方有丰富的历史文化资源和美丽的自然风光，人们就可以将这两种资源进行有机组合，打造一个集历史文化体验和自然风光欣赏于一体的旅游产品。当然，任何资源的开发都不能脱离可持续原则。在文旅资源的开发过程中，要保持对文化和环境的尊重，避免过度开发，也要不断探索和尝试新的开发模式和方法，以挖掘文旅资源的深层价值。这需要人们不断学习和创新，积极引入新的科技手段，如 VR 和 AR 等，以提高开发的效率和质量。而人力资本也在这个过程中扮演了重要角色。通常来说，只有具有专业知识和技能的员工，才能有效地进行文旅资源的评估、分类、配置和开发。

因此，也需要重视人力资本的培养和引导，通过专业培训和继续教育等方式，提高员工的专业能力和综合素质。

（二）创新文旅产品的设计和生产

创新文旅产品的设计和生产是构建和优化文旅产业链的重要环节，它直接关系到文旅产业的活力和竞争力。在这一过程中，需要把握好市场趋势，挖掘消费者需求，引入新的设计理念和生产技术，并兼顾文化的传承和环境的保护。

市场趋势是文旅产品设计和生产的重要指引。随着社会的发展，人们对文旅产品的需求在不断变化，如对个性化、体验式、互动性的追求，对绿色环保、健康生活的重视等。因此，需要密切关注市场趋势，及时调整产品设计和生产策略，以满足市场的需求。而市场需求又是消费者需求的总和，由此可知，消费者需求是文旅产品设计和生产的核心。了解和满足消费者需求，是产品设计和生产成功的关键。为此，需要建立有效的需求信息获取和分析系统，通过市场调研、数据分析等方式，深入了解消费者的兴趣、期待和痛点，从而设计出满足消费者需求的产品。设计理念和生产技术是文旅产品设计和生产的工具和手段。引入新的设计理念，如以用户为中心设计、情感化设计等，可以使产品更符合消费者的使用习惯和情感需求；引入新的生产技术，如数字化技术、智能化技术等，可以提高生产效率和产品质量。文化的传承和环境的保护是文旅产品设计和生产的基础和责任。在设计和生产过程中，要充分利用和尊重当地的文化资源，借助产品传承文化，使消费者在享受服务的同时，增加对文化的了解，提高对文化的认同感，同时应注意环境保护，避免在生产过程中对环境造成破坏。

（三）提升文旅服务的质量和效率

文旅服务质量和效率的高低直接影响着消费者的满意度，进而影响着消费者的消费决策和文旅业的发展。提升文旅服务的质量和效率，需要从服务设计、服务提供、服务评估、服务改进等多个环节进行。

1. 服务设计

设计出满足消费者需求，符合消费者使用习惯和情感期待的服务，是提供高质量服务的前提。因此，需要深入了解消费者需求，从消费者的角度出发，考虑服务的各个方面，如服务的内容、形式、流程、环境等，以设计出合理、有效、吸引人的服务。

2. 服务提供

在提供服务的过程中，要确保服务的质量和效率，通过标准化、规范化的操作，减少服务过程中的错误和延误；通过提升员工的服务技能和服务态度，提高服务的专业性和亲切感；通过科技的应用，如信息技术、智能技术等，提高服务的便利性和快捷性。

3. 服务评估

通过对服务进行评估，可以了解服务的优点和不足，了解消费者的满意度和需求，从而为服务的改进提供依据。因此，需要建立完善的服务评估系统，采用科学的评估方法，收集和分析服务数据，及时反馈和处理服务问题。

4. 服务改进

通过对服务的持续改进，可以不断提升服务的质量和效率，提高消费者的满意度，增强文旅业的竞争力，这要求建立持续改进的机制，鼓励和支持员工的改进建议和行动，持续改进服务设计、服务提供、服务评估等各个环节。

（四）强化产业链的协同性

强化产业链各环节的信息共享是提高协同性的基础。通过建立高效的信息共享机制，可以促使各个环节能够了解到其他环节的需求、问题和改进情况，从而便于调整自己的工作，以更好地满足其他环节的需求，解决其他环节的问题，支持其他环节的改进。例如，在开发环节了解到营销环节的市场需求，就能够开发出更符合市场需求的产品；在服务环节了解到用户反馈的问题，就能够及时调整服务内容和形式，提高服务质量。强化产业链各环节的资源共享是提高协同性的手段。通过建立高效的资源共享机制，各个环节能够共享使用各环节的资源，如人力资源、物力资源、知识资源等,从而能够减少资源的重复投入,提高资源的使用效率。例如,开发环节和营销环节共享市场研究的结果,就能够避免重复进行市场研究,节省资源;服务环节和用户反馈环节共享用户数据,就能够更加深入地了解用户需求,提高服务质量。强化产业链各环节的目标一致性是提高协同性的动力。通过建立共享的目标和价值观,各个环节能够朝着同一个方向努力,共同推动产业链的发展。如果各环节都认同提供高质量服务的价值观,就能够从各自的角度出发,共同提高服务质量;如果各环节都认同创新的目标,就能够共同推动产品和服务的创新。强化产业链各环节的相互促进是提高协同性的保证。通过建立互助合作的关系,各个环节能够相互促进、共同进步。例如,开发环节的产品创新能够促进营销环节的市场推广;服务环节的服务改进能够提高用户反馈环节的用户满意度。

二、文旅资源的可持续开发

(一)认真研究和评估文旅资源的价值

1. 评估文旅资源的经济价值

评估文旅资源的经济价值是一个复杂的过程,涉及对资源自身属性的深入理解,市场需求的准确把握,以及对于产业发展趋势的前瞻性洞察。这一过程的核心在于确定资源开发的潜在收益,并以此为依据,指导实际的产业运营和管理决策。首先,对文旅资源的稀缺性和独特性进行评估。这两个属性是文旅资源经济价值的重要因素。稀缺性意味着资源的供给有限,即需求大于供给,在这种情况下便会产生经济价值。而独特性是指资源的特性和质量无法被其他资源复制或替代。资源的稀缺性和独特性可以增强其在市场上的竞争优势,从而增加其经济价值。其次,对资源的旅游吸引力进行评估。这包括资源是否具有吸引游客的特性,如美学价值、文化价值或娱乐价值,以及资源是否符合当前和未来旅游市场的发展需求和趋势。这种评估有助于掌握资源在市场上的潜在价值,以及其在满足游客需求和提高游客满意度方面的可能表现。此外,还需要考虑到文旅资源的可持续开发能力，即资源是否具有经得起长期开发和使用的能力。可持续性是资源经济价值的重要组成部分，因为只有当资源能够在长期内保持其质量和吸引力，才能实现持续的经济收益。

2. 评估文旅资源的文化价值

文化是旅游的灵魂，旅游是文化的载体。历史文化资源本质上是文明演进的载体，民族文化发展的见证，它记录了人类在某个时代、某个地点的生活点滴。通过研究这些历史信息，人们可以更好地理解过去，也能够对未来产生更深刻的思考。不同的文旅资源代表着不同的文化价值，这些价值在特定的社区和社会中有着深厚的根基。例如，一座古建筑可能代表了某种建筑风格，一个风景名胜区可能代表了人类对大自然的敬畏，一个博物馆可能代表了人类对知识的渴望和追求。这些文化价值使文旅资源具有独特的吸引力，可以吸引各种各样的游客。某些文旅资源可以是某个社区的标志，它代表了社区的历史、信仰和价值观。这使得文旅资源具有更深的社会情感价值，可以引发游客的共鸣，增强他们的旅游体验。

3. 评估文旅资源的生态价值

评估文旅资源的生态价值主要是了解资源的自然特征，以及它们对生态系统和环境健康的贡献。这包括了解生态系统的稳定性、生物的多样性以及自然景观的独特性等因素。在开发过程中，要考虑到这些因素，以保护生态环境，维护生态平衡。

（二）制定和实施有效的保护和管理策略

对文旅资源进行定期的监测和评估是必要的。这包括检查资源的物理状态，跟踪资源使用的频率和模式，了解资源的价值和意义等。定期的监测和评估可以提供关于文旅资源当前状态和未来发展趋势的重要信息，有助于及时发现和解决问题，避免资源过度开发和损耗。科学的管理策略可以保证文旅资源的安全和质量，这包括对资源的保护和修复，对资源使用的规定和限制，以及对资源开发的计划和指导。管理策略应根据资源的特性和价值进行制定，以保护资源的完整性，维护资源的生态平衡和文化价值。对文旅资源进行合理的利用是实现经济效益和生态效益平衡的关键，这意味着要在资源的开发和保护之间找到平衡点，使资源的开发既能带来经济效益，又能保护资源的生态价值。通常来说，制定合理的利用策略应考虑资源的可持续性，以有效避免资源的过度开发和滥用。

在这个过程中，各方都需要积极参与并承担起责任。政府应提供政策指导和监管，制定和执行相关的保护和管理规定；企业应遵守这些规定，注重资源的可持续使用，提供高质量的文旅产品和服务；社区和公众应参与资源的保护和管理，践行"可持续发展"的理念。

（三）促进文旅资源的创新和更新

对文旅资源的创新开发旨在通过新的思维方式和技术手段，以提高文旅资源的经济价值和吸引力。这可能涉及创新的营销策略、新型的参观体验设计、独特的文旅产品创新等。例如，一些地方可能利用VR/AR技术，为游客提供身临其境的历史重现或未来设想的体验机会，增加游客的参与度和体验感。此外，对旅游路线的重新规划，或者对旅游产品的重新包装，也可能带来全新的视角和体验。在对文旅资源的更新保护方面，目标是延长文旅资源的生命周期，保持其新鲜感。这可能包括对文化遗产的修复和保护，对自然景观的环境治理，对旅游设施的改进和升级等。例如，一些历史悠久的文化遗址，可能需要进行定期的维修和保养，以防止其受到自然环境和人为活动的破坏。另外，一些旅游设施，如餐厅、酒店、游乐设施等，也需要定期地更新和改进，以满足游客日益增长的多元化需求。

（四）培养和提升公众的环保意识和文化意识

环保意识的提升可以使公众意识到，任何形式的过度开发和不当行为都可能对文旅资源产生负面影响，可能导致资源的损耗和环境的破坏。它能够帮助公众理解个体行为和环境的密切关系，鼓励他们采取更加环保的生活方式和旅游方式，如减少垃圾产生、尊重自然生态环境、选择可持续的旅游服务等。文化意识的提升能够使公众更加理解和尊重文旅资源所代表的历史、文化和社区价值。这可能通过各种教育和传播活动实现，如举办文化遗产展览、编写和发布文化旅游指南、开设公众讲座和研讨会等。增强文化意识不仅可以促进公众对本地和外地文化的理解和欣赏，还可以激发他们对保护文化遗产和参与文化活动的热情。

只有公众理解和支持文旅资源的可持续开发，这些资源的保护和合理利用才能真正得到保障。因此，无论是政府、企业还是非营利组织，都应该在培养和提升公众的环保意识和文化意识方面发挥积极作用。

三、文旅产品的创新与升级

（一）关注用户体验的全面提升

用户体验涉及产品的功能、设计、服务等多个方面。在功能方面，创新性的产品往往能提供更多功能，满足用户的多元需求。例如，可以通过增加 VR、AR 等技术，使文旅产品具有更强的互动性和体验性。在设计方面，需要从用户的角度出发，充分考虑产品的易用性、美观性、舒适性等因素。例如，可以优化产品的界面设计，使其更加直观和易于操作；可以优化产品的结构设计，使其更加符合人体工程学原理，提升用户的使用舒适度。服务的质量直接影响到用户对文旅产品的满意度和忠诚度。因此，应注重提供个性化和定制化的服务，满足用户的特殊需求和期待。此外，还可以通过提供一系列增值服务，如售后服务、咨询服务、导游服务等，以进一步增强用户的满意度。

（二）注重技术的引入和利用

技术是推动产品创新与升级的重要力量。引入和利用新的技术，可以有效提升文旅产品的质量和价值。例如，可以引入大数据技术，通过分析用户的行为数据，更准确地了解用户的需求，从而更好地优化产品。又如，可以利用人工智能技术，通过智能化的产品推荐、智能化的服务提供等，提升用户体验。

（三）文化元素的融合

文化元素不仅是文旅产品的灵魂，也是产品的个性与吸引力的核心所在。它的融入可以让文旅产品独具魅力，引人入胜，也能为游客提供更深层次、更广范围的体验。

地方特色文化的融入是文旅产品创新和升级中的一大亮点。具有地方特色的文旅产品能引导游客深入地方文化的核心，让他们在游览自然风光和名胜古迹的同时，也能从中领略到鲜活的地域风情和深厚的文化底蕴。例如，在产品设计方面，可以细致地描绘和展现地方建筑风格，这不仅能够体现地方文化的独特魅力，也能使游客更好地理解和欣赏这种风格的艺术美感。在艺术表现形式方面，地方的舞蹈、音乐、戏剧等，是体现地方文化魅力的重要途径，借助丰富多彩的艺术形式，可以让游客在感官上深度体验地方的文化气息。另外，独特的民俗习惯和诱人的当地美食，也是地方文化的重要组成部分，它们能让游客在游玩过程中深入了解当地的生活习俗和文化历史，从而增加游玩的趣味性和丰富性。

在历史文化的融合上，设计者可以运用各种策略，将历史元素与文旅产品精妙地结合起来。历史故事可以被巧妙地编织进产品中，让游客在感受故事情节的同时，也能了解历史背景。历史人物也是历史文化的重要载体之一，他们的事迹和精神风貌可以通过各种形式展现出来，让游客产生更加深刻的认识和感受。历史事件则可以通过体验活动的方式，让游客能够参与其中，从而更直观地感受历史的魅力。比如，一个重大战役的模拟体验，不仅能让游客了解战争的历史背景，也能让他们感受到历史人物的决策智慧和勇气。这种方式能使游客在欣赏美景的同时，也能增长知识，加深对历史文化的理解和认识。

四、人力资本在文旅生产环节中的作用

人力资本在文旅产品的设计和规划阶段具有不可替代的地位。例如，旅游规划师需要具备足够的专业知识和丰富的实践经验，才能根据市场需求和资源条件，制定出科学合理、符合可持续发展原则的旅游规划。旅游产品设计师则需要有丰富的创意和独特的设计观，才能设计出

富有吸引力、满足消费者需求的旅游产品。人力资本在文旅服务的提供过程中也起着核心作用。例如，旅游导游不仅需要具备丰富的知识和良好的表达能力，还需要有亲和力和解决问题的能力，才能给游客提供高品质的导游服务。旅游餐饮服务员和酒店服务员也需要有专业的服务技能和良好的服务态度，才能给游客提供满意的餐饮和住宿服务。在提高文旅生产效率方面，人力资本的作用也同样重要。具有高水平人力资本的员工，他们的专业能力、创新思维和问题解决能力，可以帮助企业更高效地完成各种工作任务，从而提高生产效率。他们对市场的深度理解，能使企业在面对市场变化时，更快地做出反应，抓住商机，从而提高企业的竞争力。高素质的人力资本，能帮助企业在面对市场变化和资源紧张的情况下，通过创新和调整策略，实现长期发展。他们的存在，不仅能提高企业的生产效率，还能使企业形成核心竞争力，提升企业的市场地位。

第二节　文旅融合参与分配环节

在文旅融合参与分配环节中，经济效益、社会效益和环境效益都扮演着重要角色。通过对文旅产业的经济效益、社会效益和环境效益进行分析，可以更好地理解文旅融合的意义和价值所在。建立公平和公正的文旅分配机制也是确保各方利益均衡的关键。文旅融合参与分配环节要点如图 3-2 所示。

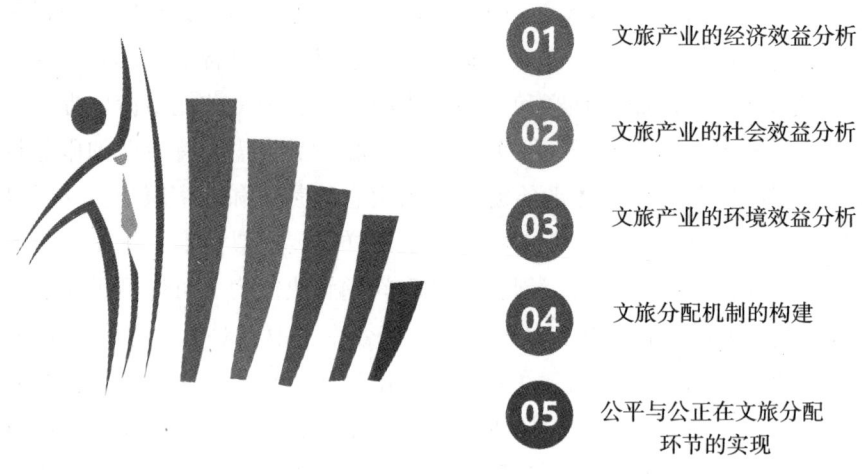

图 3-2 文旅融合参与分配环节要点

一、文旅产业的经济效益分析

(一) 产业链的经济影响

文旅产业链的经济影响具有广泛性和深远性。它是一个综合体,涵盖了从创意设计、生产、销售、服务到维护等一系列环节。在这个产业链中,各个环节之间既相互关联,又相互影响,通过相互作用共同创造经济效益。

文旅产业链的开端是文旅资源的开发,这个环节涉及旅游资源的勘探、开发、规划等工作。例如,需要对旅游资源进行科学合理的勘查,确保资源的合理利用和有效保护。旅游资源的开发工作往往需要投入大量的人力、物力和财力,这就带动了相关行业的发展,如建筑业、工程咨询业、地质勘查业等。这些行业在为文旅资源开发提供服务的同时,也在创造自身的经济效益,促进了地方经济的增长。文旅产品的生产和销售环节也会产生重要的经济效益。文旅产品的生产涉及设计、制造、包装等多个环节,这些环节需要大量的人力、物力,从而带动了制造业、包装业、物流业等相关产业的发展。文旅产品的销售则需要通过旅行社、在线旅游平台等销售渠道进行。这些销售渠道在帮助文旅产品销售的同时，也在提供就业机会，创造税收，带动相关产业的发展。文旅服务的提供是文旅产业链的重要组成部分，它涉及旅游接待、导游解说、旅游咨询等多个环节。这些服务工作需要大量的服务人员，从而提供了大量的工作岗位。与此同时，提供优质的旅游服务也会带动餐饮业、住宿业、交通运输业等相关产业的发展。

（二）就业促进效应

文旅产业具有广泛的就业吸纳能力，可以提供多种类型和层次的就业机会。文旅产业为专业人才提供了就业平台。例如，旅游规划师、旅游产品设计师、旅游市场营销师等，这些专业人才在文旅产业中拥有着广阔的就业前景。他们可以在这个产业中发挥自己的专业优势，实现自己的个人价值。文旅产业为普通劳动力提供了就业机会。例如，旅游景区的服务员、保洁员、维修工等，他们虽然可能没有专门的职业技能，但是在文旅产业中，他们也能找到适合自己的工作，赚取稳定的收入。文旅产业还可以为创业者提供机会。例如，有些人可能会选择开设旅游咨询公司、旅游用品店、民宿等，这些都是在文旅产业框架下的创业项目。这些创业者在自己的努力下，不仅实现了个人的经济收益，也为社会提供了就业岗位。再者，文旅产业的发展还能带动相关产业的发展。例如，文旅产业的发展需要大量的交通运输服务、餐饮服务、信息服务等，这些服务的提供就需要大量的员工，从而在相关产业中创造了就业机会。

（三）区域经济发展推动作用

文旅产业对区域经济发展的推动作用可以从多个维度进行阐述。第一，由于文旅产品和服务的独特性，它能吸引大量的游客来到特定的区域进行消费，这将带来大量的直接收入，进一步刺激消费需求，推动地方经济的增长。第二，文旅产业对于区域经济的发展还表现在吸引外来投资方面。随着一个区域文旅资源的挖掘和文旅产品的创新，这个区域的旅游价值和文化价值会逐步显现，从而吸引更多外来投资者。这些投资者既可能投资建设新的旅游景点、文化设施，又可能投资创新文旅产品和服务，这些投资将进一步推动地方经济的发展。第三，文旅产业对于区域经济的发展还表现在促进地方经济的转型升级上。随着社会经济的发展，人们对于文化旅游的需求日益增长，因此，发展文旅产业成了很多区域经济转型升级的选择。发展文旅产业，可以使原有的资源和产业获得新的发展机遇，从而实现经济的转型升级。

（四）对外经济贸易的影响

文旅产业的发展能够推动文旅产品的出口。这些产品可能包括旅游产品、文化产品、手工艺品等。这些产品的出口不仅可以增加外汇收入，改善国际支付平衡，也可以帮助提高国内产业的国际竞争力，从而推动产业升级。国际游客的到来将带来大量的旅游消费，这不仅可以促进国内市场的消费需求，也可以带动服务业和相关产业的发展。此外，国际游客的消费也将为国内带来大量的外汇收入。随着文旅产业的发展，国内的文旅市场将会逐渐显现出其较大的潜力，这将吸引外国投资者前来投资。这些投资不仅可以推动文旅产业的发展，也可以带动相关产业的发展，推动经济增长。在此期间，文旅产业还可以促进国际文化交流，提高国家的国际形象。文旅产业的发展，可以向世界展示中华民族文化的魅力与力量，提高国家的软实力，从而在一定程度上推动国际贸易的发展。

（五）振兴相关产业的效应

文旅产业的发展与相关产业的振兴之间有着紧密的联系。一个健康而繁荣的文旅产业，不仅可以直接创造大量的就业机会，促进经济增长，还可以间接地推动相关产业的发展，创造一定的经济效益。为了发展文旅产业，需要投入大量的资金进行基础设施的建设，包括交通、住宿、餐饮等。这些投入可以有效地带动地方的建筑业和工程业的发展，创造大量的就业机会，促进地方经济的增长。文旅产品的生产和销售也会带动相关产业的发展。例如，为了满足游客的需求，可能需要生产各种旅游纪念品，这可以带动商品制造业的发展；游客的出行也会带动交通运输业的发展；游客的食宿需求也会带动餐饮业和住宿业的发展；为了提供高质量的文旅服务，可能需要使用到各种先进的信息通信技术，这可以带动信息通信业的发展；文旅服务的提供也需要大量的专业人才，这在客观上推动了教育业和培训业的发展。

二、文旅产业的社会效益分析

（一）提升公众文化素质

文旅产品通常包含丰富的历史文化信息。例如，一座城市的旅游地图不仅标注了各个旅游景点的位置，也会介绍这些景点的历史背景和文化含义。当游客在使用这种产品时，就有机会接触到这些信息，学习和认识当地文化。这种学习是在轻松愉快的旅游过程中进行的，不仅可以加强学习的兴趣，还能提高学习的效果。文旅活动提供了公众接触和理解文化的直接渠道。例如，参观博物馆让人们能够近距离接触到历史遗迹和文化艺术品，进而对历史文化产生更深刻的理解；古迹的游览使人们能够亲眼看到历史的遗迹，更加直观地感受到历史的厚重气息。这些活动无疑都能提升公众的文化素质。文旅产业的发展还提供了大量的文化工作岗位。这些岗位包括导游、讲解员、文化策划人等，而这些岗位的员工都需要具备一定的文化素养。因此，对这些岗位的需求也会推动公众提升自己的文化素质，以适应工作的需求。

（二）增强社会凝聚力

公众通过参与各类文旅活动，如参观历史博物馆、体验传统工艺、参加文化节庆等，可以与他人共享这些独特的文化体验。这些体验让人们有机会了解到共享的历史和文化，感受到相同的情感，从而增强了他们的共同身份感和归属感。比如，当人们在参观同一座古建筑，听取关于这座建筑的历史故事时，他们就会对这座建筑产生共享的感情，也会对这个共享的历史感到自豪，从而增强了他们的社会凝聚力。文旅产业可以向人们展示多元文化。这种多元文化的展示可以帮助不同的社会群体感知不同的文化，增进他们之间的尊重和了解，促进社会和谐。当一个地方的文旅活动将当地的民俗文化和其他地方的文化都纳入其展示内容时，就可以帮助游客了解和尊重这些不同的文化，增进彼此间的了解，减少相互间的冲突，从而促进社会和谐。通常而言，文旅产业的发展会提供大量的公共服务和设施，如公园、博物馆、文化广场等。这些公共设施不仅为公众提供了享受文旅活动的场所，而且为他们提供了交流和互动的平台。比如，一个公园不仅可以作为公众休闲和旅游的场所，还可以作为他们进行社区活动、交流思想的场所。这样的场所设置，不仅可以增强社区居民的互动，还能够提升他们的社区归属感，从而更好地增强社区的凝聚力。

（三）推动民族交流与融合

文旅产业的发展无疑为民族交流与融合提供了较好的契机。这一产业能够将不同的文化内容以各种形式表现出来，无论是世界级的文化遗产，还是某一民族的独特习俗，都能够在文旅活动中得到展示和传播。这样的过程不仅让各民族的文化得到保护和传承，也加深了不同民族间的理解和尊重，促进了各民族的交流和融合。

1. 文旅活动可以展示各民族的特色文化

这一点体现在各种类型的文旅活动中，如博物馆和文化遗址的参观、民族风俗的体验等。当人们参观博物馆时，会看到不同民族的历史文物，了解到他们的历史故事和传统习俗，无形中便会对这些民族产生更深的理解和尊重。人们通过参加民族风俗体验活动，如传统手工艺的学习、民族节日的庆祝，可以直接接触和体验到不同民族的生活方式和价值观，从而增强对这些民族文化的认同和理解。

2. 文旅产业可以提供各民族交流的平台

举例说明，许多地方会定期举办各种民族文化节、民族艺术展等活动。这些活动不仅展示了各民族的特色文化，也提供了各民族之间交流的机会。人们通过参加这些活动能够看到其他民族的文化表现，和其他民族的人进行交流，从而加深了对其他民族的理解和尊重，进而增进各民族间的交流和融合。

3. 文旅产业的发展可以促进各民族的经济交流

通过开展各类文旅活动，各地区的特色产品和服务可以得到展示和销售，从而促进了各民族的经济交流与合作。例如，某个地区的特色手工艺品，在其他地区的旅游市场中可能会受到欢迎，从而带动这个地区的经济发展。同样，某个地区的特色餐饮，也可以通过旅游活动得到推广，从而增加这个地区的经济收入。

（四）提升国际形象

文旅产业的发展与国家的国际形象的塑造密切相关。一方面，高品质的文旅产品和服务在国际市场上表现出来的专业化和现代化，可以有力地提升国家形象。另一方面，文旅产业的发展使得国家的历史文化和社会进步得以展现，增强了国际社会对国家的了解和认同，从而提升了国家的文化影响力。

对于一个国家而言，高品质的文旅产品和服务不仅仅是商业成功的标志，更是国家形象的重要载体。当游客享受到优质的旅游服务，体验到舒适的旅游环境，他们就会对这个国家有更好的印象。也就是说，无论是景区的规划设计、旅游设施的建设还是优质的旅游服务体验，只要能做到专业化和现代化，就能够赢得游客的好评，提升国家形象。此外，通过这样的产品和服务，也能展示国家在科技、管理等方面的进步和创新，体现出国家的现代化水平。而文旅产业的另一个作用，就是展示国家的历史文化和社会进步。通过博物馆、遗址、民俗活动等，人们可以深入了解一个国家的历史背景、文化传统和社会发展。这种了解会增强人们对这个国家的认同感，促进文化交流和理解，有力地提升国家的软实力。例如，对世界文化遗产的保护和展示，可以展现出国家对文化遗产的尊重和保护，反映出国家的文化自信和责任感。民族文化节、艺术表演等活动，可以展现出国家的多元文化和蓬勃向上的社会活力风貌，体现出国家的开放和包容。

三、文旅产业的环境效益分析

（一）促进自然环境保护

为了吸引游客，维护和保护自然环境成为文旅产业发展的重要考量。其实，文旅产业与自然环境保护的关系是双向的。一方面，良好的自然环境为文旅产业提供了必要的条件和资源；另一方面，文旅产业的发展又推动了自然环境保护的开展。

自然环境是形成旅游资源的主要因素，山川湖海、动植物、地质地貌等自然景观是吸引游客的重要因素。为了保护这些旅游资源和维护游客体验系统的正常运行，文旅产业会积极地投入自然环境保护中，这包括限制不合理的开发行为、改善景区内环境设施、开展环保宣传活动等。环境友好的旅游模式正在成为主流。面对日益严重的环境问题，越来越多的人开始意识到环境保护的重要性，那些注重环保的旅游产品和服务受到大众的广泛青睐，这使得文旅产业有更强的动力去保护自然环境。比如，很多旅游区都在推行低碳旅游、绿色旅游等环保旅游模式，这些模式不仅保护了自然环境，还提升了旅游的质量和体验。良好的自然环境可以吸引更多的游客，从而提升旅游区的竞争力，这对于旅游区的经济发展是非常有利的。与此同时，环境保护也可以创造新的就业机会，如环保导游、环保工程师等，这为当地居民提供了新的经济来源。

（二）推动文化遗产保护

文化遗产作为人类历史和文化的重要载体，在文旅产业的发展中发挥着至关重要的作用。它们以其独特的魅力和深厚的文化内涵，吸引着全世界的目光。然而，在这一过程中，文化遗产的保护与修复工作也面临着巨大的挑战，尤其是如何在满足游客需求的同时，保护好这些非物质文化遗产，使其不受到过度开发和商业化的侵害。

文旅产业对文化遗产的保护有着较高的依赖性。这是因为文化遗产是旅游产品的核心要素，它们的存在丰富了旅游产品的内容，增强了旅游产品的吸引力。而且，很多文化遗产都具有不可复制的独特性，这使得文旅产业必须注重文化遗产的保护，只有这样才能保持其竞争力。为了保护文化遗产，文旅产业会采取多种措施。首先，制定合理的开发规划，限制不合理的开发活动，防止文化遗产受到损害。例如，对游客的数量进行限制，对游客的行为进行规范，以防止文化遗产因过度开发而受损。其次，投入大量的资金和技术进行文化遗产的修复和保护。这些资金和技术可以用于修复已经受损的文化遗产，也可以用于提高文化遗产的保护水平，防止其在未来受到损害。文旅产业对文化遗产保护的重视，不仅保护了文化遗产本身，也提升了游客的旅游体验，从而增强了文旅产业的竞争力。这在客观上也促进了文化遗产保护技术的发展，推动了相关产业的发展，带来了社会效益的发展。可以说，文化遗产保护是文旅产业发展的重要组成部分之一，也是其取得成功的关键因素。

（三）环境教育效应

环境教育是通过旅游景区的各种展示和讲解的方式实现的。例如，很多旅游景区都会设置解说牌，向游客介绍景区的自然环境、生态系统和生物多样性，以及这些元素的重要性。此外，也会有专业的导游向游客讲解当地政府为了保护环境所采取的一系列措施，从而使得旅游对生态环境的影响控制在合理范围内。自然保护区和生态旅游区的存在，更是为人们提供了一个实地教学的场所。在这些地方，游客不仅可以近距离接触大自然，了解和欣赏自然之美，还可以亲身体验到环境保护的重要性和迫切性。例如，通过观察野生动物的生活状态，游客可以直观感受到环境破坏对生物种群的影响；通过参与清理垃圾等活动，游客可以了解到人类活动对环境的影响。通过这些活动，游客的环保意识将得到明显提高，他们可能会在未来更加关心环境问题，更愿意采取行动参与环保活动。这种环保意识的提高，也可能会影响到他们的家人和朋友，从而形成一种积极的社会效应。

（四）绿色旅游的推广

绿色旅游，本质上是坚持旅游实现可持续发展模式的一种旅游方式，它强调在旅游过程中保护自然环境，尽量减少对生态的破坏和污染，向游客传递环保理念，增强其环保意识。

在具体实践中，文旅产业鼓励和引导游客采取环保的旅游方式，尽可能减小人类活动对自然环境的影响。例如，一些旅游景区鼓励游客步行、骑行或者乘坐公共交通工具游览，以减少机动车辆的排放，降低对环境的污染。另外，这些旅游景区也常常设置绿色导览路线，让游客在游览的同时，可以了解和认识到生态保护的重要性。文旅产业也注重推动绿色消费，如鼓励游客使用环保购物袋，减少一次性用品的使用；提倡垃圾分类，尽量减少垃圾对环境的影响；鼓励游客选择环保型的住宿和餐饮服务，从而降低能源消耗和污染排放。一些文旅产业的主体还会主动承担环保责任，如进行能源改造，采用太阳能、风能等清洁能源，降低企业运营对环境的影响；定期组织环保公益活动，如植树造林、河流清洁等，对保护和改善环境做出实实在在的贡献。

四、文旅分配机制的构建

（一）确定分配标准

确定分配标准是构建文旅分配机制的关键步骤，这个标准应当公正、明确，且能够具有可操作性。分配标准的制定需要综合考量多种因素，包括各参与方的贡献程度、利益诉求、能力以及对整个产业的影响等。

一种可能的分配标准是投入的资源量。在文旅产业中，各方对项目的实际投入是不同的，有的可能是资金，有的可能是人力，还有的可能是技术或设备等。这种标准依据的是投入多少，得到相应的回报。比如，某一方为项目提供了大量的资金，那么它应该在收益分配中占据较大的比例。另一种可能的分配标准是提供的服务质量。这种标准着眼于服务的质量和水平，以此作为衡量各方在分配中应得份额的重要依据。例如，某一方提供了高水平的导游服务或者高品质的旅游产品，那么它在收益分配中就应该得到相应的回报。还有一种可能的分配标准是产生的经济效益。这个标准将各方对项目的经济效益产生作为衡量其分配比例的依据。例如，某一方通过其独特的技术或策略，使得项目获得了显著的经济效益，那么在收益分配中，这一方就应当获得较大的份额。

总的来说，分配标准的设定需要考虑到各方的实际贡献和利益诉求，公正公平地处理各方的关系，从而形成一个有效的、有公信力的分配机制，这对于维持文旅产业的健康、稳定发展至关重要。不公正的分配可能会导致某些参与方的利益受损，进而影响到整个产业的和谐与稳定。因此，分配标准的确定是构建文旅分配机制的首要步骤，是实现公正分配、避免冲突发生、促进文旅产业发展的基础。

（二）构建公平分配体系

构建公平的分配体系是实现公正分配的关键。公平分配体系应设立明确的规则和标准。这些规则和标准应确保各参与者在文旅融合中的权益得到保护，使得公平竞争的环境得以建立。例如，可以制定具体的分配比例和机制，确保各方按照其贡献和需要获得相应的回报和资源。规定参与者之间的交互关系和合作模式，促进各方之间的平等和互利。公平分配体系应具备公开透明性。所有参与者应对分配规则和流程有着清晰的了解，并能够随时获取相关信息。这可以通过建立信息公开平台和制定信息披露制度来实现。透明的分配体系可以增加参与者的信任度，减少不公平和不公正行为的发生。公平分配体系还应具备灵活性和适应性。由于文旅产业的特殊性和变化性，分配体系需要能够适应不同参与者的需求和变化的市场情况。因此，应允许进行适度的调整和变动，以确保分配体系的公平性和有效性。公平分配体系需要倡导公正和诚信的文化氛围。通过加强道德教育和行业自律，提高参与者的职业道德水平和责任意识。这有助于减少不正当行为的发生，维护公平分配体系的正常运行。

（三）保障各方利益

在分配体系中，每个参与者都应获得合理和公正的回报。为实现这一目标，既需要建立公平的分配标准和流程规则，也需要加强有效的监督和建立制衡机制等，以预防和解决潜在的利益冲突。

分配标准应基于参与者的贡献和需求，确保分配的合理性和公平性。这意味着分配应根据各方的投入和努力程度来决定，也要考虑各方的实际需求。建立明确的分配流程和规则，确保分配过程的透明性和可追溯性。监督机制可以包括内部和外部的监督机制，负责监督和评估分配体系的运行情况。制衡机制可以通过设立独立的仲裁机构或专门的争议解决机制来解决分配纠纷，确保各方的合法权益得到维护。为预防和解决潜在的利益冲突，需要采取积极的措施。这包括建立有效的沟通渠道，促进各方之间的合作和理解。此外，可以设立冲突调解机构，为各利益方提供中立和公正的调解服务，帮助各方妥善解决利益冲突，维护整个文旅产业的稳定发展。通过建立长效机制，促使各方利益的平衡和公正得到持续保障。这包括定期评估和修订分配标准和体系，以适应文旅产业的发展变化；通过加强参与者的教育和培训，加深他们对分配体系和公正原则的理解。

（四）机制的优化与调整

任何一种分配机制都不可能一劳永逸地适应不断变化的文旅产业和社会环境，人们需要定期评估分配机制的效果，发现存在的问题和不足，并采取相应的改进措施。

通过定期的数据收集和分析，了解分配机制在实际应用中的效果和影响。这包括参与者的满意度调查、效益评估、资源利用情况分析等。通过评估，可以了解到分配机制中存在的问题和不足之处，为后续的优化和调整提供依据。根据评估结果，针对问题和不足进行改进。如果发现某些参与者的利益受到了损害，可以对分配标准和流程进行修订，以确保各方的权益得到合理保护。如果发现分配机制过于僵化，无法适应快速变化的市场需求，可以考虑引入更加灵活的机制和流程。此外，对于新出现的问题和挑战，也需要及时调整分配机制，确保其能够应对不断变化的环境。另外，优化和调整分配机制离不开充分的沟通和参与。这意味着各参与者应当积极地参与机制的优化和调整过程，发表意见和建议。这可以通过组织相关的研讨会、座谈会或调查问卷等形式，征求各方的意见和反馈。通过充分的沟通和参与，确保优化和调整的公正性和合理性，增强各方对分配机制的认同感和支持度。通常来说，文旅产业的发展和环境的变化都是不可预测的。因此，分配机制应具备灵活性和适应性，能够及时调整和适应新的情况。这可以通过制定相应的应急措施和调整流程来实现。

（五）分配冲突的处理

1. 建立公正和公开的冲突处理程序

这意味着需要明确规定分配冲突处理的规则和流程，确保所有参与者在处理过程中都受到公平和公正的对待。其中，一个关键举措是设立独立的冲突调解机构或专门的争议解决机制，以确保决策的公正性和结果的可信度。此外，冲突处理程序应公开透明，使各方能够了解冲突处理的进展和最终结果，从而增强各方对整个过程的信任和参与的意愿。建立公正和公开的冲突处理程序，可以有效解决分配冲突，确保分配的公平性和稳定性。

2. 积极听取各方的意见和诉求

各方参与者应被赋予表达自己观点和诉求的机会，以便分享对冲突的看法和期望。这可以通过开展调查问卷、组织座谈会、进行个别访谈等方式来实现。积极倾听各方的意见和诉求，有助于深入了解不同利益相关者的立场、需求和关切点。这种沟通和了解有助于促进各方之间的相互理解和信任，并为解决冲突提供更全面和客观的视角。积极听取各方的意见和诉求，可以寻找到更具共识的解决方案，为冲突的解决提供更坚实的基础。

3. 冲突处理机制需要具备公正性和权威性

冲突调解人员应具备专业的知识和经验，以便能够准确理解和分析冲突的本质和复杂性。他们应当在决策和裁决过程中保持公正和中立的态度，不受个人偏见或利益干扰。根据客观事实和相关规定进行公正的决策和裁决，可以有效解决分配冲突，确保各方的合法权益得到保障。此外，冲突处理机制的决策和裁决应具备约束力，以维护分配的公正性。决策结果应当被广泛认可和接受，并能够在实践中得到有效执行。为此，冲突处理机制需要建立起一种权威性和约束力，使各方对其决策的公正性和合法性有充分的信任和信赖。只有通过建立具备公正和权威性的冲突处理机制，才能保证各方在分配冲突中公平地获得自己应得的权益，从而确保整个文旅分配体系的正常运行。

4. 建立有效的协商调解机制，促进各方的合作与妥协

协商调解机制应鼓励各方之间的积极沟通和合作，以促进共同发展和长期合作。这可以通过组织协商会议、搭建交流平台和设立专门的协商机构来实现。在协商调解过程中，应鼓励各方以诚信和合作的态度，寻求达成双方都能接受的解决方案。这可能需要各方做出一定的妥协和让步，以实现整体利益的最大化。在协商调解过程中，重要的是倾听和了解各方的利益关注点。各方应积极表达自己的意见和诉求，并尊重对方的意见和立场，通过相互理解和包容，最终找到更加综合和全面的解决方案，使各方都能够在分配冲突中得到公平和合理的结果。

五、公平与公正在文旅分配环节的实现

（一）维护公众利益

文旅产业应致力于提供高品质的旅游体验和文化活动，以满足公众对美好生活的向往和需求。这包括推出多样化的旅游产品，关注游客的体验感受，提供舒适安全的旅游环境，以及提供具有丰富内涵和独特魅力的文化活动。提供优质的文旅产品和服务，可以增强公众的生活品质，提升他们的幸福感和满意度。与此同时，维护公众利益还需要注重环境保护、文化传承和社会和谐。在文旅分配环节中，要采取措施保护自然环境，防止过度开发和资源浪费，还要重视文化传承，保护和传承历史文化遗产，促进文化多样性的保护和传播。此外，还要推动社会和谐，关注公众的权益和福祉，促进社会公平正义，减少社会分化和不平等现象的发生。

（二）保护参与方权益

文旅分配环节还必须尊重并保护所有参与方的合法权益。对于投资

者来说，保护他们的投资权益至关重要。这包括确保投资者能够获得合理的投资回报，保护其知识产权和商业机密，以及提供透明的投资环境和建立保护投资的法律制度。建立健全的投资保护机制和法律框架，可以增加投资者的信心和动力，吸引更多的投资资金流入文旅产业，推动其持续发展。运营者在文旅分配环节中也应受到合理的保护。他们应享有合理的经营自由，能够获得公平竞争的机会，并受到合法经营所需的法律和政策保护。此外，对于运营者来说，保护他们的知识产权是非常重要的。他们创造的独特文旅产品和服务应受到知识产权的保护，只有这样，才能进一步激励创新和促进文旅产业的持续发展。对于员工来说，他们应享有公平合理的工资待遇、劳动保护和职业发展机会。文旅产业需要确保员工的劳动权益得到充分尊重和保护，为员工提供良好的工作环境和福利待遇，为员工提供培训和职业发展的机会，以提高其工作动力和创造力。

（三）公正的利益分配

1. 建立明确的分配标准

分配标准应该根据各参与方的贡献程度来确定。例如，投资者的分配可以基于其投资额和风险承担程度，运营者的分配可以基于其提供的产品和服务质量以及市场份额，员工的分配可以基于其工作表现和贡献。明确的分配标准可以使分配过程更加公正和透明，避免主观因素的过多介入。

2. 建立公平的分配体系

公平的分配体系应确保各参与方有平等的机会参与分配决策，而不会受到不合理的限制或歧视。这可以通过建立合理的决策机制和参与程序来实现。例如，成立独立的分配委员会或委托专业机构进行分配评估。分配体系应具备透明性，确保各方能够了解分配规则和过程，并有机会向相关部门提出异议或申诉。

3. 注重长远发展和社会效益

除了根据贡献程度分配利益外，还应考虑到文旅产业对社会效益的贡献和影响。文旅产业的发展不仅可以带动当地旅游业的繁荣，还能促进相关产业的发展，如餐饮、住宿、交通等。公正的利益分配应考虑到地方产业链的整体效益，确保各参与方在产业链中的地位和利益不受影响和损害，推动地方经济的可持续发展。文旅融合不仅是经济发展的手段，更是文化传播和保护的重要途径。文旅融合，可以将文化元素融入旅游体验中，提升公众对本土文化的认同和尊重。公正的利益分配应该鼓励并支持对本土文化的传承和创新，保护历史文化遗产，促进文化多样性发展。

（四）建立公平的市场竞争机制

公平的市场竞争机制需要建立在公正的竞争规则之上，这包括制定和执行适用的法律法规，明确禁止不正当竞争行为，并设立监管机构进行监督和执法。公正的竞争规则应确保各参与方在市场中享有平等的竞争权利，避免不公平的市场行为干扰市场秩序和公平竞争环境。打击垄断和恶性竞争是保障公平市场竞争的重要举措。垄断行为会导致市场资源的不合理集中，剥夺其他参与者的公平竞争权利。因此，应加强反垄断监管，制定并执行反垄断法规，打击垄断行为，维护市场竞争的公平性和效率性。恶性竞争行为如低价倾销、恶意抢占市场等也应受到打击，以维护公平竞争的市场环境。此外，公平的市场准入和退出机制对于保障市场竞争的公平性而言也是至关重要的。市场准入机制应确保所有有资质和条件的参与者能够公平地进入市场，避免出现不合理的准入障碍和壁垒情形。而市场退出机制则应提供公平、透明和合理的退出途径，避免市场扭曲和不正常积累。

建立公平的市场竞争机制，可以促进资源的有效配置和优化，激发市场活力，推动文旅产业的健康发展。这将为各参与方提供公平的竞争机会和条件，确保文旅分配的公正性和可持续性。公平的市场竞争也有助于提升文旅产业的品质和创新水平，提供更优质的文旅产品和服务，满足公众的需求和期待。

（五）法制保障的建立和完善

法制保障是实现文旅分配公平的最后一道防线。建立和完善相关的法律法规是确保文旅分配公平的重要保障措施。这需要制定和修订适用于文旅产业的法律法规，明确分配的原则、标准和程序，并加强对法律法规的宣传和培训，使其能够深入人心。

第一，需要建立健全的法律框架，明确文旅分配的基本原则和规范。法律应明确规定文旅产业参与者的权益和义务，规范分配的方式和程序，以确保分配过程的公平性和透明度。此外，法律还应明确制定和执行反垄断和反不正当竞争的规定，打击任何扰乱市场竞争和分配公平的行为。

第二，需要建立专门的监管机构，加强对文旅分配活动的监督和管理。这些监管机构应负责监督文旅分配的合规性，监测市场竞争的公平性，处理各类分配纠纷和投诉，并采取相应的行政处罚和法律制裁措施。监管机构还应与其他相关部门和机构进行协作，共同维护文旅分配的公平性。

第三，需要加强对法律法规的宣传和培训，提高各参与方的法律意识和法治素养。加强宣传和培训，使各参与方充分了解和遵守相关法律法规，提高他们对文旅分配公平的认识水平和支持度。此外，还应建立法律援助和咨询机制，为参与者提供必要的法律帮助和咨询服务，以保障他们的合法权益。

第四，需要严格执行法律法规，依法惩处违法行为。通过严格执法，对违法者进行处罚和制裁，起到震慑作用，增强各参与方遵守法律法规的意识和自觉性。此外，加大执法力度还可以维护市场秩序，保护市场竞争和文旅分配的公平性。

第三节　文旅融合参与流通环节

文旅融合参与流通环节包含市场发展、产品销售、服务提供等多个方面，如图3-3所示。本节将全面剖析文旅融合参与流通环节的各个方面，希望通过这些分析，能够为文旅产业的研究和实践提供有益的洞见和启示。

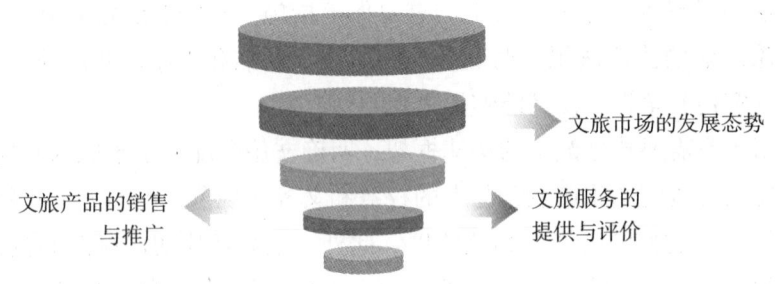

图 3-3　文旅融合参与流通环节要点

一、文旅市场的发展态势

（一）全球文旅市场概览与发展趋势

1. 全球文旅市场规模

近年来，全球文旅市场规模持续增大，已成为全球经济的重要组成部分，引领着旅游业的新发展趋势。全球文旅市场的快速发展，离不开世界经济的持续繁荣和人们对生活质量需求的不断增长。全球经济的稳健增长为文旅产业的发展提供了广阔的市场空间。随着各国国民收入的不断增长，消费者对于旅游产品的需求日益多元化，而文化和旅游的结合则满足了消费者对深度体验的追求。文旅产品不仅可以让消费者在旅游过程中感受到异国他乡的风土人情，也可以通过文化体验的方式，让消费者更深入地了解和欣赏到目的地的历史和文化，这种深度体验是传统旅游产品所无法提供的。与此同时，人们对文化旅游活动的需求也在逐年增长。随着生活节奏的加快和工作压力的增大，越来越多的人将旅游作为一种放松休闲的方式，而文旅产品则以其独特的魅力，吸引了大量的消费者。文旅产品的独特性在于，它将文化元素和旅游活动完美地结合在一起，使得消费者在享受旅游乐趣的同时，也能够接触和了解到各种不同的文化，这种丰富和多元的体验让文旅产品在市场上获得了广泛的认可。

2. 全球文旅市场结构

从结构上看，全球文旅市场可以细分为不同的市场，如历史文化遗产旅游、自然景观旅游、民族文化体验旅游等。历史文化遗产旅游市场主要面向对历史和文化具有浓厚兴趣的游客，这些游客通常愿意花费时间和精力去参观和研究具有历史价值的遗产景点，以获得对历史和文化更深入的了解。历史文化遗产旅游市场的挑战在于如何合理利用和保护文化遗产，使之既能满足游客的需求，又不破坏遗产本身的历史价值。而机遇则在于全球范围内丰富的文化遗产资源，且各具特色，有较大的潜力等待挖掘和利用。自然景观旅游市场则是以自然风光和自然环境为主要的旅游资源，这类市场的目标消费群体多为热爱大自然，追求环境优美、空气新鲜的游客。自然景观旅游市场的挑战在于如何在保护自然环境的同时，还能满足游客的旅游需求。而机遇则在于随着环保意识的提高，越来越多的游客愿意选择自然景观旅游，市场需求有明显的增长趋势。民族文化体验旅游市场则主要面向对特定民族文化有兴趣的游客，这类市场的特色在于能向游客提供深度文化体验的产品，如体验不同民族的生活方式、饮食文化、艺术文化等。这类市场的挑战在于如何鲜明、准确地传递民族文化，避免商业化程度过高导致文化失真。而机遇在于全球各地的民族文化丰富多样，具有较高的吸引力，拥有广阔的市场开发空间。

3. 全球文旅市场发展趋势

一是对个性化和定制化旅游产品的需求正在增长。这主要是因为消费者对于个性化和定制化服务的期待越来越高。他们不再满足于统一的旅游产品，而是希望能够根据自己的喜好和需求，得到专属于自己的定制旅游体验产品。例如，一些游客可能会选择专门针对他们的兴趣和喜好定制的旅游路线，如烹饪旅游或冒险旅游等。这样的个性化和定制化服务，使得文旅市场变得更加多元化和个性化。二是互联网和新技术正在深刻改变着文旅市场的运营模式。在数字化的推动下，如在线预订、虚拟旅游等新兴服务模式不断涌现，为游客提供了更多便利和选择。具体来说，在线预订服务使得游客能够在任何时间、任何地点随时预订旅游产品。而虚拟旅游则通过VR/AR技术，为游客提供了一种全新的旅游体验方式，使得他们在家便能"旅游"世界各地。这些新技术的应用，不仅提高了游客的旅游体验，也为文旅市场的发展带来了新机遇。三是对环保和社会责任的关注正在影响着文旅市场的发展。越来越多的消费者和旅游业者开始关注旅游活动对环境和社区的影响。因此，可持续旅游和社区参与式旅游等模式越来越受到欢迎。可持续旅游强调在满足旅游需求的同时，尽可能减少对环境和社会的负面影响。社区参与式旅游则是指通过旅游活动，让当地社区得到经济效益的同时，也能保护和传承本地的环境和文化。这些模式的出现，反映了全球文旅市场正在向更加可持续和公平的方向发展。

4. 全球文旅市场机遇

全球经济的发展和人们生活水平的提高为文旅市场带来了广阔的发展空间。随着经济水平的不断提高，无论是出于教育、娱乐还是休闲的目的，越来越多的人有能力进行文化旅游消费。随着消费者对文旅产品和服务的需求不断增长，客观上需要更多的个性化、高品质和有意义的旅游体验产品。这对文旅产业提出了新的挑战，也带来了更多的机会，为文旅产品的创新和服务升级提供了可能。各国政府对文旅产业的扶持政策也为该行业的发展创造了有利的环境。例如，政府会采取税收优惠、贷款支持、基础设施建设等措施来鼓励文旅产业的发展。这不仅能降低企业的运营成本，也有助于吸引更多的投资进入文旅产业。

（二）我国文旅市场的规模与增长速度

1. 我国文旅市场规模

我国文旅市场的规模近年来呈现稳步增长态势，已经成为全球范围内较大的旅游市场之一。这一趋势背后的原因是多元的，主要包括我国经济的快速增长、人民生活水平的提高、消费习惯的改变，以及政策推动等因素。随着我国生产总值的持续增长，人民的收入水平和消费能力也在不断提高。在满足了基本的生活需求后，越来越多的人开始寻求更高品质的生活方式，其中包括通过旅游文化活动来丰富生活体验和提升生活品质。因此，人们开始对文旅产品和服务品质的要求越来越高。在信息化社会，游客对于产品和服务的需求越来越倾向于个性化和多元化。他们希望通过旅游文化活动来实现自我提升和精神满足，而不仅仅是追求物质消费。这种消费观念的改变为文旅市场的发展提供了新机遇。我国政府在政策层面对文旅产业的大力扶持也为文旅市场的发展注入了动力，包括文旅融合发展、全域旅游、乡村振兴等战略的制定和实施，促使文旅市场得到了快速发展。

2.我国文旅市场的增长速度

与全球文旅市场的发展相比，我国的文旅市场增长速度更为显著。这主要得益于我国较大的消费者群体、丰富的文化旅游资源，以及政府对文旅产业发展的大力支持。其中，文旅产业在推动地方经济发展、增加就业、重塑城乡关系等方面的积极作用得到了广泛认可。

3.我国文旅市场的细分领域

我国文旅市场由于其丰富的文化地理资源，以及较大的市场规模，形成了多元化的细分领域。这些领域包括历史文化遗产旅游、自然景观旅游、民俗体验旅游、红色旅游、乡村旅游等，它们各自具有独特的特点和市场定位，也存在着广泛的交互融合发展的可能性。

历史文化遗产旅游以丰富的历史文化资源为依托，让游客通过参观历史遗迹、了解历史故事等方式，感受和理解中华文化的博大精深。自然景观旅游则主要依赖于中国广大的自然资源，包括山水景观、自然保护区等，为游客提供了与自然亲近、体验自然之美的机会。民俗体验旅游和乡村旅游的兴起则是近年来旅游消费模式转变的表现。民俗体验旅游让游客能够深入了解和体验中国各地的民俗文化，如节日庆典、民俗手工艺等。乡村旅游则是借助乡村的自然环境和文化特色，为游客提供休闲度假、农事体验等服务，满足城市居民对于乡村生活的向往和追求。红色旅游更是以革命历史为主题，旨在通过实地参观和学习，弘扬革命精神，培育和传承红色文化。近年来，红色旅游成为文旅市场的一大亮点。特色小镇则集合了众多文旅元素，通过产业融合、文化创新等方式，塑造了独特的区域品牌和旅游形象，吸引了大量的游客。这一成功的经验为我国文旅市场的发展提供了新的思路和方向。

（三）新兴市场在文旅产业中的影响

1.新兴市场的定义

新兴市场通常指的是那些经济增长迅速，人均收入逐步提升，市场规模持续扩大，且对外开放程度不断提升的国家和地区。对于文旅产业来说，新兴市场的出现，通常预示着新的旅游目的地、新的消费群体和新的文化交流平台的诞生。

2.新兴市场的出现和发展

据统计，一些新兴国家如印度、巴西、南非等地的文旅市场发展迅速，引领着全球文旅产业的新潮流。这些国家和地区拥有丰富的自然文化资源，而且他们在推动文旅产业发展方面展现出了极大的热情和决心。此外，随着全球化和数字化进程的不断加快，网络平台和社交媒体也在帮助新兴市场扩大其文旅产业的影响力。

3.新兴市场对全球文旅产业的影响

新兴市场对全球文旅产业产生的影响不可忽视。它们的崛起已经在全球范围内引发了深远的变革，改变了文旅产业的格局，并推动了全球文旅市场的发展。由于经济增长和中产阶级人口的扩大，新兴市场正在成为全球旅游消费的聚集地。例如，中国、印度和巴西等新兴市场国家的旅游需求快速增长，这不仅促进了本地的文旅产业发展，也带动了全球文旅消费的增长。随着全球化和数字化的发展，新兴市场的游客越来越愿意探索不同的文化体验，这也促进了文化交流和理解。比如，非洲和拉丁美洲的文旅产业通过各种创新的旅游产品，将本地的特色文化和生活方式呈现给世界，这对于满足全球旅游者的多元化消费需求有着积极的影响。此外，新兴市场的发展也为全球文旅产业带来了新的发展机遇和挑战。新兴市场中的许多国家，尤其是亚洲和非洲的国家，拥有丰富的自然文化资源，为全球文旅产业提供了广阔的发展空间。新兴市场的技术进步和创新活动也在影响着全球文旅产业的发展。例如，移动支付、社交媒体等新兴技术在中国等新兴市场的普及，为全球文旅产业的数字化转型提供了新的机遇和挑战。

第三章 文旅融合参与经济内循环

(四)文旅市场的发展难点与瓶颈

1.环境保护与可持续发展的挑战

文旅产业的发展与环境保护的关系紧密。旅游开发活动的过度商业化可能会对环境产生负面影响，包括环境污染、资源枯竭、生态破坏等。旅游业的可持续发展应当在满足当前高质量旅游需求的同时，充分考虑到未来的高质量旅游需求。如何在发展和保护之间找到平衡点，是文旅市场发展面临的一个重要难题。

2.文旅产品的创新与差异化

在当今日益多元化和个性化的消费市场中，文旅产品的创新与差异化是获取竞争优势的重要策略。消费者对于旅游产品的需求不再仅限于基本的交通和住宿服务，而是集中于独特的体验和高品质的服务上。因此，文旅企业需要不断推出新颖的、具有差异化的产品，以满足消费者多样化的需求。文旅产品的创新主要体现在提供独特的旅游体验。例如，通过结合本地的历史文化元素，设计出富有特色的旅游线路或活动，让游客在享受旅游乐趣的同时，更好地了解和体验当地的文化。另外，利用科技手段如 VR/AR 技术，可以让游客在旅游过程中获得更为丰富和深层次的体验。文旅产品的差异化主要体现在为不同类型的消费者提供定制化的服务。例如，针对家庭游客，可以为其提供包含儿童友好设施和服务在内的产品；针对年轻人，可以推出充满创新和挑战的旅游项目；针对老年游客，可以提供更为便利和贴心的服务。

文旅产品在追求创新和差异化的同时，也需要注意产品的质量和服务的水平。只有当产品质量和服务水平得到保证，消费者才能真正享受到旅游的乐趣，从而提高满意度和忠诚度。总的来说，文旅产品的创新与差异化，是文旅市场发展的重要策略，对于满足消费者多样化需求，提升市场竞争力具有重要作用。

3.文旅产业的人才短缺

文旅产业作为一个多元化和综合性的行业，对于各类人才的需求非常广泛。通常而言，文旅产业对人才的要求不仅包括专业知识，还需要具备实际操作能力、跨学科的综合素养以及创新意识和创业能力。因此，需要改革旅游教育的课程设置和教学方法，注重学生实践能力的培养，提升学生的综合素质。随着数字化和信息技术的发展，文旅产业正经历着数字化转型和新一次的创新浪潮。然而，目前的旅游教育和培训体系在学生数字化技能和创新能力的培养方面存在滞后的问题。因此，需要加强与新兴技术的融合，推动旅游教育与科技创新的深度结合，以培养出适应行业发展需求的人才。旅游行业的发展不仅需要专业人才，还需要跨学科的复合型人才。文旅产业涉及文化、历史、地理、经济、管理等多个领域，需要相关人员具备广泛的知识储备和跨学科的综合能力。因此，旅游教育和培训应该打破学科壁垒，鼓励学生进行跨学科的学习和研究，培养具备综合能力的人才。

4.文旅市场的竞争压力

随着旅游业的不断发展，越来越多的企业和机构进入文旅市场，导致市场上供给过剩。消费者面临着更多的选择，企业需要在竞争中争取更多的市场份额。现代消费者对旅游体验的要求越来越高，他们追求个性化、定制化的服务和体验。企业需要不断创新，提供独特的产品和服务，以满足消费者不断变化的需求。此外，技术进步和互联网的普及也给文旅市场带来了较大的变革。互联网和移动技术的发展使得信息传递更加透明和快捷，消费者可以轻松获取各种旅游信息并进行比较。这加大了企业之间的竞争，要求企业提供更具竞争力的产品和服务。

在竞争激烈的市场环境中，企业需要找到自己的优势，建立独特的品牌形象。也就是说，企业通过提供独特的旅游产品和服务，突出自身的特色和价值；通过市场定位、品牌推广和营销策略等方式，加强自身品牌建设和宣传，树立良好的企业形象。

二、文旅产品的销售与推广

（一）文旅产品的定价策略

1.成本导向的定价策略

该策略的核心思想是基于产品或服务的成本来确定售价，并加上一定的期望利润。在计算成本时，需要考虑直接成本（如材料、劳动力等）和间接成本（如租金、设备折旧等）。将成本和利润相结合的方式，可以确保产品的价格能够覆盖企业的成本，并为企业带来一定的利润。成本导向的定价策略的优势在于简单明了，易于操作和计算。通过确保产品价格能够覆盖成本，企业能够保持稳定的经营，并有一定的利润来源。此外，成本导向的定价策略也能够为企业提供一个参考标准，以确保产品的价格不会过高或过低。

然而，成本导向的定价策略也存在一些限制。一是它忽略了市场需求和竞争情况。仅仅依靠成本来确定价格可能无法充分考虑消费者对产品的价值感知和产品本身在市场中的竞争状况。二是成本导向的定价策略并没有考虑到消费者对产品的支付意愿。如果产品价格高于消费者支付愿意的范围，可能导致销售不畅或市场份额的损失。因此，在实际应用成本导向的定价策略时，企业需要结合市场需求和竞争情况进行综合考量，通过市场调研和分析，了解消费者对产品的需求和支付意愿，进而在成本基础上进行适当的定价调整。此外，企业还可以考虑采用其他定价策略，如市场导向的定价策略或差异化定价策略等，以提升产品的竞争力和市场占有率。

2.市场导向的定价策略

市场导向的定价策略是一种根据市场需求和竞争情况来设定文旅产品价格的定价策略。在这种策略下，企业会通过对市场进行调研和分析，了解消费者对产品的需求和支付意愿，以及竞争对手的定价情况，从而确定合适的价格。

市场导向的定价策略的核心思想是以市场为导向，根据市场供求关系来确定产品的定价。如果某一文旅产品在市场上供过于求，即需求相对较低或存在较多竞争对手，企业可能需要采取降价措施以吸引消费者。通过降低价格的方式，企业可以提升产品的吸引力，增加销量，争取到更多市场份额。相反，如果某一文旅产品的需求大于供应，即市场上存在较高的需求或较少的竞争对手，企业可能会相应提高产品的价格。通过提高价格的方式，企业可以实现产品的定位溢价，增加利润空间，并且能够在市场中树立高端的品牌形象。市场导向的定价策略具有灵活性和敏捷性，能够根据市场变化做出相应的调整。它可以更好地满足消费者的需求，符合市场的价格预期，提升产品的竞争力。此外，通过市场导向的定价策略，企业还能够更好地掌握市场趋势，调整产品定位和市场定位，以获取更大的市场份额和利润。从客观上看，市场导向的定价策略需要企业具备对市场的准确判断和敏锐的洞察力。对市场需求、竞争情况和消费者行为的深入了解是制定有效定价策略的关键。因此，企业需要通过市场研究、数据分析和市场监测等手段来获取市场信息，以支持定价决策的准确性和可行性。

3. 价值导向的定价策略

价值导向的定价策略是一种将产品或服务的价格设置为能够反映其所提供的感知价值或感知利益的策略。在这种策略下，企业会依据产品或服务的独特性和价值与竞争对手进行比较，将价格定位于消费者对产品或服务所感知到的价值水平。价值导向的定价策略的关键在于强调产品或服务的独特性和价值，以及消费者对这些价值的认知。企业通过市场研究和分析，了解消费者对产品或服务的感知价值和所带来的利益，进而将价格与这些价值相匹配。

对于消费者而言，他们愿意为那些提供独特价值和满足特定需求的产品或服务支付更高的价格。这种策略通过突出产品或服务的独特卖点，强化品牌形象，从而建立起消费者对产品或服务的信任感和忠诚度。价值导向的定价策略对于企业来说具有多重优势。它能够赋予企业产品或服务以高附加值，使其与竞争对手区分开来。通过强调产品或服务的独特性和价值，企业能够树立起自己的品牌形象，提高市场竞争力，从而实现更高的利润率。由于消费者愿意为高价值的产品或服务支付更高的价格，因此企业能够通过提高产品的售价，获得更高的利润。

需要注意的是，企业需要准确评估消费者对产品或服务的感知价值，以避免将价格定得过高或过低。与此同时，企业需要在市场中建立起良好的品牌声誉和信誉，以确保消费者对其产品或服务的感知价值与定价保持一致。

4.需求导向的定价策略

需求导向的定价策略可以根据不同的情况进行调整。在季节性旅游产品中，如滑雪旅行或海边度假的需求在旺季通常会增加，而在淡季则会减少。因此，在旺季，企业可以相应提高产品或服务的价格，以应对较大的需求。而在淡季，为了吸引更多的消费者，企业可能会通过降低价格的方式，以刺激需求。此外，需求导向的定价策略还可以根据消费者对不同产品或服务的需求程度来调整价格。如果消费者对某个特定产品或服务的需求较高，企业便可以相应地提高价格，以提高利润。而对于需求较低的产品或服务，企业可能会降低价格，以吸引更多的消费者。因此，企业需要准确把握市场需求的变化，并及时做出相应的定价调整。在此期间，企业还需权衡价格调整对消费者购买意愿的影响，避免因定价过高而导致需求减少，或因定价过低而导致利润减少。

5.优惠与打折策略

对于某些文旅产品和服务，公司可能会提供一些特殊的优惠或折扣来吸引消费者，一种常见的优惠策略是提前预订优惠。例如，当某一文旅产品或服务在进行特价产品促销活动时，企业可以鼓励消费者通过在线预订的方式，提前做出购买决策，以增加预订率。这种策略能够帮助企业提前规划和安排资源，并提前预测销售量。另一种常见的优惠策略是大众团购折扣。通过与第三方平台合作，企业可以提供特定的团购折扣，吸引更多的消费者。这种策略能够带来大量的消费者流量，并增加产品或服务的曝光度。

优惠与打折策略的优势在于能够刺激消费者的购买欲望，并吸引更多的消费者。消费者往往能够通过参加特价促销活动，提高购买的满意度。此外，通过打折优惠，企业还可以增加销售量，扩大市场份额，并建立良好的消费者关系。

6.动态定价策略

动态定价是一种灵活的定价策略，它根据市场条件和消费者行为的变化来调整价格。这种策略允许企业根据实时市场情况进行定价，以获取利润最大化并满足消费者的需求。

在动态定价策略中，企业通过监测市场供需情况和消费者行为，不断调整产品或服务的价格。当需求增加或供应减少时，企业可以相应地提高价格以实现更高的利润。相反，当需求减少或供应增加时，企业可以降低价格以吸引更多的消费者。动态定价策略还可以根据消费者行为进行个性化的定价。企业通过分析消费者的购买历史、偏好和在线行为，将不同的价格策略应用于不同的消费者群体。例如，企业可以为高频购买或忠诚度高的消费者提供折扣或特别优惠，以鼓励他们持续购买。

（二）文旅产品的销售渠道选择

1.旅行社和代理商

传统的旅行社和代理商是文旅产品的重要销售渠道。他们能够为消费者提供便捷的一站式服务。他们可以与各类供应商建立合作关系，为消费者提供交通、住宿、餐饮、景点门票等多种文旅产品。消费者只需通过旅行社和代理商，便可一次性解决旅行的各项安排，省去了自行组织和安排的麻烦。旅行社和代理商了解不同目的地的旅游资源和文化特点，能够为消费者提供有针对性的推荐和建议。他们还可以根据消费者的需求和预算，为其量身定制旅行计划，使消费者获得更好的旅行体验，同时通过协助解决旅行中出现的问题和突发情况，为消费者提供紧急救援和协助安排改变行程等服务。这种专业的售后支持增加了消费者对文旅产品的信心和满意度。

2.在线旅行平台

在线旅行平台是近年来文旅产品销售的主要渠道，消费者可以通过这些平台浏览和筛选各类文旅产品，包括旅游线路、酒店住宿、机票预订、旅游活动等。平台上汇集了大量的供应商和资源，为消费者提供了更多的选择和比较的机会，能够满足不同消费者的需求和预算。消费者可以随时随地通过电脑、手机等终端访问这些平台，进行搜索、预订和支付等操作，节省了时间和精力。平台提供的用户评价和评分系统也可以帮助消费者了解产品质量和其他用户的体验，为消费者提供了决策的参考依据。平台通常会与供应商建立合作关系，通过对供应商进行审核和监管，以确保产品的质量和可靠性。消费者在平台上进行购买，可以享受到一定程度的消费者权益保护和售后服务,提高了购买文旅产品的安全感。

3. 直销

一些文旅产品提供商会直接向消费者销售产品,如航空公司、酒店、景区等。直销模式省去了分销商和代理商的佣金等中间成本。文旅产品提供商可以将这部分成本节省下来,通过直销给予消费者更具竞争力的价格优惠。消费者可以直接从产品供应商处购买,享受到更实惠的价格。在直销模式下,文旅产品供应商直接面对消费者,可以更加灵活地掌握消费者的需求和反馈,及时进行调整和改进。他们可以自主制定产品的质量标准和服务准则,最大限度地确保产品的质量和服务的满意度。

4. 社交媒体和内容平台

社交媒体和内容平台具有庞大的用户群体和活跃的社交氛围。数以亿计的用户在这些平台上分享自己的生活、经历和观点,形成了庞大的社交网络。文旅产品提供商可以利用这些平台,通过发布吸引人的内容、精心策划的互动活动,吸引用户的关注和参与,从而提高产品的曝光度和销售机会。从客观上看,社交媒体和内容平台为文旅产品提供商提供了多样化的推广形式和工具。例如,文旅产品提供商可以通过微信公众号、微博账号、抖音短视频等形式展示文旅产品的特色和优势,通过文字、图片、视频等多媒体方式传达产品信息和体验,激发用户的兴趣和购买欲望。此外,这些供应商还可以借助社交媒体平台的广告投放和定向推送功能,精准地将文旅产品推送给潜在用户,从而有效提高销售转化率。

(三)文旅产品的市场推广策略

1. 精准定位

通过市场调研、消费者洞察和竞争分析等手段,了解目标市场的文化背景、消费习惯、旅行偏好等信息。这有助于确定产品定位的核心要素,如文化体验、主题旅游、生态环境等,以及提供给消费者独特的价值和体验。根据目标市场的特点和需求,开展定向营销活动,针对性地推出个性化的产品和服务,以满足不同消费者的需求。例如,对于特定的文化旅游产品，可以与相关的文化机构合作，开展主题展览、讲座、文化活动等，吸引对该领域感兴趣的消费者。另外，精准定位要求建立与目标消费者的有效沟通和互动的关系，通过与消费者的互动，了解他们的反馈需求，并及时做出合理的优化调整。这可以通过在线调查、客户反馈、社交媒体互动等方式实现，从而提高消费者对产品的满意度和口碑，进一步扩大市场份额。

2. 内容营销

内容营销要注重创造引人入胜的故事，通过讲述文旅产品的故事，向消费者展示产品的独特性和魅力。故事可以包括目的地的历史文化背景、独特的自然景观、人物传奇等，通过引人入胜的故事情节引发消费者的好奇心和探索欲望，激发他们对文旅产品的兴趣和渴望。内容营销还要关注消费者的需求和兴趣，通过市场调研和消费者洞察，了解目标市场的偏好和兴趣，制定相应的内容营销策略。例如，对于年轻群体，可以采用轻松幽默的方式，结合流行文化元素，提高互动性和分享性，增强内容的传播效果。

3. 活动营销

设计与文旅产品相关的主题活动，如主题旅行、文化庆典等，可以让消费者在参与活动的过程中深入了解产品的特色和魅力。同时，活动创意的独特性也能够吸引消费者的注意，并激发他们的参与兴趣和欲望。此外，活动营销要注重线上线下的结合。利用社交媒体平台、旅游网站等线上渠道宣传和推广活动，吸引更多的用户关注和参与；同时，结合线下实体场地和活动现场，提供真实的互动体验，增加消费者的参与感，提升产品的品牌形象和口碑效应。

（四）文旅产品的品牌建设与管理

1. 确立品牌战略

企业需要明确自身的愿景和使命，这包括企业的核心价值观、战略目标和长远发展方向。明确的愿景和使命将成为品牌建设的基石，指引企业在文旅市场中的定位和发展。与此同时，企业还要深入了解市场环境和竞争状况，包括对文旅市场的趋势、消费者需求、竞争对手的分析和评估。通过了解市场环境和竞争状况，企业可以确定自身的差异化优势，找到在市场中突出的定位点。了解目标消费者的偏好、价值观和购买决策过程，有助于企业确定如何满足他们的需求和建立情感连接。因此，品牌战略应该围绕消费者构建，为他们提供独特的价值和体验。

2. 创造独特的品牌标识

（1）品牌的标志。它可以是一个符号、一个图案或者一个标志性的字体设计。品牌标志应该与文旅产品的定位和特点相契合，以形象地传达品牌的独特魅力和价值。通过独特而富有吸引力的品牌标志，消费者可以在市场中轻松地辨认出品牌，使得品牌的知名度和认知度逐步提升。

（2）名称。一个好的品牌名称应该简洁、易于记忆，并且能够准确地表达文旅产品的特点和独特之处。品牌名称可以是一个有趣的词汇、一个富有想象力的词组，也可以是一个具有象征意义的单词。通过精心选择和设计品牌名称，企业可以为消费者留下深刻的印象，使品牌具有一定的辨识度。

（3）口号。一个好的品牌口号能够简洁地传达品牌的核心价值和品牌理念。它可以是一个简短而有力的口号、一个引人入胜的宣传语，或者是一个具有情感共鸣的口号。品牌口号的选择应该与目标消费者的需求和价值观相匹配，能够激发他们的兴趣和共鸣。

3. 深化品牌故事

品牌故事可以让消费者更深入地了解品牌的起源和发展历程。通过讲述品牌的创立背景、创始人的故事以及品牌的发展历程，消费者可以感受到品牌持之以恒、精益求精和勇于创新的精神。这样的故事会激发消费者的好奇心和兴趣，让他们更愿意了解和选择该品牌的产品。通过描述品牌的独特点、创新亮点和与众不同之处，消费者能够更好地理解品牌的价值提供和产品优势。品牌故事可以凸显品牌的个性，从而在市场竞争中脱颖而出。

4. 提供一致的品牌体验

品牌不仅是视觉识别的标志，更是消费者对产品与服务体验的总和。因此，企业需要确保在所有接触点上提供一致且高质量的品牌体验。当消费者在不同的接触点上都能感受到相似的品牌元素和风格，他们更容易将这些印象与品牌进行关联和记忆。因此，无论是产品设计、员工服务、营销活动还是线上线下体验，都应该保持一致性，以营造出独特而统一的品牌形象。如果消费者在多次购买或使用文旅产品的过程中都能够享受到相似的愉悦体验，他们会对品牌产生积极的口碑和推荐意愿。口碑的传播将有助于吸引更多潜在消费者的关注和参与，从而推动品牌的发展和市场份额的增长。

5.建立有效的品牌管理机制

企业需要确立明确的品牌目标和战略计划。品牌目标应该与企业的愿景和市场需求相一致，并为品牌建设提供明确的发展方向。品牌战略计划应包括品牌定位、目标市场、品牌传播和推广策略等，以指导品牌建设和推进品牌发展。与此同时，企业还要确立品牌标准和指南。品牌标准是对品牌形象和表达方式的规范，包括标志、语言、色彩、声音等方面的要求。品牌指南则是对品牌使用和传播的具体指导，确保品牌在不同场合和渠道的一致性和正确性。品牌在市场竞争中难免会面临各种危机和挑战，如产品质量问题、服务投诉等。因此，企业需要建立有效的品牌危机管理机制，包括危机预警、应急响应和公关措施等，只有这样，才能够及时应对和处理危机，减少对品牌声誉的影响。

三、文旅服务的提供与评价

（一）文旅服务的个性化与差异化

在当今社会，消费者的需求和喜好变得越来越多元化和个性化，这就要求文旅服务也要具有一定的个性化，以满足不同消费者的特定需求。个性化服务可以帮助企业吸引和留住客户，提高客户对产品的满意度和忠诚度，从而增强企业的竞争优势。差异化服务是指企业在市场竞争中，通过提供与竞争对手不同的服务来吸引和满足消费者的需求。差异化服务策略可以是在服务内容、服务方式、服务环境、服务人员等方面进行改进和创新，以突出企业的服务特色。

企业在实施个性化与差异化服务时，可以采取多种方法，如数据分析、消费者研究、创新设计等。具体来说，通过数据分析，企业可以了解消费者的需求和喜好，以提供更符合消费者需求的个性化服务；通过消费者研究，企业可以深入理解消费者的行为和动机，以提供更有吸引力的差异化服务；通过创新设计，企业可以提供独特的服务体验，提升企业的品牌形象和知名度。

(二) 文旅服务满意度的影响因素与改善策略

1. 影响因素

文旅服务满意度的影响因素多种多样，可大致归结为以下几个方面：①服务质量，包括服务人员的专业素质、服务流程的便捷性、服务设施的完善程度等；②服务体验，主要取决于服务过程中的感受，如服务的环境氛围、活动的丰富性和新颖性等；③价格因素，包括服务的价格是否合理，以及消费者是否认为花费与所得的服务价值相符；④口碑因素，如他人的推荐和评论对消费者选择的影响。

2. 改善策略

对于上述影响因素，文旅企业可以采取一系列改善策略来提高消费者的服务满意度。一是提高服务质量。具体包括提高服务人员的专业素质、简化服务流程、完善服务设施等。二是优化服务体验。通过丰富活动内容，提供个性化服务，创造舒适的服务环境等方法来提升消费者的服务体验。三是提升消费者满意度的关键在于合理定价，因此企业应根据服务的价值和市场状况来合理设定产品价格。四是积极管理和利用口碑。企业应及时收集和处理消费者的反馈，以改善服务并形成良好的口碑。

第四节 文旅融合参与消费环节

随着社会经济的发展和科技的进步，文旅消费正在发生深刻的变化。在这一过程中，文旅消费者的需求和行为、文旅消费的社会影响、文旅消费的环境影响、提升文旅消费体验的策略等方面，成了了解和探索文旅融合参与消费环节的重要内容。本节将对这四个方面进行全面而深入的阐述，如图3-4所示。

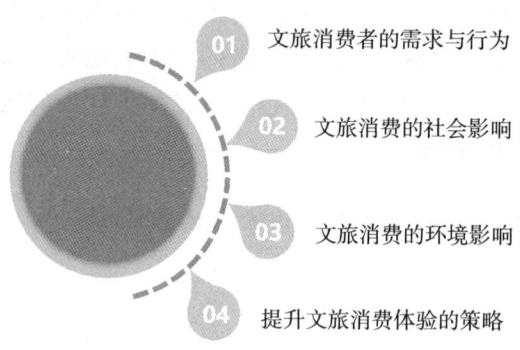

图 3-4　文旅融合参与消费环节要点

一、文旅消费者的需求与行为

（一）消费者需求的多样性

在现代社会，文旅消费者的需求呈现出较高的多样性。一方面，这种多样性体现在消费者对文旅产品和服务类型的多元化需求上。消费者不再满足于传统的旅游产品和服务，他们寻求的是具有独特性和差异化的旅游体验，如历史文化遗产旅游、自然景观旅游、民族文化体验旅游、美食旅游、冒险旅游等。这种多样化的需求，使得文旅市场上的产品和服务日益丰富。另一方面，消费者需求的多样性也表现在消费者个性化需求的强烈表现上。每个消费者都有自己的兴趣爱好、价值观和生活方式，这就导致他们对旅游产品和服务的需求各不相同。例如，一些消费者更倾向于探索自然景观，享受户外活动，他们可能更需要野外生存训练、徒步旅行等体验；而一些消费者则更喜欢历史文化，他们可能更需要历史遗迹游览、文化讲座等服务。此外，消费者需求的多样性也反映在消费者对旅游产品和服务品质的不同要求上。有的消费者追求高品质的服务和舒适的体验，他们可能更倾向于选择五星级酒店、豪华游轮等高端产品；而有的消费者则更看重产品的性价比和实用性，他们可能更倾向于选择经济型酒店、自由行等产品。

（二）消费者行为的特征

1. 计划性

文旅消费者在选择目的地时，通常会考虑多个因素，如地理位置、文化特色、交通状况等。为了做出明智的决定，消费者可能会在网络上搜索相关信息，或向亲朋好友询问他们的经验和建议。此外，消费者还可能会通过旅游指南、旅行社推荐和旅游论坛等途径获取相关信息资源。具体来说，消费者需要在众多的住宿和交通选项中选出最适合自己的，在这个过程中，可能需要进行价格比较、查看评价、考虑便利性和舒适性等多个环节。消费者在安排行程时，也会进行精心的规划，他们可能会考虑旅游季节、个人兴趣和体力状况等因素，以确定最佳的旅行日期和行程。

2. 体验性

与传统商品消费不同，文旅消费更注重通过参与、互动和体验来获得内心的满足和愉悦。消费者选择文旅产品的主要动机是寻求独特和有趣的体验。无论是参观历史古迹、探索自然景观还是参与文化活动，消费者期待通过亲身经历感受独特的文化、历史、自然等元素带来的情感冲击和心灵共鸣。

3. 社群性

社群性强调消费者与有着共同兴趣的群体一起参与文旅活动的需求。社群性的存在使得消费者的选择和对产品的满意度会受到同伴的影响，成为他们决定参与某项文旅活动的重要因素之一。与家人、朋友一起旅行或参与文旅活动，可以使得人与人之间实现互动共享，共同的经历和体验，可以促进彼此之间的情感交流和群体凝聚力，使文旅活动更具有吸引力和意义。一般情况下，人们更倾向于在同伴的推荐和参与下做出决策，因为他们认为与其他人一起参与活动能够增加乐趣和安全感。消费者更愿意选择那些受到他们社交圈子认可的文旅产品和服务，因为只有这样他们才能与其他人分享共同的体验，并从中获得更多的社会认同感。社群型旅游活动、文化交流团体、兴趣爱好俱乐部等面向的群体都是具有共同兴趣爱好的人们，其本质就是提供特定的文旅体验和社交平台的文旅产品，通过这些社群型文旅产品满足人们对于社交互动和群体认同的需求，为其提供更加个性化和多样化的体验。

4.不确定性和风险

旅行本身就存在着各种不确定性，如目的地的天气状况、交通运输的延误或取消，甚至是安全风险等。这些不确定因素可能会对消费者的旅行计划和体验产生重大影响。另外，消费者对于文旅产品和服务的满意度也会受到多种主客观因素的影响。服务质量、旅行期望与实际体验的匹配度、与目的地文化的融合程度等都可能影响消费者对旅行的感受和评价。一旦消费者的旅行期望与实际体验存在较大的差距，或者遇到了不愉快的事件和服务不达标的情况，就会降低他们对文旅产品和服务的满意度。

因此，消费者在做出文旅产品购买决策时，往往会考虑到这些不确定性和风险因素。他们可能会对目的地、旅行方式、住宿、行程安排等方面进行全方位的比较和评估，以寻求更加可靠和安全的选择。

（三）消费者满意度与忠诚度

消费者满意度是指消费者在购买和使用文旅产品或服务后的感受。它涵盖了消费者对文旅产品和服务的各方面的满意度，包括质量、价格、体验等。较高的消费者满意度可以提高消费者的再购买意愿，从而带来更多的销售机会。对产品满意的消费者也可能通过口碑传播，吸引更多新的消费者，从而扩大产品的市场份额。

消费者忠诚度是指消费者对某一文旅品牌的持续偏好和再购买意愿。它是消费者满意度的进一步深化，反映了消费者对文旅品牌的黏性和忠诚度。一般来说，具有高度忠诚度的消费者，会在面临多个品牌选择时，倾向于选择自己熟悉和信赖的品牌，这为文旅企业提供了稳定的销售来源。忠诚的消费者也是品牌的忠诚拥护者，他们会主动向他人推荐品牌，为品牌带来更多的潜在消费者。

从这个角度看，提升消费者满意度和忠诚度对于文旅企业的成功至关重要。这需要文旅企业不断优化产品和服务，提供超出消费者期望的价值，也需要通过有效的消费者关系管理，建立和维护与消费者的长期关系，增强消费者的归属感和认同感。

（四）消费者参与和体验

在现代的文旅市场中，消费者的参与和体验成为引导市场发展趋势的关键因素。消费者不再单纯满足于被动接收服务，他们期待通过互动和参与，获取独特且富有个性的体验。

消费者的参与，可以使自身在文旅活动中发挥主体作用，充分表达自我，满足自我实现的需求。例如，在一些民族文化体验旅游项目中，消费者不仅可以观赏传统的民族文化表演，还可以参与其中，亲身体验制作传统工艺品的过程或是参加民族节庆活动，让旅游体验更加生动且深刻。另外，体验也是消费者选择文旅产品的重要考虑因素。良好的体验可以让消费者在文旅活动中获得愉悦和满足，进一步增强其对文旅产品的喜爱和认同。具体来说，对于历史文化遗址，文旅企业提供了VR和AR等新技术的体验服务，让消费者能够以全新的方式欣赏和理解历史文化，获得超越传统旅游的体验。这种对参与和体验的重视，不仅可以增强消费者对文旅产品的满意度和忠诚度，也能够帮助文旅企业在竞争激烈的市场中脱颖而出，吸引更多的消费者。因此，未来的文旅市场中，打造参与性和体验性强的文旅体验项目将成为文旅企业未来发展的重要战略。

（五）消费者行为的预测与分析

通过深入理解消费者的需求、偏好和行为模式，企业能够更好地规划产品和服务，提升消费者满意度和忠诚度，从而推动业务的发展和增长。

消费者行为的预测主要依赖于对历史数据的分析。例如，通过分析消费者在过去的文旅活动中的行为，企业可以预测消费者在未来的选择行为。此外，一些先进的预测方法，如机器学习和人工智能等技术，也正在被应用于预测消费者行为。这些技术可以处理大量的数据，识别消费者的行为模式，提高预测的准确性。与此同时，消费者行为的分析则需要深入理解消费者的需求和动机。这可以通过问卷调查、深度访谈、焦点小组讨论等方式进行。通过深入了解消费者的内心需求和动机，企业可以为消费者提供更符合其期待的产品和服务。值得注意的是，消费者行为的预测和分析并不是一次性的活动，而是一个需要持续进行的过程。消费者的需求和行为可能会随着时间和环境的变化而变化。因此，企业需要持续关注消费者的行为变化，及时调整产品和服务，以适应市场的变化。

二、文旅消费的社会影响

（一）文旅消费对地方经济的影响

消费者在目的地的旅游消费，能够为当地的旅游业提供重要的收入来源。本质上就是消费者在旅游过程中所产生的各种消费行为，包括交通、餐饮、住宿、购物、游览、娱乐等方面。这些消费支出构成了旅游业的主要收入，对旅游企业的发展和地方旅游业的整体繁荣起到了关键的推动作用。文旅消费间接推动了相关产业的发展，这包括旅游业的上下游产业，如餐饮、住宿、交通、零售、娱乐、保险等行业。当旅游业繁荣时，这些相关产业也会受益。例如，旅游消费者的到来会刺激当地餐饮业和住宿业的发展，提高交通业和零售业的营业额，带动娱乐业和保险业的发展。因此，文旅消费对地方经济的影响并不仅仅局限于旅游业，也会对地方经济的多个领域产生影响。此外，文旅消费还能推动地方的基础设施建设。旅游业的发展需要良好的基础设施作为支撑，如交通、水电、通信、公共服务等。因此，当地政府为吸引和满足旅游消费者的需求，往往会投资改善地方的基础设施。这对地方的长期发展是十分有利的。

（二）文旅消费对社区发展的影响

旅游消费者的到来会刺激社区内的商业活动，提升社区的经济水平。

例如，旅游消费者可能会购买社区内的商品和服务，如食物、住宿、纪念品等，从而为社区的商户带来收入。此外，旅游消费者的支出还可能被用于社区的公共服务和基础设施建设，进一步推动社区经济的发展。通常而言，旅游消费者对环境的要求比较高，他们更愿意去环境优美、整洁、安全的地方消费，因此，社区为了吸引旅游消费者，可能会投资改善社区环境，如清理垃圾、绿化公共空间、改善公共设施等，这对社区的长期环境改善是有益的。总的来说，旅游消费者的消费活动可以为社区提供更多的就业机会，提升社区居民的收入水平。社区基础设施和环境的改善，文化活动的丰富，也可以提高社区居民的生活质量。

（三）文旅消费对文化传播的影响

旅游消费者在旅行过程中不仅体验了别样的风土人情，也成为文化传播的主体和媒介，使得各种文化在世界各地得以流动和交融。游客在游览目的地时，会接触并了解到当地的历史、文化、风俗和生活方式，这种亲身体验对于理解和接纳异文化具有重要作用。当游客返回原居地时，他们会将所接触的文化带回自己的生活环境中，从而实现了文化的跨地域传播。对于历史文化名胜的旅游，游客有机会近距离接触到人类的文化遗产，加深对它的理解和认知，这也激励了目的地相关部门对文化遗产的保护，为其传承和发扬打下基础。例如，游客在游览对古城、博物馆、艺术画廊时，能有更多直接感受和了解艺术和历史的机会。面对来自五湖四海的游客，目的地需要提供丰富而独特的文化产品，用以满足游客的需求，这不仅要求目的地对本地文化进行深入挖掘，也需要有新的创意和设计，使得传统文化以新的形式呈现在大众面前，从而推动文化创新。旅游的过程是一个了解异文化，与他人交流思想、分享感受的过程。旅游消费者和目的地居民的交流，不仅有助于打破文化隔阂，促进文化交流，也有利于增进人们对彼此的理解，提高文化包容性。

（四）文旅消费对社会和谐的影响

文旅消费对社会和谐产生的影响是多方面的，它可以加深人们对多元文化的理解，推动社区发展，促进社会经济的均衡发展，为构建和谐社会贡献力量。

第一，文旅消费有助于加深人们对多元文化的理解和尊重。当旅游消费者在旅行中接触到不同的文化、历史和生活方式时，他们可以通过直接的体验，深入理解并接纳这些异文化。这种理解和接纳有助于打破文化隔阂，促进文化交流和理解，从而构建一个具有较大包容性的社会环境，为社会和谐奠定基础。

第二，文旅消费可以推动社区的和谐发展。当旅游消费者将他们的消费带入目的地社区，这不仅可以推动当地经济的发展，还可以为社区提供更多的就业机会，改善居民的生活水平，从而增强社区的凝聚力和稳定性。

第三，文旅消费还可以推动社会经济的均衡发展。旅游业是一种可以将资源从发达地区转向较为落后地区的产业。旅游消费可以将财富转移到欠发达地区，帮助这些地区改善基础设施，提升地方经济，从而缓解地区间的经济不平衡，促进社会公平。

第四，文旅消费可以提升社会的整体幸福感。旅游消费提供了一种重要的休闲娱乐方式，满足了人们追求高品质生活的需求。与此同时，旅行还可以帮助人们放松身心，确保身心健康，提高生活满足感，从而提升社会的整体幸福感。

（五）文旅消费对公平正义的影响

文旅消费对公平正义的影响主要表现在经济公平、社会公平以及文化公平三个方面。

在经济公平方面，文旅消费通过将财富从城市转移到乡村和边远地区，有助于缓解区域间的经济不平衡。从根本上看，旅游业的发展为当地提供了直接和间接的就业机会，不仅改善了当地居民的经济状况，而且提升了他们的生活质量。除此之外，旅游税收可以用于改善基础设施，提升公共服务水平，为实现经济公平做出贡献。

在社会公平方面，文旅消费有助于提升社区的凝聚力和稳定性。当旅游成为社区发展的重要组成部分时，旅游消费者与社区居民之间的互动可以增强社区的凝聚力，提升社区居民的社会认同感，从而有助于实现社会公平。

在文化公平方面，文旅消费通过推动文化交流与互动，提升了各种文化在全社会中的可见度和影响力。从客观上看，旅游消费者在旅行中接触和了解各种不同的文化，这种互动和交流有助于打破文化隔阂，促进文化多样性，实现文化公平。

三、文旅消费的环境影响

（一）文旅消费对自然环境的影响

文旅消费对自然环境的影响是一个重要议题，其表现主要为正负两面。正面影响主要表现在保护生态环境和生物多样性上。通过文旅消费，人们有机会接触自然，对自然的了解和尊重得到了不同程度的提升，从而进一步提升了对生态环境的保护意识。旅游业的发展也促进了对自然资源的合理利用，特别是在生态旅游、乡村旅游等旅游模式下，更加强调人类与自然的和谐共处，积极推动了生态环保观念的普及。与此同时，消费者的旅游活动也可能对自然环境产生负面影响。例如，不规范的旅游活动可能会破坏自然风光，垃圾的随意丢弃可能会污染环境，过大的客流量可能会对动植物的生存环境造成压力。此外，搭建旅游设施可能会破坏原有的生态环境，而长途旅行所产生的碳排放也会对全球气候变化产生影响。因此，面对文旅消费对自然环境的影响，人类必须进行全面的思考和审视，并采取积极的策略和措施，促进旅游业的可持续发展。例如，推广绿色旅游、低碳旅游等理念，提升旅游者的环保意识，建立并执行旅游业的环保标准，以实现文旅消费与自然环境的和谐共存。

（二）文旅消费对人文环境的影响

文旅消费可以带动文化交流和多元化发展。在旅游活动中，游客有机会深入了解和体验当地的风俗习惯和文化传统，这有助于加深人们对文化的理解，激发对异域文化的尊重和欣赏。从这个角度看，文旅消费对于促进全球化、推动多元文化的认同有着重要的贡献。然而，过度的文旅消费也可能导致文化冲突，甚至破坏地方文化的原真性。过多的游客涌入可能会对当地生活造成影响，影响当地居民的日常生活。此外，为了迎合游客的需求，有些地方还可能会对传统文化进行改造，如过度商业化或过度娱乐化，这些行为有可能导致当地文化的失真或淡化，使得文化的传承受到挑战。

（三）文旅消费对生态环境的影响

过度的文旅消费可能会对生态环境带来负面影响。游客的大量涌入可能会对当地的自然环境造成压力，包括噪声污染、水污染等，甚至可能对动植物生态造成伤害。对于那些脆弱的自然环境如湖泊、海洋、森林等，过度的旅游活动会导致生态系统的破坏，这对于地球的生态环境保护无疑是一个巨大的挑战。而适度的文旅消费和良好的管理策略则可以转化为生态保护的动力。一是文旅消费的收入可以用来资助环境保护项目。许多国家和地区利用旅游收入设立了专项基金，用于生态保护和环境治理。二是旅游活动本身也可以是生态保护的一个载体。通过生态旅游，游客可以近距离接触自然，了解生态环境的重要性，从而形成保护环境的意识。因此，如何平衡文旅消费和生态保护之间的关系是需要深入研究和探讨的重要问题。各级政府、旅游运营者和游客本身都需要共同努力，制定和实施有效的策略，以确保文旅消费对生态保护的积极影响能够实现最大化，以降低其可能的负面效应。

（四）文旅消费对环境教育的影响

发展合谐、生态旅游，提升消费者环境保护认识。当消费者在旅行中观赏美丽的自然景观，感受大自然的无穷魅力时，他们往往会更加珍视和尊重环境。面对环境问题，如空气污染、水污染、生物多样性的丧失等，消费者会直观地看到这些问题对环境和人类生活的影响，从而更加深刻地认识到环保的重要性。一些旅游景区和企业也会利用各种旅游活动进行环境保护教育。例如，他们会在景区设立环保展示区，展示环境保护的知识和技术；开展环保讲座活动，让游客了解环保知识，增强环保意识；组织游客参与环保活动，如清理垃圾、种植树木等，让他们亲身体验和参与环保活动。在此期间，政策制定者也看到了文旅消费在环保教育中的作用，因此在相关政策中加入了环保教育的内容。他们鼓励和支持旅游企业进行环保创新，开发环保旅游产品，通过这些产品传播环保知识，提升消费者的环保意识。

四、提升文旅消费体验的策略

（一）提高服务质量的策略

提高服务质量是提升文旅消费体验的重要策略。优质的服务不仅能让消费者在旅行中得到满足，也可以增强他们对旅游品牌的认同感和忠诚度。旅游服务员工是旅游品牌和消费者之间的直接联系点，他们的服务态度和专业技能直接影响着消费者的旅游体验。因此，旅游企业需要定期对员工进行培训，提升他们的专业技能，增强他们的服务意识，提高他们的服务态度。消费者在旅行中可能会遇到各种问题，如行程安排、住宿预订、景区导览等。如果这些问题处理不当，可能会影响到消费者的旅游体验。因此，旅游企业需要优化服务流程，提供方便快捷的服务，尽可能降低消费者在旅行中遇到问题的可能性。通常而言，舒适、美观的环境可以增强消费者的旅游体验。因此，旅游企业应该注重环境的整洁和美观，创建一个让消费者愿意停留的环境。从客观上看，消费者的反馈是改进服务、提升服务质量的重要信息源。通过对消费者反馈进行分析，旅游企业可以清楚地了解到自己的服务存在哪些问题，从而制定出更加合理有效的改进措施。

（二）互动和参与性体验的策略

互动体验是指消费者在旅游过程中与环境、人物等元素进行的一种交互。例如，消费者可以在博物馆的互动展览中与展品进行互动，可以在体验工坊中与工匠进行交流，可以在社区旅游中与当地居民进行交往。

总的来说，这种互动体验可以让消费者更深入地了解和体验旅游的内容，提升他们的消费体验。

参与性体验是指消费者在旅游过程中参与某个活动，通过实践来体验和学习。例如，消费者可以参加制作当地手工艺品的体验活动，可以参加采摘果蔬的农家乐活动，可以参加海洋保护的公益活动。从某种程度上看，这种参与性体验可以让消费者在实践中学习和体验，从而增加旅游的趣味性和意义。

实现互动和参与性体验的策略主要包括设计有趣和富有挑战性的互动活动，提供安全和便捷的参与环境，以及通过技术手段如VR、AR等提高互动和参与的效果。除此之外，旅游企业还应该根据消费者的特性和需求，个性化地设计互动和参与性体验，以满足不同消费者的需求。

第四章 文旅融合资源挖掘与利用

第一节 历史与艺术文化资源挖掘与利用

当今社会，历史与艺术文化资源的挖掘与利用已成为推动旅游文化产业发展的重要动力。我国是一个有悠久历史和丰富文化的国家，拥有着众多宝贵的历史遗址和独特的艺术文化传统。而如何保护、展示、传播和商业化利用这些珍贵的资源，成为当前面临的重要课题。本书建议从以下四个方面入手，对历史与艺术文化资源进行有效挖掘和利用，如图 4-1 所示。

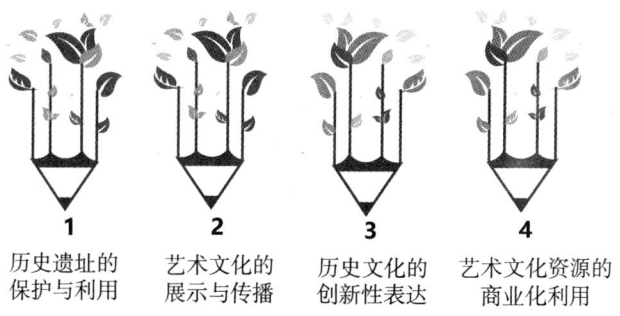

图 4-1 历史与艺术文化资源的挖掘与利用要点

一、历史遗址的保护与利用

（一）历史遗址保护的原则与方法

历史遗址的保护原则主要包括尊重其原貌原状、保护其完整性和保持公开透明原则。尊重历史遗址的原貌原状原则强调保护历史遗址的原始形态和环境，以体现其历史价值和文化意义。保护完整性原则强调保护历史遗址的所有部分，包括物质和非物质元素，无论何种元素都应得到适当保护。公开透明原则要求所有保护活动的决策过程和结果都应面向公众公开，以接受社会监督。

实施历史遗址保护的方法有多种，具体选择应根据遗址的特性和状况而定。基本的方法是设置保护区和缓冲区，以限制影响历史遗址的活动。此外，通过科技手段，如考古勘探、保护修复技术、遗址监测技术等，对遗址进行详细调查和精细修复，也是保护历史遗址的重要方法之一。在此基础上，还可以通过制定和执行历史遗址保护规划，设立和施行相关法规，以确保历史遗址得以长期保护。

（二）历史遗址利用的策略与途径

关于利用策略，可以从以下几个方面来考虑：一是坚持保护优先的原则，确保利用活动不破坏遗址的完整性和原状；二是尊重历史和文化的原则，注重利用活动展现遗址文化特性；三是注重参与性和共享性的原则，鼓励社区和公众参与，分享利用的成果。

具体来说，历史遗址的利用途径可以包括以下几种：一是开展文化旅游活动，将遗址作为旅游目的地，向公众提供游览、参观、体验等服务，同时利用解说、展示等手段传播历史文化知识；二是发展文化创意产业，如通过遗址的形象、故事、符号等开发相关的文创产品和服务；三是组织文化活动，如举办展览、演出、节庆等活动，让公众在参与中感受历史文化；四是进行教育普及工作，如设立教育基地、编写教育材料，向各类学习者传播历史文化知识。

需要注意的是，无论采取何种策略和途径，都需要以遗址的保护为前提，避免过度商业化和破坏原有文化，注重公众的参与和体验，让更多的人认识、理解和喜爱历史遗址，进一步提升其文化价值和社会影响力。总体来说，历史遗址的保护与利用并不是矛盾的，而是可以通过科学的策略和途径相互促进，最终实现历史遗址的可持续利用。

二、艺术文化的展示与传播

（一）艺术展览的策划与组织

在前期策划阶段，需要确定展览的主题和目标。主题是展览的灵魂，能够为展览提供整体的指导和框架，一般应具有新颖性、引人入胜性和实际意义性。目标则是展览的方向，包括展览希望达到的艺术效果、社会影响、观众反响等，需要使目标具有明确性、具体性、可衡量性。艺术作品的挑选与布置环节是展览的核心。策展人在挑选作品时，不仅要看作品的艺术性与主题的契合度，还要考虑作品与观众的互动性，使得作品能引发观众的共鸣和思考。在布置作品时，需要注意作品与展厅的关系，以及作品之间的关系，合理利用空间、色彩、光线等因素，创造出良好的展示效果，为观众营造出一个愉快的观展氛围。通常而言，展览的宣传和推广环节在策划阶段也非常关键，主办方既可以通过传统的海报、传单、新闻发布等方式，也可以利用社交媒体、网络平台等新媒体方式，扩大展览的知名度和影响力。此外，还可以通过开幕式、讲座、导览、互动活动等方式，吸引和引导观众参观展览。在策划中，展览的评估与反馈环节是提升未来展览质量的重要依据。展会主办方可以通过观众问卷、访谈、评论等方式，收集观众对展览的感受和意见，了解展览的优点和不足，以便对其进行针对性的改进。

（二）文化活动的设计与实施

在文化活动的设计阶段，需要明确活动的主题和目标，将活动内容与主题和目标紧密结合。具体来说，活动主题应吸引人、具有深度，并在可能的范围内满足观众多样性的需求。活动的目标应具体明确，既包括艺术性的追求，也包括对公众教育和社会影响的期望。活动方式应考虑到目标群体的特性和兴趣，如讲座、研讨会、工作坊、表演等。也就是说，需要根据观众的不同需求，选择与之相适应的活动方式。活动程序的制定则需要确保活动的流畅性和高效性，避免出现长时间的等待或混乱。

在文化活动的实施阶段，一方面，要对活动进行周密安排，包括场地设置、时间安排、人员分工等，以确保活动的顺利进行；另一方面，需要通过各种方式进行宣传推广，如媒体报道、社交媒体推广、口碑传播等，以提高活动的知名度和影响力。在实施过程中，对活动的实时监控和调整也非常关键。活动主办方可以通过观察和反馈，及时发现和解决问题，以确保活动的效果。另外，还应从多角度收集和分析数据，如观众满意度、参与度、活动影响力等，以便了解活动的效果，找出需要改进的地方。

（三）艺术文化的数字化展示与传播

艺术文化的数字化展示主要包括数字博物馆、在线艺术展览、数字艺术作品等。这些展示方式通过数字化技术，如高清扫描、3D 建模、VR 等，对艺术文化资源进行重构，让公众能够通过电脑或移动设备随时随地欣赏到这些资源。其中，VR 技术的应用，使得公众可以在虚拟环境中亲身体验艺术文化，增强了艺术文化的沉浸感和真实感。

艺术文化的数字化传播已成为当今社会推动文化交流和传承的重要手段。通过社交媒体、网络直播、在线课程等方式，艺术文化的信息可以被迅速传递给广大公众。社交媒体平台如微信、微博、抖音等，以其庞大的用户群体和便捷的传播方式，成为艺术文化传播的重要渠道。艺术家、文化艺术机构可以通过在这些社交媒体平台上发布艺术作品、展览信息、艺术活动等内容，与公众实现直接的互动交流。这种数字化传播方式不受时间和地域的限制，能够迅速地将艺术文化精华传递给世界各地的观众。此外，网络直播也是艺术表演和文化活动的重要形式之一，通过网络直播，观众可以实时观看诸如音乐会、戏剧表演等不同形式的艺术演出。这种传播方式不仅让观众能够足不出户就享受到高品质的艺术体验，也为艺术家和文化机构提供了新的表演平台。观众可以通过弹幕、评论等方式与艺术家进行互动，增强了参与感。除了上述内容之外，在线课程也是艺术文化传播的重要方式之一，通过在线教育平台，艺术家和专业机构可以开设各种艺术课程，向公众传授艺术的基础知识和技能。观众可以根据自己的实际情况，灵活地选择学习的时间和地点，以加深对艺术文化的认知和理解。在线课程的互动性也能够促进学员之间的交流和分享，形成艺术学习的社群。

艺术文化的数字化展示与传播虽然有许多优点，但也存在一些挑战。例如，在数字化过程中，如何保护艺术文化的原始性和完整性，如何保留艺术文化的内在价值和意义，如何平衡商业化和公众教育需求二者间的关系等。这些挑战需要文化艺术机构、技术提供商、政策制定者等多方的共同努力，只有这样才能得到有效的解决。

（四）艺术文化传播的影响与效果

跨地区、跨国界的艺术文化传播能够让不同文化背景的人们有机会接触和理解他们原本陌生的文化，促进了文化的交流和理解，有利于增强人们的文化自信和文化认同。通过艺术文化传播，新的艺术形式、文化元素可以被快速地传播和接受，为艺术创新和文化创新提供了有力的推动力。除此之外，艺术文化传播也可以将艺术创新和文化创新的成果传播给更广泛的人群，使公众有更多的机会接触到不同的艺术文化。可以说，对艺术文化的学习和欣赏，可以提高公众的文化素养，进而提高整个社会的文化水平。

三、历史文化的创新性表达

（一）历史文化的创新解读与表达

创新解读历史文化意味着挖掘历史背后的人物和事件，以新的方式呈现出来。这包括通过数字媒体、VR等技术手段，重现历史场景，让观众身临其境地感受历史文化的魅力。创新解读也可以通过引入跨界合作的方式,将历史与艺术、文学、音乐等领域相结合,以更富有创意和想象力的方式传达历史文化的内涵。创新表达历史文化意味着通过现代的艺术表达形式将历史文化的核心价值和精髓,呈现给观众。例如,通过电影、电视剧、音乐剧等形式,将历史故事搬上银幕或舞台,以生动的形象和动人的音乐展现历史事件和人物形象。艺术家也可以通过绘画、雕塑、摄影等艺术形式,将历史文化的意象和符号转化为艺术作品,以丰富的表现方式传递历史的精神力量和巨大的价值。

历史文化的创新解读与表达不仅可以吸引更多的受众,还能够为历史文化的传承和保护注入新的活力。通过创新的手段和表达形式,历史文化得以与现代社会产生更多的关联和共鸣,进而推动中华优秀传统文化与现代文化相融合,使其成为时代精神的重要组成部分。

(二)历史文化与现代艺术的结合

历史文化与现代艺术的结合是一种富有创意和探索性的艺术表达方式。它通过将传统文化与现代艺术的完美融合,创造出既具有历史文化底蕴又富有现代艺术审美的作品,为观众带来全新的艺术体验和文化认知。这种融合体现了人们对历史的重新解读和审视。艺术家通过引入历史文化元素,如历史事件、人物、符号等,将传统文化融入当代艺术创作中。通过这种方式,历史文化得以在当代艺术的语境中重新演绎,使观众能够以全新的视角去认识和感受历史。这种创新方式不仅丰富了艺术表达的形式和内容,也为历史文化注入了新的活力和现代感。在历史文化与现代艺术的结合中,艺术家常常通过多样化的艺术形式来表达。例如,绘画、雕塑、摄影等传统艺术形式可以以历史题材为创作素材,通过艺术家的艺术想象力和造型表现力,将历史场景、人物形象等具象化,传递出深刻的历史情感。数字媒体、VR等现代技术手段的运用,使观众能够通过沉浸式的体验感受到历史文化的魅力,参与历史文化的创作和再现。

历史文化与现代艺术的结合不仅能够丰富艺术创作的内涵,还能够推动历史文化的传承和发展。通过将历史文化元素融入艺术作品中,这些作品可以更加吸引观众的注意力和兴趣，引发他们对历史的思考和探索。总之，展览、艺术节等活动的举办，可以将这些作品呈现给更广泛的受众，提升历史文化的知名度和影响力。

（三）历史文化的创新性教育与传播

历史文化的创新性教育与传播是指采用新的教育方式和传播手段，提高历史文化教育和传播的效果。例如，开展跨学科和综合性的历史文化教育活动。历史文化并不仅仅是单一学科的内容，它涉及文学、艺术、哲学、社会科学等多个领域。因此，将历史文化与其他学科融合起来，可以帮助学生更全面地理解历史文化的内涵和价值。例如，在语文课堂上，通过解读古代文学作品，引导学生了解历史时代的文化背景和社会风貌；在艺术课堂上，通过绘画、音乐、舞蹈等形式，展现历史事件和人物的情感和形象。这样的跨学科教育能够激发学生的创新思维和创造力，培养他们对历史文化的综合理解能力。此外，利用社交媒体和在线平台开展历史文化的传播活动也是一种创新方式。社交媒体平台如微博、微信等具有广泛的传播渠道和受众群体。在这些平台上分享历史文化知识、故事和资源，可以将历史文化传播给更多的受众。通过在线课程、教育视频等方式，可以让学习者自主学习和深入了解历史文化。这种在线传播的方式具有一定的灵活性和便利性，可以突破时空限制，让更多人有机会参与历史文化的学习和传播。

（四）创新性表达对历史文化保护与传承的影响

创新性表达可以引起公众对历史文化的关注和兴趣，激发他们学习研究历史文化的热情和积极性。采用新颖的艺术形式、具有创意的展示方式，如数字技术、影像艺术、舞台演出等，可以吸引更多人参与历史文化的保护和传承。这种创新性表达可以打破传统的学习模式和传统的文化展示方式，使历史文化变得更加生动和有趣，从而提高公众对历史文化的兴趣和认同感。历史文化是一个不断演变和发展的过程，创新性表达能够使历史文化与现代社会相联系，与当代艺术形式相融合，为历史文化注入新的活力和现代感。例如，数字化技术的应用，可以将历史文化呈现得更立体、更具互动性，从而吸引年轻一代的关注和参与。与此同时，创新性表达也为历史文化的传承提供了新的平台和机会，使其更加符合当代人的审美需求，提高历史文化在现代社会中的影响力和传播力。需要注意的是，过度的创新可能会导致对历史文化的侵蚀，甚至失去了历史的真实性和传统价值。因此，在进行创新性表达时，需要注意尊重历史文化，怀着对历史文化的敬畏之心，避免对其进行不恰当的演绎，要在保护与创新之间找到平衡点，既要保留历史文化的传统特征和魅力，又要创造新的表达形式，使历史文化在现代社会中得到传承和发展。

四、艺术文化资源的商业化利用

（一）艺术文化产品的开发与销售

艺术文化产品的开发需要对艺术文化进行深入的研究和理解。开发者需要从历史、传统、当代等多个维度去挖掘和体验艺术文化的内涵。通过深入研究和洞察，他们能够更加深刻地理解艺术与文化之间的关系，从中发掘出独特的设计创意，使产品具有独特的艺术价值和文化魅力。开发者要了解目标消费者的喜好和需求，将艺术与文化元素融入产品的设计和制作中，从而创造出具有吸引力的产品。例如，针对特定消费群体的喜好，开发者可以推出特定主题的艺术文化产品，如根据当地传统文化制作的手工艺品，或者与艺术家合作设计的独特艺术作品，以满足不同消费者的需求。

艺术文化产品的销售需要充分利用多种销售渠道。除了传统的线下实体店销售渠道外，开发者还可以借助电商平台、社交媒体等互联网渠道进行销售推广。通过在线展示、产品介绍、用户评价等方式，他们可以将艺术文化产品推广给更广泛的受众，吸引潜在消费者的注意力，激发其购买欲望。此外，开发者还可以与相关的文化机构、艺术家、社群组织等合作，共同推广和销售艺术文化产品，借助合作伙伴的资源和影响力，扩大产品的曝光度和市场覆盖范围。

（二）艺术文化场地的租赁与利用

艺术文化场地的租赁与利用可以带来经济收益。通过出租场地，场地所有者可以获得一定的租金收入。这对于艺术文化场地的维护和运营来说是非常重要的，可以帮助场地实现持续发展和改进。艺术文化场地的商业化利用也有助于提升场地的知名度和影响力，吸引更多的艺术家、文化机构等前来租赁使用。通过举办各类艺术展览、演出、文化活动等，艺术文化场地成为艺术家和文化从业者展示作品、交流创意的平台。这不仅促进了艺术创作和文化创意的发展，也为观众提供了丰富多样的文化体验和学习机会。艺术文化场地的租赁与利用可以促进不同地区和文化之间的交流与融合，推动文化艺术的多元化发展。与此同时，艺术文化场地的租赁与利用还可以增加城市的文化魅力和旅游吸引力，提升城市的文化品牌形象，吸引更多的游客前来参观和体验。从客观上看，有助于促进当地经济的发展，提升城市的知名度和声誉。

（三）商业化利用对艺术文化资源的影响与管理

商业化利用对艺术文化资源的影响是复杂而多面的。一方面，商业化利用可以为艺术文化资源带来经济收益，为其保护和发展提供资金支持。商业化的运作和管理，促使艺术文化资源能够更好地获得合理配置和市场机制的支持，从而实现艺术创作、文化传承和文化产业的良性循环。与此同时，商业化利用还可以促进艺术文化资源的可持续发展，为艺术家、从业者和相关机构创造更多的发展机会和空间。另一方面，过度的商业化利用可能会对艺术文化资源造成一定的负面影响。商业化的考量往往将经济利益放在首位，可能导致对艺术文化资源的过度商业化开发利用，而忽视了其本身的文化价值和精神内涵。从某种意义上来讲，这很容易导致艺术形式的扁平化、商业化和娱乐化，以及对原创性、艺术性和独特性的忽视。此外，在商业化过程中对艺术文化资源的过度开发和消耗，可能会破坏自然生态环境，从而影响资源与环境的可持续性发展。

因此，艺术文化资源的商业化利用需要合理的规划和管理。第一，需要树立全面平衡发展的理念，将社会效益放在首位，实现社会效益和经济效益相统一。第二，需要建立有效的管理机制，包括规范和指导商业化利用的政策、法律法规，用以明确商业化利用的边界和底线。第三，还需要加强监管和评估，及时发现和纠正商业化利用中的问题和不足，保护艺术文化资源的原始性和独特性。通过鼓励和支持非营利性机构、社区组织等参与艺术文化资源的保护和管理，实现多元主体参与的良性互动。

第二节 自然与生物旅游资源的挖掘与利用

自然与生物旅游资源是人们追求与自然和生物相互连接的独特体验的重要媒介。在这个充满喧嚣和繁忙的现代社会，自然与生物旅游为人们提供了远离城市喧嚣的机会，让人们能够亲近自然、欣赏壮丽的景观、探索生物多样性与自然环境的相互关系。为了更好地挖掘和利用自然与生物旅游资源，人们需要关注自然景观的保护与开发、生物多样性的保护与展示、生态旅游的推广、自然资源的可持续利用以及自然与生物资源的科普教育的重要性，如图4-2所示。

第四章 文旅融合资源挖掘与利用

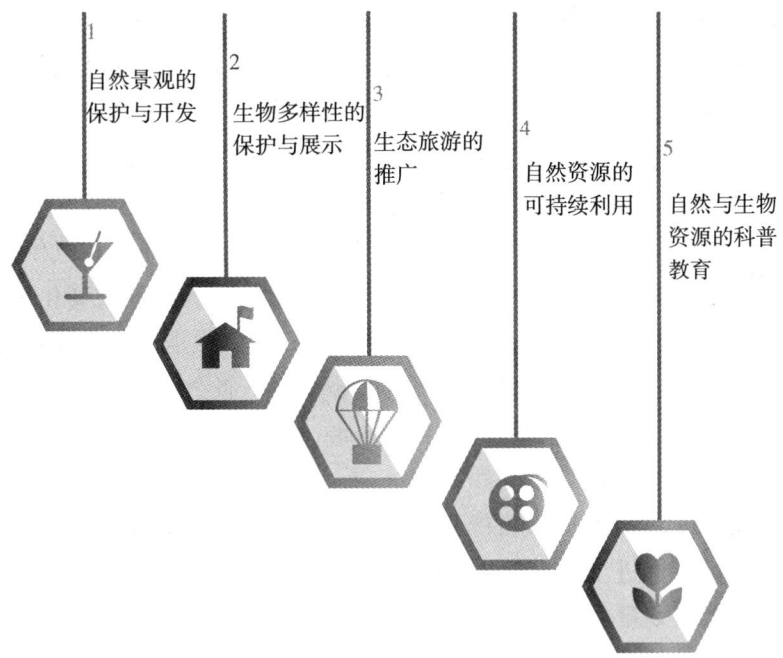

图 4-2 自然与生物旅游资源挖掘与利用要点

一、自然景观的保护与开发

（一）自然景观的价值

自然景观是地球生命的一种呈现形式，是地理、气候和生物等自然因素相互交织与共同塑造的结果。每一个自然景观都拥有独特的魅力与价值，无法被复制和替代。

1.自然景观具有生态价值

它们是生物多样性的宝库，为各种动植物提供栖息地，是形成食物链的基础。自然景观的存在维持着地球生态系统的平衡，保护着自然界的生命链条。保护和合理利用自然景观，能够保护和维持地球的生态环境，促进生物多样性的保护和可持续发展。

2. 自然景观具有科学价值

自然景观为地质学、地貌学和地球科学等领域的研究提供了独特的案例和实地观测的机会。例如，通过研究山脉、峡谷、火山和河流等自然景观的形成过程，可以深入了解地球的构造和演化历程。自然景观也是了解地球表面地貌和地形特征的重要窗口，揭示了地壳运动、风化侵蚀、沉积作用等自然演化过程的机制。通过对不同自然景观中气候参数、植被分布、土壤特征等的观测和分析，科学家可以揭示气候变化对生态系统的影响，科学地预测未来的环境变化。自然景观也为研究气候演化、冰川退缩、海洋变化等提供了重要的数据来源。此外，自然景观中丰富的生物多样性也是生物学研究的宝贵资源。科学家通过对自然景观中各类动植物的研究，可以了解物种的分布、繁衍和适应机制，揭示生物多样性的形成和维持原因。自然景观还为生态系统的运作和相互作用提供了实验场所，促进了生态学研究的深入发展。

3. 自然景观具有美学价值

自然景观展示着大自然的壮丽和神奇，如巍峨的高山、蔚蓝的海洋、绚丽的日落等，这些壮丽景观无不让人们感受到大自然的宏伟和无限力量，唤醒了人们心中对自然的敬畏之情。自然景观中的奇特现象和自然奇观，如彩虹、流星雨、北极光等，也给人们带来视觉上的震撼和惊叹。自然界中的山川河流、湖泊湿地、森林草原等自然景观，呈现出了自然元素之间的完美组合和协调。这种自然的和谐与平衡给人以安宁和舒适感，让人们能够放松身心，感受大自然的宁静与美好。自然景观中丰富的色彩和纹理也为人们提供了视觉上的享受。例如，五彩斑斓的花海、绚烂多姿的秋叶、纵横交错的峡谷等，这些色彩斑斓的自然景观给人们带来愉悦的情绪，激发了人们对美的追求和探索。

4. 自然景观具有社会经济价值

作为旅游业的重要资源之一，自然景观吸引了大量的游客。旅游业的发展带动了相关产业的兴起和繁荣，为当地人们增加了就业机会和收入来源。自然景观的旅游活动也促进了人类认知的提升，推动了地区间的文化交流和合作。

(二) 自然景观的保护原则与方法

1. 保护原则

自然景观的保护原则主要有三个。一是尊重自然。在对自然景观进行任何形式的活动时，应以保护其原始属性和特性为主要考虑因素。对自然景观的任何干预都应谨慎进行，避免或最小化对其造成的负面影响。例如，规划与建设旅游设施时，要尽可能保持自然景观的原貌，避免破坏景区的自然环境和生态平衡。尊重自然也包括对生物的尊重，不仅要尊重生物的生存权，还要尊重生物的生活习性和生存环境。二是保护多样性。自然景观中包含了丰富的生物种类和生态系统类型，它们共同构成了地球上的生命网络。每一个生物种类在生态系统中都有其存在的价值，都是生物多样性的一部分。保护多样性意味着要保护所有生物种类，维护生态系统的完整性和稳定性。例如，对于生态旅游区域来说，不仅要保护动物，还要保护植物、微生物等其他生物种群，保护各类生态系统，保护生态系统中的物种间的相互关系。三是可持续利用。这意味着在利用自然景观的过程中，要充分考虑资源的再生能力，实现资源的可持续利用。可持续利用既包括合理有效利用当前资源，也包括保护未来资源的可能性。例如，对于森林旅游区来说，要确保森林的合理利用，防止过度开发导致的森林破坏。同时，要通过科学的管理，确保森林资源的再生，从而实现森林的可持续发展。

2. 方法

保护自然景观首要一点便是通过法律手段对其予以保护。各国政府和国际组织制定了许多保护自然景观的法律法规，对于破坏自然景观的行为进行严惩。这些法律法规既包括一些具有普遍性和权威性的国际公约，也包括各国根据自身实际情况制定的国内法律法规。通过法律手段保护自然景观，可以保证保护措施的权威性和严肃性，形成对破坏行为的有效遏制。除了采取法律手段，划定保护区也是一种重要的保护自然景观的方法。许多具有独特自然景观的区域被划定为自然保护区或国家公园。在这些区域内，人类的活动会受到严格限制，一些可能对自然景观造成破坏的行为会被明令禁止。由此可见，划定保护区可以有效保护具有特殊价值的自然景观，防止其被破坏。除此之外，还可以对自然景观进行科学管理。通常来说，科学管理离不开科学研究的结果，而这些科学研究结果，则需要通过采用现代科技手段，制定出科学合理的管理措施来获得。例如，对生态学进行研究，可以了解生态系统的运行规律，据此制定出合适的管理策略，既能保护生态系统的完整性和稳定性，也能实现资源的合理有效利用。

（三）自然景观的开发策略与途径

自然景观的开发是为了将其转化为可持续利用的旅游资源，为游客提供独特的旅游体验。在开发自然景观时，需要制定科学规划，以确保在保护自然环境的前提下实现旅游的可持续发展。科学规划是在对自然景观的全面了解和研究的基础上制定出来的，它充分考虑了自然景观的特征、地理条件、生态系统等因素，并根据市场需求和可持续发展的原则，确定了开发的目标和方向。科学规划能够保证开发过程中的合理性和可行性，最大限度地发挥自然景观的旅游价值。需要注意的是，在开发过程中需要控制开发的程度，避免对自然景观和生态系统造成不可逆转的破坏。适度开发包括合理利用现有的基础设施和资源，避免过度投入和浪费。此外，还要注重资源的可再生性和生态平衡，确保自然资源的可持续利用。这意味着要采取相应措施以保护自然环境，推动生态修复和保护工作顺利开展，并制定相关的管理政策和措施，以确保自然景观的可持续发展。

开发自然景观主要体现在生态旅游活动的开展，强调自然景观的可持续性开发和生态保护。这种旅游模式注重保护自然环境、尊重当地文化和当地人的生活方式，并通过提供独特的自然体验吸引游客。生态旅游可以结合生态导游、生态步道、生态农庄等，让游客更深入地了解自然景观的生态价值，并为当地社区创造就业机会和经济收益。通过采取生态修复、植被恢复、水体保护等措施，保护自然景观的完整性和生态功能，为游客提供更好的观赏体验。

二、生物多样性的保护与展示

(一) 生物多样性的概念与价值

生物多样性，是指生物种类的丰富性、生物个体的遗传差异以及生态系统类型的多样性。这是一个在生物种群、种群间以及生态系统中展现的复杂性和多样性。

生物多样性具有广泛而重要的价值。第一，生物多样性具有生态价值。每个物种在生态系统中都扮演着特定的角色，相互依存、相互作用，维持着生态平衡。物种之间的相互关系形成了复杂的食物链和生态网络，保证了生态系统的能量流动和物质循环。生物多样性的存在使得生态系统具有更高的抵抗力和适应性，能够应对无法预测的环境变化和自然灾害。第二，生物多样性具有经济价值。许多生物多样性所包含的物种和基因资源具有较大的经济潜力。生物多样性直接支持着许多重要的经济部门，如农业、渔业和林业部门。具体来说，食物、药材、木材、纤维等许多经济产品都依赖于生物多样性。第三，生物多样性还为旅游业提供了重要资源，吸引着大量的游客和资金流入。第四，生物多样性具有科学价值。生物多样性是自然界的研究对象，通过对生物多样性的研究可以揭示物种的进化过程、适应性以及生态系统的功能和稳定性。生物多样性的研究对于生态学、遗传学、生物地理学等学科的发展具有重要意义。深入了解和保护生物多样性，可以为人类提供更多的科学知识和技术创新。第五，生物多样性还具有文化价值。许多文化、宗教和传统习俗与特定的生物或生物群落密不可分。生物多样性是许多文化遗产的组成部分，反映了人类与自然的相互依存关系。许多民族和社区依靠特定的生物资源保持着独特的文化传统和生活方式。因此，保护生物多样性也意味着保护和传承人类文化的重要组成部分。

(二) 生物多样性保护的重要性与方法

1.生物多样性保护的重要性

生物多样性的保护不仅对地球上的每个生物种类都具有深远意义，

而且对于整个生态系统的健康平衡起着决定性的作用。每个物种都在其所处的生态环境中扮演着独特的角色，对于生态系统的平衡健康有着不可或缺的作用。丧失了某种物种，就可能打破这种平衡，甚至导致整个生态系统的瘫痪。多样化的生物种群可以为人类提供丰富的食物资源和生态服务（如污染物的分解、气候的调节、水源的保护等），这些都是人类生存和发展的基础。一旦生物多样性丧失，这些生态服务将受到严重影响，对人类生存造成直接威胁。与此同时，生物多样性保护也是科学研究和新技术开发的重要基础。许多物种都拥有独特的生物化学特性和遗传信息，这些都是科学家探索自然规律、开发新技术的重要资源。如果这些物种消失，科学家就可能丧失这些宝贵的科研资源。

2.生物多样性保护的方法

在关键生物栖息地或生物多样性区域设置保护区，可以有效防止这些区域的生态环境被破坏，保护生物种群的生存和繁衍。同时，保护区也为科学家提供了研究生物多样性和生态系统运行规律的理想场所。推动绿色发展，意味着在经济活动中兼顾生态环境保护，减少对生物多样性的影响。这需要在政策制定、企业运营、产品设计等各个环节，都考虑到生物多样性保护的需求，采取低碳、环保、可持续的发展模式。只有这样，才能实现经济社会发展和生物多样性保护的同频共振。环境教育是提高公众对生物多样性保护重要性认识的关键途径。环境教育可以让公众理解生物多样性的价值，明白保护生物多样性的重要性，从而在日常生活中养成保护生态环境的行为习惯。此外，环境教育还可以调动公众参与生物多样性保护的积极性，为生物多样性保护提供社会支持。

（三）生物多样性的展示形式与方法

1.生物多样性的展示形式

生物多样性的展示旨在向公众呈现生命世界的丰富多彩和千变万化。这种展示以教育和娱乐为目的，以吸引和引导公众更深入地理解生物多样性，以及人类与自然生态系统的相互关系。

物种展示是一种常见的生物多样性展示形式，通过在博物馆、动植物园或其他场所展示各种各样的生物种类，可以让公众近距离接触到不

第四章 文旅融合资源挖掘与利用

同的生物，增加他们对生物多样性的认识。这种展示方式可以是实物展示，也可以是图片、视频、模型等虚拟形式的展示。比如，动植物园中的各种动植物，博物馆中的化石和标本，都是物种展示形式。生态系统展示是通过展示生物在特定生态系统中的关系和相互作用，让公众了解到生物之间以及生物与环境之间的关系，从而深刻理解生态系统的复杂性和重要性。这种展示形式可以通过现场参观、虚拟实景、模拟游戏等方式进行。比如，生态公园和森林公园中的自然景观，就是生态系统展示的形式。生物进化展示则是通过展示生物的进化历程，让公众了解到生物演变及生物进化的过程和规律。这种展示形式可以借助化石、骨骼、模型、动画、图表等方式实现。比如，科学博物馆中的恐龙化石和人类进化历程的展示，就是生物进化展示的形式。

生物多样性的展示不仅可以提高公众的科学素养，增强他们对生物多样性保护的认识和重视程度，也可以激发他们的好奇心和探索欲，引导他们积极参与生物多样性保护的实践。总的来说，生物多样性的展示是一种重要的科普教育方式，对于提高生物多样性保护的公众参与度和效果具有重要作用。

2.生物多样性的展示方法

展示的方法技术包括实物展示、数字化展示、虚拟现实展示等。实物展示是最传统也最直接的生物多样性展示方法。这种方法通过直接展示真实的生物或生物标本，让公众可以近距离观察生物的外形、颜色、纹理等特性，理解生物的生活习性和生态环境。比如，动植物园中的动植物展示，博物馆中的化石和骨骼展示，都是实物展示的例子。数字化展示则是利用现代数字化技术，将生物的形象、信息等数字化，方便保存、复制和传播。这种技术可以通过摄影、扫描、三维建模等方式，精确记录和再现生物的形态和细节，可以让公众在任何时间和地点，都可以通过电子设备观看到生物的影像。比如，网上的动植物图鉴，手机的AR应用，都是数字化展示的例子。虚拟现实展示则是最新的生物多样性展示方法。这种方法本质上是利用VR技术进行的生物的三维模型和虚拟环境的创建，让公众可以在虚拟环境中观察生物的行为。这种方法可以让公众身临其境地体验到生物多样性，提高他们的感知和记忆。比如，虚拟现实的海底世界，虚拟现实的森林探索，都是虚拟现实展示的例子。

三、生态旅游的推广

（一）生态旅游的价值

生态旅游强调的是人与自然的和谐共生。生态旅游不仅仅是一种旅游活动，更是一种注重自然保护、尊重当地文化和社区参与的旅游方式。在生态旅游中，游客参观的不仅是自然景观，更是生态系统的全貌。通过生态旅游，游客可以近距离地了解自然环境和生物多样性，对生态环境的保护有更加深刻的认识和理解，使得自身的环保意识得以增强。生态旅游地通常拥有丰富的生物资源和自然资源，是进行科学研究和教育的重要场所。生态旅游既有经济价值，也有生态价值和社会价值。经济价值体现在生态旅游可以带动地方经济发展，创造就业机会。生态价值体现在生态旅游有助于生态环境的保护和恢复，维护生物多样性。社会价值体现在生态旅游可以提升公众的环保意识，培育环保文化。

（二）生态旅游的市场推广策略

1. 创新营销策略

生态旅游的营销策略需要创新和差异化，以吸引不同的旅游消费群体。例如，可以通过数字化营销，借助社交媒体、网络广告和在线旅游平台，广泛传播生态旅游信息，吸引更多的目标受众。同时，可以通过精准的定位和个性化的推广，与潜在游客建立联系并引导他们选择生态旅游。

2. 提升品牌形象

品牌形象不仅体现在产品质量和服务水平上，还体现在企业的环保意识和社区参与方面。鼓励公众积极参与生态保护活动、推行可持续发展理念以及支持本地社区发展，可以树立企业的社会责任形象，增强消费者对品牌的认同感。此外，提供优质的服务和体验也是提升品牌形象的关键。企业可以通过培训员工、提供舒适的住宿环境、提供丰富的旅游活动等方式，让游客感受到真正的生态旅游价值，从而建立良好的品牌口碑。

3. 建立合作关系

合作是指与旅行社、酒店、航空公司等旅游行业的合作伙伴建立合作关系，共同推广生态旅游产品。与旅行社合作，可以扩大生态旅游的市场影响力，将生态旅游产品纳入旅行社的行程安排，从而提高产品的曝光度和销售量。与酒店和航空公司建立合作关系，可以为游客提供更便利的住宿和交通服务，使其感受全方位的旅游体验。

4. 优化游客体验

为了提供令人满意的旅游体验，可以采取多种措施。第一，提供专业的导游服务，让游客了解生态旅游目的地的自然特点和文化背景。第二，开展生态学习活动，如组织生态讲座、参观生态保护中心等，让游客深入了解自然生态系统的重要性和保护方法。第三，可以提供户外冒险活动，如徒步旅行、探险活动等，让游客亲身体验自然的魅力。总之，优化游客体验可以提高游客的满意度和对企业口碑的传播度，吸引更多的游客选择生态旅游，并为他们提供难忘的旅游经历。

四、自然资源的可持续利用

（一）可持续利用自然资源的重要性

可持续利用有助于保护生态环境和维护地球的生态平衡。自然资源的过度开发和滥用会导致生态系统的破坏，从而影响空气质量、水质和土壤肥力等自然条件，危及生物多样性和生态系统的健康。可持续利用，能够有效保护和管理自然资源，确保它们能够持续地为人们提供生态服务和自然资源。许多经济行业依赖于自然资源，如农业、林业、渔业和矿业等。这些行业的可持续发展离不开资源的可持续供应。合理管理自然资源，确保资源的可持续利用，不仅有助于促进经济的稳定增长，还能为创造就业机会和经济繁荣提供支持。资源分配的不公平往往会带来社会不稳定和不平等的问题。可持续利用可以确保资源的公平分配和社会参与，使得每个人都能够享受到自然资源所带来的好处，从而有效减少社会矛盾。

（二）自然资源的可持续利用模式

1. 循环利用模式

循环利用模式是一种注重资源回收和再利用的模式。在这种模式下，资源的消耗被最小化，通过有效的回收和再利用方法，可以尽可能多地延长资源的使用寿命。例如，在循环农业中，农作物的残余物被用作肥料或动物饲料，实现了资源的循环利用。在循环工业中，废弃物被重新加工，转化为新的原材料或能源。循环利用模式的实施可以在一定程度上减少资源的浪费，降低对环境的压力，实现资源的可持续利用。

2. 生态利用模式

生态利用模式强调在利用自然资源的同时保护和恢复生态环境。资源的利用必须符合生态原理和环境保护的要求。例如，生态旅游通过合理规划和管理旅游活动，来保护自然景观和生物多样性，为公众提供可持续的旅游体验。生态农业注重土地的保护和生态系统的平衡，通过采用有机农业和生态农业的方法，减少对土壤、水资源和生态环境的负面影响。总之，生态利用模式的实施有助于实现资源的可持续利用，保护生态系统的稳定性，维护生物多样性和生态平衡。

3. 分享利用模式

资源被共享和利用，不仅能够满足个体的需求，还能够减少对资源的浪费和过度消耗。例如，共享出行服务是共享经济在汽车领域的一种全新模式，通过共享车辆，减少了汽车的闲置时间和空间占用，提高了车辆的利用率，也降低了个体购买和维护车辆的成本。诸如此类的，在房屋领域，通过共享住宿平台，可以将空闲房屋资源分享给有需要的人，为公众提供了更多的住宿选择，减少了资源的浪费。

4. 科技驱动模式

引入新的科学技术，可以改善资源的开发利用方式，提高资源的利用效率，减少资源消耗量。例如，新能源技术的发展和应用，可以替代传统的能源资源，减少对有限资源的依赖，减少能源消耗对环境的负面影响。节能技术的应用可以有效减少能源的浪费，提高能源的利用效率。科技驱动模式能够探索和应用更加环保、高效的技术，实现资源的可持续利用，为可持续发展做出贡献。

5.低碳利用模式

低碳利用模式是一种在资源利用过程中，通过减少碳排放来应对气候变化的模式。这种模式注重减少温室气体的排放和碳足迹，通过采用低碳技术和策略，实现资源的有效利用和环境的保护。

该模式的一个重要应用领域便是低碳城市。低碳城市通过采取改变能源结构、提高能源效率和推广可再生能源等措施，有效地减少了城市能源消耗和碳排放。例如，推广清洁能源的使用，鼓励公共交通和非机动出行方式，改善建筑能效，这些都是低碳城市建设的重点。这些措施不仅有助于减少碳排放，还可以改善城市空气质量、提升居民生活品质。除此之外，还有另一个应用领域便是低碳产业。低碳产业强调资源的高效利用和碳排放的减少，通过采用清洁生产技术、循环经济模式以及推广绿色供应链管理，有效减少了产业过程中的能耗和碳排放，从而降低了对环境的负面影响。这种模式下，企业和产业园区也可以通过减少废物和污染物的排放，实现生产过程的可持续发展。

低碳利用模式的应用不仅有助于应对气候变化，减轻环境压力，还可以推动经济的绿色转型和可持续发展。政府、企业和公众都可以在推动低碳利用模式方面发挥重要作用，通过政策引导、技术创新和行为改变，共同推动低碳社会的建设，为未来的可持续发展做出贡献。

（三）政策对自然资源可持续利用的支持与引导

1.法律法规的制定与实施

法律法规的制定是自然资源可持续利用的基础。以公正和公平的立法，为自然资源的保护和合理利用设定准则和限制，是确保资源不被过度开采或者滥用的关键。这些法律法规可能会涉及资源的开采许可，采集或捕猎的禁止期，污染排放的上限，以及对某些特殊或者珍贵资源的严格保护。如此规定，可以在很大程度上使自然资源得到科学的管理，防止其过度消耗，保持生态环境的稳定性。然而，法律法规的制定只是第一步，如何确保其得到有效执行，才是真正意义上的保障。这就需要政府部门对相关行为进行严格监管，包括定期的检查和评估，对于违法行为，更要严厉处罚，使其产生威慑力。法律法规的公正执行也离不开司法部门的保障，对于存在争议的案件，需要通过公开、公正、公平的司法程序进行裁决，以维护法律的权威和尊严。

2.经济政策的引导和激励

经济政策可以引导和激励自然资源的合理和可持续利用。这些政策通常包括税收优惠、补贴、价格机制等方面，用政策引导、调节市场行为，驱动企业和个人向更加环保和可持续的方向发展。例如，政府可以通过提供税收优惠或补贴政策，鼓励企业采用环保技术和设备，节约资源。这不仅可以降低企业的经济成本，也可以提高其竞争力，使其在市场中获得优势。此外，政府还可以通过实行高额的污染排放费，使污染的社会成本由污染者来承担，促使企业主动减少污染。与此同时，政府也可以通过设立碳排放权交易市场，实现碳排放的降低，促进能源的清洁利用。这种市场机制可以将环境保护和经济效益结合起来，使企业在追求经济效益的同时，也能积极履行环保责任。

五、自然与生物资源的科普教育

（一）科普教育在自然与生物资源保护中的作用

科普教育在自然与生物资源保护中起着重要作用。它能促使公众提升对于自然环境和生物多样性保护重要性的认识，进而转化为实际行动，共同维护地球家园。

科普教育可以加深公众对自然环境和生物多样性的认识与理解。通过生动有趣的科普活动、展览和讲座，公众可以了解到自然界的奇妙之处以及生物多样性的重要性。这种认识有助于人们更加珍惜和保护自然资源，从而减少对环境的破坏和过度开发。宣传关于可持续发展、资源节约和环境友好的行为准则，可以促使人们了解到降低自己的碳足迹、合理使用资源、减少废物产生等的具体做法。同时，科普教育还可以通过提供实用的技能和方法，帮助公众更好地参与自然与生物资源的保护。科普教育通过引导公众参与科学实验、野外考察、生态保护等活动，使他们能够深入了解自然和生物的奥秘，激发他们对自然界的好奇心和探索欲望。这种参与感和亲身体验可以激发公众对保护自然与生物资源的积极性和责任感，进一步推动自然与生物资源的保护工作。公众在接受科普教育后，可以认识到个体的环保行为对整个生态系统和地球的影响，并意识到自己才是环境保护的主体。这种认识和转变将激发公众的积极行动，从个人到社会层面，共同参与自然与生物资源的保护。

（二）科普教育内容的设计与传播

1.科普教育内容的设计

科普教育内容的设计应注重实用性和趣味性。实用性是指科普教育内容与人们的日常生活密切相关，能够解答现实生活中的实际问题并提供实用技巧。例如，可以介绍家庭环保方法、节能减排技巧、垃圾分类知识等。趣味性则是吸引公众参与的重要因素之一，可以通过生动有趣的案例、趣味游戏、互动体验等方式增加教育内容的吸引力。例如，可以通过设计有趣的科学实验、生物探索活动等，让公众在参与中获得乐趣和启发。

2.科普教育内容的传播

科普教育内容的传播应多样化和全面化。利用传统媒介向高年龄段受众群体传播科普知识，如电视、广播、报纸等。设计有吸引力的科普网页、微博、微信公众号等，将科普知识直接传达给更多的受众群体，并与他们进行互动和讨论。此外，组织各类科普活动如科普讲座、展览、比赛等，也是有效的传播方式之一。这些活动可以在一定程度上吸引公众参与，扩大知识的传播范围和影响力，加强与受众的互动和沟通。

(三）科普教育的接收对象与方式

科普教育的接受对象是社会的各个年龄阶段的人群，包括儿童、青少年、成年人和老年人。针对不同的接收对象，科普教育应采用不同的教育方式和内容设计，以确保科普知识的适宜性和有效性。

对于儿童和青少年，科普教育应注重寓教于乐，将科学知识融入游戏、和趣味互动活动中。例如，可以设计科学实验、科学游戏、探索活动等，让孩子们通过亲身参与和体验，激发他们对科学的兴趣和好奇心。此外，科普读物和科普动画等也可以吸引他们的注意力，帮助他们理解复杂的科学概念。对于成年人和老年人，通过举办讲座、研讨会、在线课程等活动，向他们提供更深入、更专业的科普知识。具体来说，讲座和研讨会可以邀请专家学者进行科普讲解，分享最新的科学研究成果和应用前景。在线课程可以提供灵活的学习方式，让成年人和老年人不受时空限制，随时随地地学习科学知识。此外，科普书籍、科普电视节目、科普展览等也是传播科普知识的有效方式，可以向公众提供更丰富的科普信息和视觉体验。

在科普教育中，还应注重跨学科的内容设计，将科学与其他学科如艺术、文学、历史等相结合，创造出丰富多样的科普形式。例如，可以通过科学艺术展览、科学文学作品、科学历史展示等，将科学知识与人文文化相融合，为公众提供全面而多元的科普体验。

第三节 民俗与特色美食资源挖掘与利用

民俗文化是一个地区或国家的独特传统，它蕴含着丰富的历史、深刻的思想、道德、信仰价值，是文化传承和认同的重要载体。通过保护和传承民俗文化，人们可以深入了解一个地区的独特魅力和人文风情。与此同时，特色美食也是一个地区的独特标志，它承载着悠久的历史文化和淳朴的风俗人情。开发和推广特色美食，不仅可以满足人们对美食的需求，还可以促进当地经济发展和旅游业的繁荣。对民俗与特色美食资源的挖掘与利用主要包括五点，如图4-3所示。

第四章 文旅融合资源挖掘与利用

图4-3 民俗与特色美食资源挖掘与利用要点

一、民俗文化的保护与传承

（一）民俗文化的价值认识

民俗文化，作为一个国家或地区的非物质文化遗产，其价值在于它对人类社会历史、生活方式、思维方式的记录和体现。每一种民俗文化都是一种独特的生活艺术，它们在社区的传播和历史演变过程中，形成了丰富多样的生活习俗、信仰、仪式、艺术形式等。这些文化元素在历史的长河中熠熠生辉，成为一种无形的社会资源，对于维护社会和谐、增强群体认同感、保持文化多样性都有着无可替代的重要作用。

（二）民俗文化保护的策略与手段

1. 充分认识和研究民俗文化

这需要通过文献资料研究、田野调查等方式，详细记录和描述民俗文化的内容、形式及演变过程等。这样不仅可以为民俗文化的保护提供精确的数据信息，也可以为民俗文化的传播提供丰富的素材。

2. 建立专门的保护机构

机构可以制定专门的保护计划和政策，包括设立专项基金、进行人才培养、推广民俗文化等。专项基金可以为民俗文化的保护和研究提供经济支持；人才培养则可以确保民俗文化的传承，防止其断代；推广民俗文化可以促使公众更好地理解与尊重民俗文化，从而形成良好的保护氛围。

（三）民俗文化的传承方式与途径

民俗文化的传承地主要集中于社区和家庭，这些地方扮演着重要的角色。社区提供了人们交流、互动和共享文化的平台，而家庭则是文化传承的基本单位。在这些环境中，民俗文化通过一代代人的亲身实践和口口相传，从而逐渐成为一种生活习惯和精神寄托。鼓励家庭和个人参与民俗文化的传承尤为重要。通过参与传统的节庆活动、工艺制作、民间故事的讲述等，人们可以加深对民俗文化的认识和理解，为民俗文化传承打下坚实的基础。举办文化节庆、民间艺术展览等活动，可以为大众提供接触和了解民俗文化的机会。这些活动旨在展示民俗文化魅力，吸引更多人参与其中，从而实现对民俗文化的宣传和推广。而教育课程则可以系统地传授民俗文化的知识和技能，帮助学习者深入理解民俗文化的内涵和价值，培养他们对民俗文化的尊重和热爱。

二、特色美食的开发与推广

（一）特色美食的挖掘与创新

特色美食反映了一个国家和地区的历史、文化、地域环境以及人们的生活方式和价值取向，是该国家和地区物质文化和精神文化的集中体现。挖掘与创新特色美食是一种对这种文化的延续与发展，也是对美食产业发展的推动。

在挖掘特色美食的过程中，需要深入了解并掌握其背后的历史文化因素和地域环境因素。这些因素构成了美食的基础，并为其提供了特别的色彩。例如，四川的麻辣、广东的清淡、山东的咸鲜、浙江的清鲜等，这些特点都深深植根于当地的历史文化和地域环境中。因此，需要对其进行深入研究，包括研究其起源、发展过程、制作技艺、传承人等，这有助于揭示美食的深层内涵，为创新提供认知基础。在创新特色美食的过程中，首先需要怀有对传统的敬畏之心。传统的美食技艺和口味是在长期历史发展过程中积累形成的，是当地人民智慧的结晶，有其独特的价值。因此，在进行创新时，不能随意改变传统的基本元素，而是要在继承的基础上进行适应性的创新。

挖掘与创新特色美食，是一个不断学习、尝试、反思和改进的过程。在这个过程中，既要保持对传统的敬畏和尊重，也要有勇于创新和开拓的精神，只有这样，才能真正挖掘出美食的独特魅力，使其在新时代焕发出更加璀璨的光彩。

（二）美食品牌的建设与推广

在美食品牌的建设过程中，塑造独特的品牌形象是非常关键的一步。品牌形象是消费者对品牌的整体印象和感知，它包括品牌的视觉元素、故事、价值观等多个方面。视觉元素，如 Logo、色彩体系、字体等，是构建品牌视觉形象的基本要素，需要精心设计，使之既具有吸引力，又能反映品牌的特点和价值。品牌故事，包括品牌起源、发展过程、使命和愿景等，是品牌形象的灵魂，能够唤起消费者的共鸣，加深其对品牌的理解和记忆。一般情况下，品牌的宣传推广主要通过媒体报道、网络推广、口碑营销等方式进行。众所周知，美食质量是品牌的生命线，决定了品牌的发展与存亡。服务标准则关系到消费者的体验和满意度，影响了消费者的品牌忠诚度。二者都需要通过严格的质量控制和服务培训来确保。此外，举办各种市场活动，如美食节、烹饪大赛、互动体验等，可以扩大消费群体规模，从而提高品牌的知名度和影响力。这些活动不仅可以吸引潜在消费者，也可以让现有消费者有更深刻的体验，进一步增强他们对品牌的信任和依赖。建设和推广美食品牌，需要具备深入的市场理解、创新的设计思维、扎实的执行能力和持久的耐心。在这个过程中，企业既要懂得消费者心理，知道他们的需求和期待，也要对自身的优势和定位有着较为清晰的认识，只有这样，才能确保自身在竞争激烈的市场中立于不败之地。

(三)特色美食的线上与线下销售渠道

特色美食线上与线下相结合的销售渠道，为消费者提供了更多选择。线下销售通过实体店铺和美食市场活动，能够向消费者直接展示特色美食的风味和品质。消费者可以亲自前往店铺，品尝和选购自己喜爱的美食。实体店铺的布置和氛围也能为消费者营造更加舒适和愉悦的购物体验。此外，通过美食市场活动的举办，消费者可以一次性接触到多个特色美食品牌，实现选择的多样性。而线上销售则能够突破时空限制，通过"指尖"实现美食自由。具体来说，消费者可以通过电商平台、社交媒体等网络工具，快速地浏览和购买各种特色美食。可以说，线上销售平台提供了更广泛的产品选择和比较，消费者可以根据自己的需求和口味偏好进行筛选。此外，线上销售还提供了方便的配送服务，消费者可以在家中轻松享受到特色美食带来的舌尖上的美味。线上和线下销售渠道可以相互配合，实现更好的销售效果和消费体验。例如，线下实体店铺可以通过线上平台进行宣传和推广，吸引更多消费者的关注和兴趣。消费者也可以通过线上渠道预定美食，然后到实体店铺进行取餐或品尝。这种线上线下相结合的模式能够更好地满足消费者的需求，为消费者提供便捷、个性化的购物体验。

需要注意的是，在线上销售渠道中，特色美食的呈现和描述一定要准确、真实，具有吸引力，通过生动的图片和详细的介绍，让消费者对美食产生购买欲望。此外，线下销售渠道也需要注重产品的展示和服务的质量，提供良好的消费环境和体验，给消费者留下美好的印象。

三、民俗文化的体验式展示

(一)体验式展示的理念与价值

体验式展示的理念是通过亲身参与和体验，让观众更加深入地了解和感受民俗文化的魅力。传统的展示方式往往是观众被动地接收信息，而体验式展示则将观众置身于活动现场，让他们通过互动，亲自感受和体验民俗文化的精髓。体验式展示的价值在于它能够激发观众的兴趣和参与度，使他们更加主动地参与展示活动。通过亲身参与和体验，观众能够亲自感受到民俗文化的独特魅力，从而加深对民俗文化的理解和认同。他们可以通过亲手制作民俗手工艺品、参与传统游戏、体验传统节日等，更加深入地了解民俗文化的内涵。体验式展示还能够为观众提供更加直观、生动的展示效果。通过互动、实物展示、多媒体技术等方式，观众可以身临其境地感受民俗文化的氛围和情境。他们可以近距离观察和体验传统技艺，参与传统仪式表演，与民俗艺人交流互动。这种直观、动态的展示方式能够更好地传递民俗文化的情感和价值，让观众获得身心的愉悦和满足。除此之外，体验式展示还能够促进民俗文化的传承和发展。通过亲身体验民俗文化，观众不仅能够对民俗文化产生情感共鸣，还能够成为文化传承的参与者和传播者，将民俗文化传承下去，使得更多的人能够了解到民俗文化的魅力，从而推动民俗文化的传承和发展。

（二）体验式展示的设计与实施

体验式展示的设计应遵循互动性、趣味性、参与性和实践性的原则。体验式展示应该鼓励参与者积极参与民俗文化的互动体验。具体来说，可以设计一些互动环节，如游戏、实践活动、角色扮演等。通过与展示内容的互动，参与者能够更加深入地了解和感受到民俗文化的魅力。设计一些富有趣味性和吸引力的活动，以吸引更多的参与者。通过故事讲解、趣味游戏、趣味表演等方式，可以让参与者在体验过程中感受到乐趣和愉悦。趣味性的设计能够提高参与者的兴趣和参与度，使其更加享受体验过程。体验式展示应该让参与者成为展示的主体，而不仅仅是被动的观看者。例如，设计一些参与式的活动，如手工制作、传统舞蹈学习、美食制作等，让参与者亲自动手、亲自体验，成为民俗文化的创造者和传承者。从客观上看，参与性的设计能够增加参与者对民俗文化的认同感和归属感。在具体的实施过程中，需要注重活动的组织和引导。组织者应提前准备好所需的材料和设备，并制订详细的活动计划。引导员应具备专业的知识和技能，能够对活动进行引导和解释，帮助参与者更好地理解和体验民俗文化。此外，还应注意活动的安全性，确保参与者的安全和舒适。

（三）体验式展示的反馈与改进

体验式展示不仅是一个传播和展示民俗文化的过程，也是一个互动和反馈的过程。在这一过程中，活动方可以通过问卷调查、面对面访谈、网络评论等方式，向参与者征求他们对活动的评价和意见。问卷调查通常包括活动内容、组织方式、参与体验等方面的问题，以了解参与者对活动的满意度、需求和期望。面对面访谈可以深入了解参与者的感受和建议。网络评论可以得到更广泛的意见和反馈。多种方式的反馈收集，可以使活动方获取全面的参与者反馈信息。通过对收集到的反馈信息进行整理和归纳，活动方可以分析出参与者的共同意见和关注点，了解参与者对活动的评价、认可和改进建议，发现活动中存在的问题和不足之处。这有助于活动方识别需要改进的方面，并为后续的改进工作提供依据。活动方可以根据参与者的反馈意见，结合活动中存在的问题和改进建议，制定具体的改进方案。具体来说，可以对活动内容进行调整，增加更多有趣和具有代表性的体验环节。例如，改善活动环境，提供更舒适和便利的参与体验。优化活动流程，确保活动的顺利进行和参与者的流畅体验；通过有针对性的改进，提升活动的吸引力和参与者的满意度。活动方还可以通过定期评估和监测，了解改进措施的实施效果和参与者的反馈。例如，通过再次进行问卷调查、面对面访谈等方式，评估改进后活动的满意度和效果。如果发现仍有问题或改进的空间，活动方可以进一步做出相应调整和改进，确保活动的持续优化和提升。除此之外，与参与者进行有效的沟通和回馈也非常重要，活动方应及时向参与者反馈改进措施的落实情况，以增加参与者的参与感和满意度，从而建立起良好的沟通和互动关系。

四、美食旅游的策划与运营

（一）美食旅游产品的设计与创新

美食旅游产品的设计应以客户需求为导向，通过市场调研和分析，了解游客的口味偏好、兴趣爱好、文化背景等信息。这有助于确定目标群体，并针对其需求进行产品设计。例如，有些游客可能更喜欢探索当地特色美食，而有些游客可能更注重美食与文化的结合。了解游客需求是设计美食旅游产品的基础。每个地区都有独特的美食文化和传统特色，可以通过深入挖掘当地的特色美食资源，创造出独具特色的美食旅游产品。这包括当地的传统菜肴、特色小吃、地方特色食材等。通过展示当地的美食特色，可以吸引更多游客前来体验和品尝。由于美食与文化密不可分，因此可以将当地的历史文化元素融入美食旅游产品的设计中。例如，组织美食文化讲解活动，向游客介绍当地美食的历史渊源、文化内涵和制作工艺，或者举办美食文化体验活动，让游客在品尝美食的同时，感受当地的传统文化氛围。为了增加游客的参与感和体验感，可以设计一些创新的美食体验活动。例如，美食烹饪课程，让游客亲自动手制作当地的特色美食，学习独特的烹饪技巧；美食文化之旅，组织游客参观当地的传统农庄、农田或菜市场，亲自了解食材的采集和加工过程；美食与艺术结合，通过举办美食艺术展览或美食创意比赛，向游客展示美食的艺术魅力和创意。美食旅游市场变幻莫测，游客需求也在不断演变，因此，持续的创新与改进是保持竞争力的关键。具体做法如下：可以通过与当地美食企业合作，共同研发新产品；关注消费者反馈和市场趋势，不断优化和改进现有产品；引入新的科技手段，如 VR、AR 等，丰富美食旅游体验。

（二）美食旅游的服务品质与管理

美食旅游的服务品质直接影响着游客的满意度和口碑。为了提升服务品质，需要从餐饮环境、菜品质量、服务态度等多个方面进行考虑。餐饮环境是顾客就餐时所处的场所环境，包括装修风格、卫生状况、就餐氛围等。为了提供舒适的用餐体验，应注重餐厅的布局设计，营造温馨、雅致的环境氛围。要保持餐厅的清洁整洁，就应注重细节的处理，如桌椅摆放、照明效果等。菜品质量是美食旅游的核心，对于顾客来说至关重要。既要确保菜品原材料的新鲜、卫生，也要确保烹饪过程符合标准，同时要注重菜品的味道、口感和外观的呈现。此外，菜品的创新与独特性也是十分关键的。通过独特的配料搭配或烹饪技法，为游客提供令人惊喜的美食体验。服务态度是服务品质中非常重要的一环。员工应具备友好、热情的服务态度，为顾客提供细致入微的服务。具体来说，就是要求员工了解菜品的特点和制作过程，从而更好地为顾客提供专业的菜品介绍和建议。在服务过程中，员工要及时回应顾客的需求和反馈，确保顾客得到满意的服务体验。

提到美食旅游的管理，需要注意以下三个方面的内容：一是餐饮供应链管理方面，可以采用现代信息技术，如供应链管理软件和智能化设备，实现供应链的追溯和管理。通过准确掌握原材料的采购、存储和配送情况，确保菜品原材料的质量和安全性。二是人力资源管理方面，要注重员工的培训和激励，提升其专业技能和服务水平。通过系统的培训计划和培训课程，确保员工能够了解菜品的特点和制作过程，并掌握专业的服务技巧。此外，还要建立激励机制，以鼓励员工积极主动地提供优质的服务。三是质量控制方面，要建立完善的质量控制体系，包括对原材料的质量检验、餐饮过程的标准化控制、服务质量的监测和评估等。通过建立科学的质量管理制度和监控机制，及时发现和解决潜在问题，确保服务品质的稳定和提升。

（三）美食旅游的客户关系管理与市场拓展

1. 客户关系管理

通过细致入微的服务，体现对客户无微不至的关怀。这包括主动倾听客户的需求反馈，及时回应客户的意见和建议，提升客户在整个旅游过程中的体验和满意度。通过客户管理系统，收集客户信息和偏好，建立客户档案。基于客户的特点和需求，提供个性化的服务。这可以包括制定个性化美食行程、推荐符合客户口味的美食等，从而提高客户满意度和忠诚度。要与客户保持持续沟通，了解客户的动态和需求变化。通过电子邮件、社交媒体等方式，向客户发送个性化的关怀信息，保持与客户的良好互动。通过举办美食活动、分享会等形式，促进客户之间的交流和互动。通过建立客户社群，增强客户的归属感和忠诚度，提高口碑传播效应。

2.市场拓展

利用各种营销渠道和工具，如社交媒体、旅游展会、美食节等，向更多的潜在客户宣传和推广美食旅游产品。通过有吸引力的内容和形象，吸引目标客户的关注和兴趣。与相关行业的合作伙伴建立合作关系，如旅行社、酒店、航空公司等，共同推广美食旅游产品。通过合作，提升产品的曝光度和扩大市场覆盖面，以吸引更多的潜在客户。要注意口碑营销，通过提供优质的美食旅游体验，积极回应客户的评价和反馈，赢得客户的口碑传播，从而吸引更多的潜在客户关注和参与。

五、民俗与美食文化的国际交流

（一）民俗与美食文化的国际交流方式

民俗与美食文化的国际交流有多种方式，旅游是直接、有效的民俗与美食文化国际交流方式之一。游客可以通过旅游活动亲身体验并了解他国的民俗和美食文化。期间他们可以参观当地的民俗村落、博物馆和文化遗址，观摩民俗表演和传统仪式，以及品尝当地特色美食。旅游不仅能让游客亲身感受到不同文化的魅力，还可以促进文化的传承和交流。随着社会的发展，国际美食节、文化展览、民俗节庆等活动逐渐成为不同国家和地区展示本土文化的窗口。在这些活动中，各国可以通过展示自己的传统民俗表演、美食制作过程和手工艺品，让不同国家的人们更深入地了解和体验他们的文化。这种交流不仅促进了文化的传播，也加深了不同国家之间的友谊与合作。此外，随着互联网的普及，网络平台沟通也成为一种重要的民俗与美食文化国际交流方式。通过社交媒体、视频分享平台和在线直播等，人们可以向全世界展示本国的民俗与美食文化。借助互联网，民俗与美食文化可以跨越地域和语言的限制，被更多人了解、分享和接受。这种虚拟的交流方式不仅为人们提供了便捷的沟通渠道，还促进了不同文化之间的对话和交流。

(二)文化交流的难点与解决策略

文化交流中面临的主要难点是文化差异和语言障碍。文化差异可能导致交流双方对某些事物的理解和感受存在差异，而语言障碍则可能阻碍有效的沟通。由此可见，提高跨文化交际能力是解决文化差异的关键。交流者需要具备开放包容的心态，尊重和理解不同文化的习俗、价值观和思维方式。了解和学习对方文化的历史、背景和传统，有助于建立共同话题和理解基础。交流者应注重观察和倾听，从对方的语言和非语言信号中捕捉信息，以便准确地理解对方的意图和想法。此外，跨文化培训和文化交流活动，能够增强人们跨文化沟通意识和能力，也能有效缩小文化差异带来的沟通障碍。解决语言障碍需要采取多种方法。一种常见的方法是借助翻译服务，通过对交流内容进行翻译，使交流双方能够理解对方的意思。这可以通过雇用专业翻译人员、使用在线翻译工具等方式实现。另外，交流双方也可以通过学习对方的语言，提高双方的语言能力，以便更直接地进行沟通。此外，使用非语言交流方式也是一种有效的策略，如通过肢体语言、表情和手势传达信息。这种方式在语言无法准确表达时可以起到补充和辅助的作用。除了上述方法外，鼓励和支持文化交流的平台和机制也是解决文化交流难点的一个重要策略。通过举办文化交流活动、组织国际合作项目等，为不同文化之间的交流提供机会和平台。借助这些平台可以为交流者打造一个相互学习、分享和合作的空间，促进彼此的理解和共识。政府、学术机构和非政府组织在此期间可以发挥重要的推动和支持作用，鼓励和资助跨文化交流项目，向其提供各种资源和支持，从而促进文化的交流与发展。

(三)国际交流对民俗与美食文化传承的影响与贡献

国际交流使得本国的民俗与美食文化得到了广泛传播。当人们跨越国界，体验和学习不同国家的民俗和美食时，他们不仅仅是在享受其他国家的美食和参与其他国家的文化活动，更重要的是在了解和认识其他国家的文化传统和价值观。通过这种交流，本国的民俗与美食文化也可以从中获得更多的认可和关注，从而提升其在国际上的社会地位和价值。

这种传播和认可有助于保护和传承本国的民俗与美食文化，让更多的人了解和尊重它们。当不同国家的文化相互交流和碰撞时，会激发出新的创新思维和创作灵感。交流双方可以通过融合不同的元素和概念，创造出独特的美食菜品，设计出富有生活情趣的民俗活动。这种创新能够丰富和发展本国的民俗与美食文化，使其更具活力和吸引力，从而吸引更多年轻一代的参与和关注，推动民俗与美食文化的传承，获得更广泛的支持和发展机会。但是即便如此，还是有些民俗与美食文化因各种原因正在面临濒临消失的风险。例如，人口流失、现代化冲击和文化冲突等。国际交流，可以促使这些文化得到更多的关注和保护，让人们了解和认识到这些文化的独特价值和重要性，激发出人们对其保护与传承的热情。除此之外，国际合作项目和文化交流活动也为这些文化的保护和传承提供了资金和技术支持，帮助它们得以延续和发展。

第五章 文旅融合发展模式研究

第一节 文化景观模式研究

在当今社会，文化景观作为人类文明的重要遗产和宝贵资源，越来越受到社会各界的广泛关注和重视。它承载着丰富的历史文化内涵，是人类宝贵的文化遗产。为了帮助人们可以更好地理解和呈现文化景观的独特魅力，为其保护和传承做出积极贡献，本节将探讨文化景观模式与实践的相关内容，包括定义与特性、规划与设计、保护与利用、营销与推广，以及社区参与与教育，如图5-1所示。

图5-1 文化景观模式研究要点

一、文化景观的定义与特性

(一)文化景观的定义

文化景观,一般指通过特定文化群体在特定历史时期与自然环境的互动过程中形成并传承下来的,具有独特文化内涵和视觉特征的地域景观。它是人类文化活动和自然环境的结合体,体现了人与自然的和谐共生,反映了特定文化群体的发展历史、生活方式、价值观念等诸多方面。

(二)文化景观的特性

1. 唯一性与复制性

文化景观的唯一性,主要体现在其所代表的独特历史、文化和自然条件,是在其他地区所无法复制的。每个文化景观都是特定文化群体在特定环境和历史条件下形成的,具有无可替代的历史、文化和自然价值。然而,尽管每个文化景观都具有独特的属性,但是其构建和管理的过程却是可以被复制的。这意味着,其他地区可以借鉴成功的文化景观开发和管理模式,根据自身的实际情况进行改进和创新,从而加强对文化景观的保护,提高文化景观的利用效果。

2. 时空维度:文化景观的历史与地域特性

文化景观的时空维度,是指其所具有的历史深度和地域广度。历史深度主要体现为文化景观所承载的历史信息价值,如历史事件、历史人物、历史传统等。地域广度主要体现为文化景观所包含的地域信息和价值,如地理环境、地理特色、地理标志等。这两个维度共同构成了文化景观的丰富内涵和独特魅力,也是其吸引游客和研究者的重要因素。

文化景观的时空维度也提出了对文化景观保护和利用的挑战。例如,如何在保护历史信息价值的同时,适应现代社会的发展需求?如何在保护地域信息和价值的同时,面对全球化的影响?这些问题需要在文化景观的规划和管理中得到妥善解决。

二、文化景观的规划与设计

文化景观的规划与设计是一种综合性的活动，旨在保护、管理和提升文化景观的价值，满足社区和游客的需求，以及承担保护环境的责任。具体来说，它涵盖了对文化景观的评估、规划、设计、实施和评价等多个阶段。

评估的目的是全面掌握文化景观的历史、文化、自然、社区等多方面的情况，分析其价值、特点、问题和潜力，为规划与设计提供科学依据。这需要采用多种方法，如文献研究、田野调查、咨询专家和公众等。评估的结果可以形成一份详细的评估报告，为下一步的规划与设计提供信息支持和指导。规划的目的是确定文化景观的发展目标、策略和措施，协调各方利益，为文化景观的实施和管理提供明确的框架。规划需要根据评估的结果，考虑多方面的因素，如历史文化保护、社区发展、旅游需求、环境影响等。规划的结果可以形成一份全面的规划方案，为下一步的设计实施提供路线图。设计的目的是创造出吸引人、功能齐全、和谐共生的空间环境。设计需要综合考虑美学、功能、技术、经济等多方面的因素，以求达到最佳的设计效果。设计的结果可以形成一系列的设计图纸和文本，为下一步的具体实施提供详细的指南。实施的目的是确保设计的质量和效果，控制成本和风险。实施需要有一套完善的管理体系和一支专业高效的团队，以及充足的时间和资源。实施的过程需要进行定期监控，并根据具体情况做出及时调整，以应对可能出现的各种问题和变化。评价的目的是了解文化景观的实际效果，提供改进的依据和建议。评价需要采用多种方法，如观察研究、问卷调查、数据分析等。评价的结果可以形成一份评价报告，为未来的规划和设计提供经验和教训。

三、文化景观的保护与利用

（一）保护理念：持续保护文化景观的意义

文化景观是人类文明的瑰宝，蕴含着丰富的历史、艺术、宗教和社会意义。它们记录着过去的故事,传承着人类智慧的结晶。保护文化景观,就是保护文化根基,让人们能够更好地了解和欣赏自己的历史文化。每个地区的文化景观都是独一无二的,代表着当地人民独特的生活方式、信仰体系和价值观。保护文化景观,可以维护和文化多样性,促进文化交流与对话,增进各地区之间的理解与友谊。保护文化景观意味着保护环境、促进社会的经济发展与公平性。由于文化景观与自然环境相互交织,因此保护文化景观就是保护自然生态系统的完整性和健康,从而使其能够持续地为人类提供资源和服务。从另外一个角度来看,文化景观是人们传递给下一代的宝贵遗产,是培养身份认同感、民族自豪感和社会凝聚力的重要因素。通过保护文化景观,人们可以为后代留下丰富的遗产,让他们能够在自己的文化传统中找到归属感和自信心。

(二)保护方法:实践中的文化景观保护手段

在物质保护方面,修复与保护建筑是重要手段之一。通过历史文献研究、考古发现和建筑专业知识,对古建筑进行修复和保护,使其恢复原貌,并通过采取措施防止对其造成进一步的损害。此外,对文化景观的自然环境也要进行保护,包括保护植被、水体和土壤等自然要素,以维持景观的完整性和可持续性。非物质保护则更注重文化的传承和活化。记录和研究是非物质保护的重要手段,具体来说,收集口述历史、文献资料和社区记忆是记录和研究的主要方式,而文化景观的历史背景、传统知识和技艺则是记录和研究的主要内容。除此之外,传播和教育也是非物质保护的关键环节,通过展览、讲座、工作坊等形式,向公众传递文化景观的价值和意义,培养人们对文化景观的认知和关注意识。

(三)可持续发展:兼顾保护与利用

保护和利用应该相互支持、相互促进,以实现文化景观的可持续发展。

保护是文化景观可持续发展的基础。通过采取物质和非物质保护措施,保护文化景观的物质和非物质元素的完整性和独特性。这包括维护和修复建筑遗址的物质形态，记录和传承历史记忆。保护的目的是确保文化景观的历史文化价值得到保留，以供后代传承和欣赏。

利用是文化景观可持续发展的动力。通过合理利用文化景观的资源和价值，可以为社区带来经济、社会和环境效益。通过旅游吸引游客前来参观和体验文化景观，在一定程度上为社区创造了一定的就业机会和经济收入。与此同时，教育活动的开展，可以提升公众对文化景观的认知和理解。另外，利用需要遵循一定的原则。一是要尊重和保护文化景观的价值和独特性，避免过度商业化和消费化，防止文化失真现象的出现。二是要注重社区参与和共享，使社区成为利用的主体和受益者，促进社区的经济、社会和文化发展。三是要遵循可持续发展的原则，平衡保护和利用的关系，确保文化景观能够长期存在并持续发展。

四、文化景观的营销与推广

（一）有效推广文化景观的方法

要想有效推广文化景观就需要深入理解其内涵和价值，并结合目标受众的需求和兴趣，制定出有针对性的营销策略。例如，通过举办文化活动和旅游节，展示文化景观的魅力，吸引游客和公众的参与；通过与商家、企业等进行合作，推出相关的产品和服务，如纪念品、旅游线路、体验课程等，将文化景观转化为经济价值；通过故事营销，传播文化景观的历史、文化、人物等故事，引发公众的共鸣和关注。

（二）新媒体在文化景观营销中的应用

新媒体已经成为文化景观营销的重要工具。它们具有传播速度快、覆盖面广、互动性强的特点，可以有效地推广文化景观。例如，创建和管理社交媒体账号，如Facebook、Instagram、微信公众号等，可以发布文化景观的图片、视频、故事等内容，吸引用户的关注和互动。具体表现在以下几方面：第一，利用社交媒体的分享和转发功能，可以扩大文化景观的传播范围，吸引更多的目标受众。第二，建立专业的网站和移动应用程序（APP），可以向用户提供详细的文化景观介绍、线上导览、预订服务等功能。第三，优化用户界面和用户体验，可以方便用户获取信息、进行预订和参观，提高用户的便利性和满意度。第四，制作和发布有关文化景观的宣传视频，包括介绍、导览、故事等，以视觉和声音的表现形式，来吸引用户的注意力，加深用户对文化景观的认知和兴趣。除此之外。还可以通过视频分享平台，如YouTube、抖音等，扩大视频的传播范围，吸引更多的观众。利用智能导览系统和推荐算法，为用户提供个性化的文化景观导览和推荐服务。根据用户的兴趣、偏好和位置信息，推荐适合其参观的文化景观和相关活动，从而更好地提升用户的体验和满意度。

（三）如何打造文化景观品牌

打造文化景观品牌是一个系统性的工程，其成功的关键在于深度挖掘文化景观的独特性，并将其有效地传达给公众。通常来说，确定品牌定位是打造文化景观品牌的首要任务。这个过程需要对文化景观的核心价值进行深入剖析，如其历史价值、文化价值、艺术价值、社区价值等，并基于此，明确品牌的市场定位和角色。例如，某个古镇的品牌定位可以是"千年古镇，历史的见证者"，以此来反映其深厚的历史文化底蕴。在确定了品牌定位之后，便需要创建符合品牌定位的品牌形象。品牌形象是品牌的视觉表达，通过Logo、色彩、字体等视觉元素，将品牌的特性和精神内涵体现出来。以上述提到的古镇为例，其品牌形象可以是复古风格，色彩以暖色为主，以此来体现其历史的韵味和温暖的社区气氛。构建品牌故事是打造文化景观品牌的重要环节，因为故事能引发公众的情感共鸣，使他们更容易理解和接受品牌的内涵与价值。一般情况下，品牌故事可以从文化景观的历史背景、文化意义、社区生活等方面入手，讲述其独特的人文情怀和社区记忆。比如，古镇的品牌故事可以取材于古镇的历史变迁，抑或是古镇居民世代传承的手艺。

五、文化景观的社区参与与教育

（一）社区在文化景观中的地位和作用

社区居民是文化景观的直接使用者和实践者。他们的日常生活、节庆活动、民间艺术等都是文化景观的重要组成部分。这些具有本地性的活动和习俗不仅丰富了文化景观的内容，也为文化景观注入了生活的气息和动态的活力。从老街的早市，到广场的舞蹈，从家家户户的年画，到街头巷尾的手工艺，这些都是社区居民对文化景观的独特贡献。他们的行为和选择，对文化景观的形态和功能产生了直接和深远的影响。比如，他们会选择在哪里休息、交流，哪些地方应该被保留下来，哪些习俗和技艺值得传承，这些都会直接影响到文化景观的演变和发展。社区居民对文化景观的认同感和归属感，是对文化景观的尊重和保护的重要基础。他们视文化景观为共同的家园和身份的象征，愿意投入时间和努力，为其保驾护航。这种对文化景观的热爱和敬重，使得文化景观得以抵御外部的冲击，保持其本质的完整和连续。社区居民通过日常的实践和节庆活动，对文化景观进行了有效的传承。他们用手中的工具，用口中的语言，用心中的情感，将文化景观体现出的精神和智慧，一代又一代地传递下去。这是保持文化景观活力的关键。

（二）激发社区居民对文化景观的参与热情

激发社区居民对文化景观的参与热情，是文化景观保持持久活力的重要保证。为实现这一目标，实践中有许多有效的方法和策略可以参考和借鉴。例如，开展各类文化活动是激发社区居民参与热情的重要手段之一。展览、讲座、工作坊等形式多样的活动，不仅能让居民近距离了解文化景观的历史背景、文化内涵和社会价值，激发他们的认知和兴趣，还能让他们亲身参与和体验，感受文化景观的独特魅力。比如，举办历史照片展览，让居民在回忆和讲述过去的同时，也能对当地的文化景观产生更加深刻的理解和感悟；开设手工艺工作坊，让居民在动手实践中，体验传统文化的智慧和魅力；设置社区志愿者，让居民直接参与文化景观的保护、管理和推广。社区志愿者的角色能够在一定程度上提升居民的归属感和责任感，为他们提供展现自我价值、服务社区的机会。比如，让志愿者参与文化景观的清理、修缮，或者成为文化景观的讲解员，向来访者介绍本地的历史文化。这样的参与过程，不仅能增强居民对文化景观的认同感，也能让他们在服务中获得满足感和自豪感。通常来说，鼓励居民分享自己的故事和记忆，是挖掘文化景观的人文内涵，增加居民参与感的有效途径。可以说，每个居民都是文化景观的见证者和参与者，他们的经历和记忆就是文化景观的生动注解和情感连接。通过口述历史、故事会等形式，让居民讲述自己与文化景观的故事，分享自己的感受和思考，不仅能让更多人了解和欣赏文化景观，还能让居民感到被尊重和被认同。

（三）文化景观教育在社区的实施

实施文化景观教育是培养社区居民对文化景观理解和尊重的有效方式。这可以通过设立文化景观课程，让居民全面了解文化景观的历史背景、文化内涵、生态价值等方面的知识，以及文化景观的独特魅力和重要意义。这些课程形式可以是多种多样的，如讲座、研讨会、线上课程等，内容涵盖历史、艺术、科学等多个领域，让社区居民多角度、多维度地了解和欣赏文化景观。这样的学习过程不仅能增强居民的文化素养和环保意识，还能培养他们对文化景观的认同感和归属感。与课堂学习相比，实地参观和体验的方式更能让社区居民直观感受到文化景观的风貌和氛围，以及了解其特色和价值。比如，组织社区居民参观古建筑，让他们亲眼看到古代工匠的巧夺天工，亲身感受古建筑的壮美和韵味；安排他们在公园或自然保护区内徒步，让他们亲近自然，感受生态环境的魅力。这些活动不仅能增强居民的审美能力和环境感知力，还能让他们对文化景观产生深厚的感情。再者，引导和支持社区居民参与文化景观的保护和创新也是非常重要的。这样的参与不仅能让居民有机会实践自己的想法和技能，还能培养他们的创新精神和社会责任感。比如，鼓励他们为社区公园提供设计建议，或者参与社区文化活动的策划和组织。

这样做，不仅能让文化景观更贴近居民生活和满足居民需求，还能让居民在实践中体验到成就感和满足感。

第二节 主题公园模式研究

如今，主题公园作为一种新兴的大型娱乐休闲场所越来越受到大众的欢迎和青睐，为人们提供了独特而丰富的体验。主题公园以其独特的概念和精心设计的环境，吸引着游客的关注。但是，主题公园的成功并不只是源于能够为大众提供娱乐消遣，更重要的是可以为大众创造一个独特的体验世界。本节主要从以下几点对主题公园模式进行研究，如图5-2所示。

图 5-2 主题公园模式研究要点

一、主题公园的概念与分类

主题公园是指以营利为目的兴建的，占地、投资达到一定规模，实行封闭管理，具有一个或多个特定文化旅游主题，为游客有偿提供休闲体验、文化娱乐产品或服务的园区。

主题公园主要包括以大型游乐设施为主体的游乐园，大型微缩景观公园，以及提供情景模拟、环境体验为主要内容的各类影视城、动漫城等园区。政府建设的各类公益性的城镇公园、动植物园等不属于主题公园。

二、主题公园的创新与设计

(一) 设计原则：以主题引领的公园创新设计

设计原则是主题公园设计的指导思想，它塑造了公园的整体氛围和特色。在所有的设计原则中，以主题引领的公园创新设计原则具有不可替代的作用，因为它能赋予公园独特的魅力和凝聚力。

主题是主题公园的核心和灵魂，是吸引访客的关键因素。公园的主题是其身份的标识，是区别于其他公园的主要特征。因此，在公园设计中，主题的选择和表达就显得尤为重要。设计师需要精心策划，创新思考，使设计方案紧紧围绕主题展开，强调主题的一致性和持久性，确保各个设计元素都能与主题紧密关联。以主题引领的公园创新设计不仅能够提升公园的独特性，还能创造出富有吸引力的体验场景。主题的创新运用，可以激发设计师的创造力，通过更加多元化、个性化的设计语言，打造出独具特色的公园环境。在主题公园中，无论是建筑设施、景观装饰，还是互动活动，都应贯穿主题元素，将主题的内涵和情感深度淋漓尽致地展现出来。对于访客来说，公园的主题不仅是他们选择参观的重要依据，更是他们体验过程中的重要参照。因此，主题的明确性和连贯性，以及主题与公园设计的契合程度，对于提高访客的满意度和忠诚度，增强公园的竞争力具有决定性的影响。而对于公园运营者来说，主题的创新运用也是提升公园品牌影响力和市场份额的有效途径。主题的鲜明和独特，不仅能吸引不同的目标群体，还能引发社会的关注和讨论，从而提升公园的知名度和口碑。

(二) 互动体验：强调参与性的主题公园设计

互动体验在主题公园设计中占有至关重要的地位，它通过实现游客的亲身参与，将游客由被动的旁观者转变为主动的体验者，从而让他们能够深度融入公园的主题之中。

设计师在规划设计过程中，需要理解和预测游客的需求和兴趣，根据不同的主题和目标人群，设计出富有互动性的娱乐设施和活动。比如，对于以科技为主题的公园，设计师可以考虑添加VR体验、远程控制机器人等高科技元素；对于以历史为主题的公园，则可以设计历史人物角色扮演、考古挖掘模拟等活动，使游客能够身临其境地感受历史的魅力。主题公园也可以通过设置一些具有挑战性和竞技性的互动活动，如探险寻宝、团队竞赛等，增强游客之间的互动和沟通，提升他们的参与度和满意度。互动体验还可以通过集成社交媒体和在线互动平台，让游客在体验的同时能够与他人分享自己的感受和故事，从而不断提高主题公园的知名度和影响力。设计师在进行互动体验设计时，也需要充分考虑到安全性和便捷性问题，确保每一位游客都能在安全、舒适的环境中享受到丰富的互动体验。

（三）文化融合：将地方文化融入主题公园的设计

地方文化在主题公园设计中的运用，既是对地方文化的一种展现，也是对地方文化的一种传承。地方文化内涵丰富，包括一个地区的历史文物、古典建筑、风土民俗等多个方面。它们本质上都是文化的构成元素，将这些文化元素融入主题公园的设计中，可以使主题公园与其所在的城市和社区建立起更为紧密的联系。此外，地方的建筑风格、艺术、音乐、故事和民俗活动，这些都是能够代表地方文化的元素，也是吸引游客的重要因素。如果主题公园位于历史文化积淀深厚的地区，那么可以考虑在主题公园的设计中加入当地的建筑风格，甚至可以复制一些历史上重要的地标建筑。与此同时，主题公园的配色、装饰、标志、宣传材料等也可以借鉴当地的艺术风格和符号。此外，主题公园还可以通过举办各种与当地文化相关的活动，如民俗节庆、音乐表演、艺术展览等，进一步展示地方文化魅力。如果主题公园位于一个以音乐或艺术闻名的地区，那么可以将这些元素纳入主题公园的设计之中。例如，可以设立专门的表演场地，用于举办各种音乐会和艺术展览，甚至还可以通过设置互动体验区，让游客亲自体验音乐创作或绘画的过程。主题公园不仅可以通过音乐系统，播放当地音乐作品，甚至还可以请来当地的艺术家进行现场表演。这样的设计不仅可以为游客提供丰富的娱乐活动，还能让他们在游玩的过程中接触和欣赏到当地的艺术文化。再如，如果主题公园位于一个有特殊民俗或传统活动的地区，那么可以考虑将这些活动纳入主题公园的日常运营之中。具体来说，可以在特定的节日或纪念日里，举办相关的民俗活动，如舞狮、龙舟赛、篝火晚会等，同时可以在主题公园中设立特色摊位，售卖当地的手工艺品和特色食品。如此一来，游客在参观主题公园的同时，也能够了解和体验到当地的民俗风情和传统习俗。

将地方文化融入主题公园的设计，还可以提升游客对于主题公园的认同感。当游客在主题公园中看到熟悉的文化元素时，他们会有更强烈的归属感，也会与主题公园建立更深的情感连接。对于外地游客来说，他们可以通过主题公园的设计活动，了解并感受到当地的文化，这也会给他们留下深刻的印象。

（四）灵活性设计：应对变化需求的主题公园设计

在这个日新月异的时代，灵活性对于主题公园设计的重要性不言而喻。无论是社会文化的转变，还是科技的革新，抑或是游客需求的变迁，都对主题公园提出了不断适应并更新自己的挑战。因此，一个成功的主题公园设计，必须具备一定的灵活性，能够随着环境和条件的改变而进行适当的调整。从设施的设计上来看，灵活性体现在多功能性上。一个设施如果只具有单一功能，那么当这个功能不再被需要或者有新的需求出现时，这个设施就可能会面临被淘汰的命运。但是，如果一个设施设计具有多功能性，那么它就拥有了更大的生存空间。例如，一个演出场地在没有演出时可以作为游客休息的场所，一个餐饮区在夜晚可以变为观景平台等。如此一来，主题公园的设施在满足游客不同需求的同时，也能够提高自身的利用率。从空间的布局上来看，灵活性体现在可重组性上。如果一个主题公园的空间布局是固定不变的，那么一旦需要改动，就可能会面临巨大的困难和成本压力。但是，如果一个主题公园的空间布局是可重组的，那么就可以根据需要随时进行调整。例如，一个活动广场可以根据活动的类型和规模进行空间布局的调整，一个展览区可以根据展览的内容和形式进行空间的重新组合等。这样的设计不仅可以灵活应对各种变化，还可以为主题公园带来无限的可能性。从游戏项目的设计上来看，灵活性体现在可升级性上。随着科技的发展，越来越多的高科技元素正在融入各种游乐项目中，如VR、AR等。而游戏项目的设计如果具有可升级性，就能够及时吸纳这些新元素，保持项目的新鲜感和吸引力。例如，一个模拟驾驶的游戏，可以随着汽车技术的不断进步而逐步升级；一个角色扮演的游戏，可以根据流行文化的变化而引入新的角色和剧情等。这样的设计不仅可以提高游客的游玩体验，还可以提升主题公园的竞争力。

三、主题公园的运营与管理

（一）服务优化：提升主题公园的服务质量

对于任何一个主题公园来说，服务质量直接决定了游客的满意度和再次光顾的可能性，也影响着主题公园的声誉和品牌形象。而服务质量的提升，需要从多个层面进行考虑和实践。游客踏入主题公园的那一刻，主题公园的导览信息就成为他们的第一导航。清晰易懂的导览信息能够帮助游客在短时间内了解主题公园的布局，有效规划自己的游览路线。为此，主题公园可以设计图文并茂、直观明晰的导览图，设置多语种的语音导览系统，甚至可以提供专门的移动APP，使得游客能够随时获取最新、最全的主题公园信息。与此同时，购物和餐饮服务的便利性也对游客的满意度产生着影响。主题公园内应设置足够多且分布合理的餐饮购物点，这样做，既可以满足游客的基本需求，又能在一定程度上避免人群过于集中。另外，主题公园还可以推出多样化的餐饮选择，满足不同游客的口味；推出与主题公园的主题相关的特色商品，满足游客的收藏纪念需求。此外，对于一些必须排队等待的项目，如何优化等待过程也是提升服务质量的重要一环。例如，可以通过数字化管理系统合理分配游客的等待时间，避免因排队时间过长而影响游客的游玩体验，同时可以通过在等待区设置一些小型的娱乐设施或者互动环节，使游客在等待过程中不会感到无聊。

硬件设施的完善只是提升服务质量的一部分，更重要的还是要提升服务人员的专业素养。主题公园的员工是与游客直接接触的一方，他们的言谈举止、专业能力直接影响到游客的感受。因此，主题公园需要定期对员工进行专业培训，让他们具备良好的职业素养和专业知识，能够在面对游客的各种需求时及时提供专业、友善的服务。

（二）安全管理：确保主题公园的运营安全

主题公园应定期进行设施的检查、维护和更新，以确保其安全运行。这包括设备的结构、材料、电气系统等方面的安全性检查，以及设施的操作规程和安全标准的制定。员工应接受专业的培训，掌握设备操作技能，并熟悉应对突发情况的紧急处理措施。主题公园应建立健全的安全管理制度，包括防火、防盗、防灾等方面的措施。这涉及建筑物完备的防火安全设施、畅通的消防通道、健全的防盗措施等。主题公园内部应设置安全标识和警示牌，为游客提供安全指引和警示信息，加强园区巡视和监控，以确保主题公园安全。主题公园还需要制定应急预案，明确各类突发事件的处理流程和责任分工。一般情况下，培训员工还应具备应对突发事件的应急处置能力，包括组织人员疏散、急救等技能。与此同时，与当地消防、医疗机构的合作也至关重要，这样可以确保在突发事件发生时，能够及时调动资源并迅速应对。

主题公园采取全面的安全管理措施，能够为游客提供安全可靠的游玩环境，增强公众对主题公园的信任度和满意度。因此，主题公园管理方应持续关注安全标准和技术的更新，不断改进安全管理措施，以应对不断变化的安全挑战，确保主题公园的运营安全。

（三）设施维护：保持主题公园的设施良好状态

主题公园的设施是为游客提供体验和服务的重要载体，直接影响着游客的体验感受。因此，需要定期对主题公园的设施进行检查和维护，包括游乐设施、硬件设施、信息设施等。通过细致全面的巡视和检测，主题公园可以及早发现设施存在的问题，如损坏、老化、缺陷等，以便采取相应的维修措施，确保设施的正常运行。根据设施的特性和使用情况，主题公园应制订合理的维护计划，包括定期保养、清洁、润滑、更换配件等。设施维护人员应按照计划进行维护工作，以确保设施的可靠性和持久性。设施维护人员还应接受专业的培训，熟悉设施的操作和维修方法，提高自身技术水平和维护能力。同时，设施维护人员也应与设备供应商保持密切的合作和沟通，从而能够及时获取设备供应商的技术支持和维修服务，以解决设备维护中遇到的各种问题。另外，设施维护还需要注重预防性维护，及时采取措施预防设施可能出现的问题。通过定期维护和检查，设施维护人员可以提前发现设施存在的潜在问题，避免设施的损坏和故障，确保设施的可持续使用。

（四）人员管理：精细化的主题公园员工管理

主题公园的员工是直接面向游客提供服务的重要力量。他们的素质和行为，会直接影响到主题公园的形象和服务质量。因此，主题公园应制定全面的培训计划，包括岗位培训、服务技能培训、安全培训等，确保员工具备必要的知识技能和专业素养。培训应注重实践操作，模拟真实场景，培养员工的应变能力和服务意识。建立良好的激励机制，可以在一定程度上提高员工的工作积极性和满意度。具体来说，公正的薪酬制度、晋升机会、奖励制度等都是激励员工的重要手段。此外，还可以设立员工参与决策的机制，鼓励他们提出改进建议和创新方案，从而增强员工的归属感和责任感。与此同时，主题公园管理层应与员工保持良好的沟通，了解他们的需求和困难，并积极解决问题。团队合作意味着员工之间的互相支持和协作，可以在很大程度上提高工作效率和服务质量。另外，重视员工福利和关怀也是员工管理的重要方面。主题公园应为员工提供良好的工作环境、合理的工作时间安排和福利待遇，关心员工的身心健康，为他们提供发展和成长的机会。

（五）盈利模式：多元化的主题公园盈利模式

多元化的盈利模式，可以帮助主题公园增加收入，提高其经济效益。这可以包括门票收入、餐饮和商品销售收入、赞助和广告收入、特许经营收入等。

门票收入是主题公园基本的盈利来源。主题公园可以根据市场需求和自身特色，设定不同的门票价格，提供不同的门票套餐，以吸引更多的游客。主题公园可以针对不同季节和节假日，制定不同的门票优惠政策，促进游客流量的增加。餐饮和商品销售收入是主题公园的重要盈利渠道之一。主题公园内的餐厅、小吃摊、商店等，均可以为游客提供各类美食和纪念品，以吸引他们消费。主题公园可以与餐饮和商品供应商进行合作，提供特色餐饮和定制商品，增加消费者的购买欲望。与此同时，主题公园还可以与相关品牌公司合作，进行赞助和广告合作，如在主题公园内设置广告牌、举办品牌活动等，从中获得收入。另外，主题公园还可以与当地企业合作，推出主题公园定制产品，进行联名推广，增加品牌曝光度和销售收入。还有一种盈利模式是特许经营，即将主题公园内的某些业务或设施进行特许经营，如租赁场地给第三方举办活动、将某个区域交由第三方经营等，通过特许经营费用和利润分成来获取收入。

四、主题公园的市场定位与品牌建设

（一）市场定位：主题公园的定位策略

市场定位是主题公园运营的重要策略之一，也是主题公园品牌形象塑造的基础。一个精准的市场定位，可以为主题公园的产品设计、服务规划、营销策略等提供清晰的指引。选择目标市场是市场定位的基础。主题公园需要明确自己的目标受众，如家庭、青少年、情侣等。通过研究目标市场的需求、兴趣和偏好，主题公园可以更好地满足他们的期望，提供符合他们喜好的主题和体验。主题公园的主题应具有独特性和吸引力，能够与目标市场产生共鸣。主题公园可以根据地域文化、历史背景、自然资源等因素，选择特定的主题，如历史文化主题、奇幻冒险主题、自然生态主题等，以打造与众不同的体验和故事。主题公园需要向消费者清晰地传达出他们可以提供的价值和体验。这可以包括提供家庭欢乐、教育启发、文化传承、创意探索等多种价值，以吸引目标市场的消费者。

要想获得精准的市场定位，需要不断地进行市场调研和分析，以了解目标市场的变化和消费者需求的变化。主题公园可以通过市场调研、消费者反馈、竞争对手分析等方式，及时调整和优化自身的市场定位策略，以保持竞争优势和满足消费者的需求。

（二）品牌建设：打造独特的主题公园品牌形象

品牌形象是主题公园在市场上脱颖而出，吸引和保持消费者的重要手段。一个独特、鲜明的品牌形象，可以提升主题公园的知名度，增强主题公园的市场竞争力。主题公园的名称应具有鲜明的特色，能够与主题紧密相连，传达出主题公园的核心价值和特点。名称应简洁易记，并能引起消费者的兴趣和好奇心。Logo 的设计要简洁、易辨识，能够代表主题公园的主题和理念，色彩选择应与公园的主题相协调，能够吸引目标市场的注意力，并在消费者心中留下深刻印象。主题公园的整体布局、建筑风格、景观设计等应与主题相契合，营造出独特的氛围和体验感。主题公园通过细致的主题设计，能够让消费者身临其境地感受到自身所要传达的故事和情感。品牌建设还离不开社交媒体的宣传与推广，通过广告、宣传片、社交媒体等渠道，向目标市场传递公园的独特魅力和价值。除此之外，品牌建设还需要与消费者互动、回应他们的反馈和需求，积极参与社交媒体的讨论和分享，建立起与消费者的紧密联系。

（三）营销策略：主题公园的有效营销手段

主题公园的营销策略是吸引消费者，增加主题公园收入的重要手段。一般来说，主题公园的营销手段多种多样。既可以在电视、广播、报纸等传统媒体上发布广告，以展示主题公园的特色和吸引力，也可以与相关的旅游机构、酒店、旅行社等进行合作，通过合作推广的方式来增加主题公园的曝光率。除了上述方式之外，主题公园还可以通过搭建精美的官方网站和社交媒体平台，发布有趣的内容和信息，实现与消费者的互动和沟通。利用搜索引擎优化、社交媒体广告、电子邮件营销等工具，提高主题公园在网络上的曝光度和影响力。与此同时，现代的大数据营销也能为主题公园带来巨大的发展机遇。通过分析大数据，了解消费者的喜好、兴趣和消费行为，主题公园可以有针对性地制定营销策略，为消费者提供个性化的推荐和定制化的服务。此外，主题公园还可以通过大数据分析预测市场趋势，及时调整营销策略，以适应市场需求的变化。

（四）公关活动：主题公园的公关策略

主题公园的公关策略是在市场上提升主题公园形象、提高品牌认知度和美誉度的重要手段。精心策划和执行公关活动，可以与媒体、社区和企业建立良好的关系，从而扩大主题公园的影响力和受众群体范围。与媒体的合作是公关活动的关键。主题公园可以通过新闻稿、新闻发布会等方式向媒体发布重要信息和活动动态，以吸引媒体的关注和报道。例如，主题公园可以与主流媒体、旅游杂志、旅游博客等建立合作关系，通过报道和推广，将自身的特色和亮点传达给更广泛的受众；也可以与当地的酒店、旅行社、交通运输等企业建立合作关系，共同开展市场推广和营销活动。通过与企业的合作，主题公园可以拓展受众群体，增加访客数量以及提高消费者的满意度。

在公关活动中，公园还应注意主题公园形象的塑造和维护。具体来说，一是要提供优质的服务和独特的体验，以赢得游客口碑和好评。二是要保持透明度和真实性，积极回应公众提出的意见和建议，建立公开、互动的沟通渠道，以增强与公众之间的信任感和亲近感。

（五）口碑管理：维护和提升主题公园的口碑

主题公园应致力于提供令人满意的服务和独特的游乐体验。具体来说，员工应接受专业培训，热情友好地对待游客，耐心地为游客解答问题，为其提供及时的帮助。主题公园应保持设施的良好状态，确保游乐设施的安全性和操作流畅性。主题公园通过提供卓越的服务和无与伦比的体验，可以获得游客的好评和口口相传的良好口碑。与此同时，主题公园应建立健全的反馈机制，及时回应消费者的意见和建议，认真处理投诉，并采取有效措施解决问题。通过积极回应消费者的反馈，主题公园可以树立起专业、负责任的良好形象，从而提升消费者的满意度和忠诚度。除此之外，主题公园还可以通过各种渠道积极宣传正面的用户评价和游客的分享经验。一般来说，社交媒体平台、旅游评价网站、博客等都是有效的宣传工具。在此期间，主题公园还可以鼓励游客积极参与社区互动，分享他们的主题公园体验和照片，通过营造积极的口碑氛围，吸引游客前来体验，并增加公园的口碑影响力。此外，主题公园还应加强与媒体的合作，积极开展媒体报道和各种合作项目，以提升自身的知名度和口碑形象。总之，媒体的报道推广可以在一定程度上为主题公园赢得更多的曝光机会，从而加深公众对主题公园的认知和理解。

五、主题公园的环境友好与可持续发展

（一）环境保护：主题公园的环境保护措施

大规模的人员流动和活动无疑会对环境产生一定的影响，如垃圾排放、水土资源消耗、生态破坏等。因此，主题公园需要通过采取一系列环保措施，对自然环境加以保护，从而实现自然环境的可持续发展。也就是说，在主题公园的规划和建设过程中需要尽可能减少对自然环境的破坏。这意味着在主题公园的设计和布局上，应该尽可能保留原有自然环境，如保护原有的植被和生物多样性，减少对地形地貌的影响，通过采取一定的措施来防止土壤侵蚀和水土流失。

主题公园可以利用现代科技手段，进行垃圾分类和回收，从而减少对环境污染。这不仅包括在主题公园内设置垃圾分类设施，引导游客进行垃圾分类，还包括引入先进的垃圾处理技术，如垃圾焚烧发电技术，这是一种通过燃烧垃圾，将其化学能转化为热能，再经过一系列设备，转化为电能的过程。这不仅减少了垃圾对环境的影响，也为能源回收带来可能性。主题公园内的餐饮、清洁等活动会产生大量的污水，这些污水若直接排放，将会对周边水源造成严重污染。因此，主题公园需要设立污水处理设施，通过物理、化学、生物等方法，将污水中的有害物质去除或降解，使其达到排放标准，从而促使水资源得到保护。

第五章 文旅融合发展模式研究

(二)能源利用：主题公园的能源效率提升

主题公园的运营涉及大规模的设备设施，包括游乐设施、照明设备、餐饮服务等，这些都需要消耗大量的能源。因此，主题公园的能源管理是其运营管理的重要组成部分。在可持续发展背景下，如何提高能源利用效率，减少能源浪费，成为主题公园亟待解决的问题。

对于主题公园来说，提高能源效率的途径有很多。第一，采用节能设备是最直接的办法。比如，采用LED照明设备代替传统的白炽灯，可以大幅度降低照明电力的消耗；主题公园游乐设施，可以选择那些能源消耗较低的设备，或者对设备进行改造，以降低其能源消耗。第二，利用可再生能源是提高能源效率的另一个重要途径。随着科技的发展，太阳能、风能等可再生能源的利用技术越来越成熟，成本也越来越低。一些主题公园已经开始在部分设施上使用太阳能，如太阳能路灯、太阳能热水器等。这不仅可以节约能源，还可以减少对环境的污染。第三，通过智能管理系统实现能源的精准供给，也是一种提高能源效率的有效方式。通常来说，智能管理系统可以根据主题公园的实际运营情况，对能源的供给进行调整。比如，在人流量较少时，可以通过降低设施的运行频率，或者调低照明的亮度，来减少对能源的浪费。

(三)可持续设计：主题公园的绿色设计

所谓绿色设计，是指在设计过程中充分考虑环保和可持续发展的因素，通过科学合理的设计，减少对环境的破坏，提高资源利用效率。建筑设计要充分考虑能源效率。比如，采用合理的建筑布局，充分利用自然光，减少照明的需要；使用节能材料，提高建筑的保温效果，减少空调的使用。与此同时，主题公园内的设施应尽可能采用节能、环保的设备。例如，主题公园内的垃圾桶可以设置垃圾分类，方便垃圾的回收利用；游乐设施应选择那些能源消耗较低的设备。除此之外，主题公园还应当有充足的绿化空间，这不仅可以为游客提供休闲的空间，还可以改善主题公园的微气候，降低温度，减少空调的使用。除了上述内容之外，合理的绿化布局还可以减少雨水的径流，减轻对城市排水系统的压力。

（四）社区参与：主题公园与社区的互动

主题公园与其周边社区的关系是相互影响、相互依赖的。一个成功的主题公园不仅能为游客提供愉快的娱乐体验，还能为当地社区带来经济效益和文化效益。因此，建立和维护好主题公园与社区的关系，是主题公园运营管理的一个重要部分。主题公园可以通过与社区的互动和合作，更好地融入本地文化。例如，主题公园可以通过参与社区的各种活动，如文化节、艺术展览等，实现与社区居民的交流，在了解当地历史文化的基础上，将这些元素融入主题公园的设计活动中。如此一来，主题公园不仅能为游客提供独特的本地化体验，还能为保护和传承当地文化做出贡献。此外，主题公园还可以通过各种方式，与社区居民建立密切联系，为社区居民提供优惠票价，鼓励他们常来主题公园游玩；开展志愿者活动，让社区居民参与主题公园的运营和维护，从而提高他们对主题公园的归属感。值得一提的是，主题公园的运营不仅可以为社区带来经济效益，还会带动当地的建筑、餐饮、旅游等行业的发展，提供大量的就业机会。同时，主题公园的游客也会为社区带来消费，从而推动社区经济的发展。

（五）可持续发展：主题公园的长期发展规划

可持续发展是主题公园的最终目标。在面对竞争激烈的市场环境和日益变化的消费需求时，主题公园需要有明确的长期发展规划，只有这样，才能保持竞争优势。具体来说，主题公园需要不断优化服务和设施，以提升品牌影响力。这包括持续提升游客体验，如为游客提供更便捷的预订系统，更舒适的游玩环境，更丰富的娱乐项目等；定期更新设施，以保持主题公园的新鲜感。除此之外，主题公园需要有足够的灵活性，能快速应对市场变化。例如，随着科技的发展，VR、AR等新技术的应用越来越广泛，主题公园也需要及时引入这些新技术，从而更好地为游客提供新的游玩体验。需要注意的是，主题公园在追求经济效益的同时，也应关注自身对环境和社区的影响。这包括减少主题公园运营对环境的污染，实现资源的高效利用，通过对社区进行投资，支持社区的发展，实现主题公园与社区的共同繁荣。只有这样，主题公园才能实现经济、社会和环境的三重底线，实现真正的可持续发展。

第三节 特色小镇模式研究

特色小镇模式作为当前城镇发展的重要趋势之一，已经成为推动地方经济增长和文化传承的有效途径。本节将探讨特色小镇的内涵与类型、策划与建设、产业融合与振兴、文化传承与创新以及旅游开发与服务的相关内容，如图 5-3 所示。

图 5-3 特色小镇模式研究要点

一、特色小镇的内涵与类型

（一）特色小镇的内涵

特色小镇是指依赖某一特色产业和特色环境因素，如地域特色、生态特色、文化特色等，打造的具有明确产业定位、文化内涵、旅游特征和一定社区功能的综合开发体系。它既不是单一的旅游风景区或产业园区，也不是传统的建制镇，而是集多种功能为一体，城乡一体化的城镇化新型模式。要做好特色小镇，必须对其内涵进行深入的了解和挖掘。

（二）特色小镇的类型

根据当地产业、文化、民俗等，可将特色小镇分为以下四类。

1. 文化历史小镇

重视历史、研究历史、借鉴历史是中华民族的优良传统。当前，历史传统保护与文化传承问题越来越受到社会各界的重视。打造文化历史小镇，自然就得挖掘该小镇深远的文化内涵，延续历史文脉，传承民族文化特色，依托民族文化、民俗文化、历史遗产等，通过多种资源整合，形成独一无二的特色品牌。

2. 特色休闲小镇

休闲特色小镇的重点自然离不开"休闲"。在打造休闲特色小镇时，需要依托当地的自然资源，进行多元化的开发。诸如城郊休闲型小镇、康养小镇等，将多种功能融为一体，成功地打造出独具魅力的特色休闲小镇。

3. 特色创新产业小镇

特色创新产业小镇的发展需要紧跟时代的步伐，及时融入科技元素等。通常而言，此类小镇具备得天独厚的区域优势、人才优势、资源优势、创新优势及政策优势等，专注于创新和发展。山东省淄博市淄川区昆仑镇"1954"陶瓷文化创意产业园就是一个较好的例子，该园区还相继开发建设了博物馆、体验馆等体验项目。

4. 生态旅游小镇

打造这一类小镇时，要利用原有的生态景观进行科学选址，以生态观光为主，确保生态环境良好，既适宜居住，又适宜旅游。其产业特点为以绿色低碳为主，可持续性较强。

二、特色小镇的策划与建设

（一）小镇定位：特色小镇的独特性与定位策略

在确定小镇的定位时，需要考虑到其独特的资源和特色，以及目标市场的需求和趋势。定位应该与小镇的自然环境、文化底蕴、社区历史、地理位置等内在条件相匹配。特色小镇应该有着与众不同的特色和优势，通常包括特色产业、文化传统、历史遗迹、自然环境等方面。这些独特性可以成为小镇吸引力的核心，能够使其在市场中与其他城市和景区区别开来。除此之外，定位还应与目标市场的消费者需求相一致。如果目标市场是寻求文化体验和艺术创意的年轻群体，那么小镇的定位可以注重文化创意产业的发展，打造年轻人喜爱的创意艺术氛围。定位策略应该明确小镇的目标市场、目标客户、竞争优势等。这可以通过市场调研、竞争对手和目标客户需求分析，来确定小镇的核心竞争力和定位方向。在制定定位策略时，需要综合考虑小镇的资源、市场需求、发展潜力等因素，以确保定位的准确性和可行性。

（二）规划设计：特色小镇的空间规划与设计

特色小镇的规划设计是实现其定位策略的关键环节。规划设计应该以小镇定位为基础，充分考虑小镇的功能区划、交通布局、公共空间、绿化景观等因素，以创造舒适、便利、美观的环境。

在进行空间规划设计时，应考虑到小镇的功能区划。根据小镇的定位和发展目标，确定产业区、商业区、居住区、休闲区等功能区的位置布局。不同功能区之间应该相互衔接、相互支持，形成良好的产业链和生活环境。交通布局也是规划设计的重要考虑因素之一。合理的交通布局能够提供便捷的出行方式，满足居民和游客的交通需求。合理规划主干道、次干道、步行街、自行车道等，可以满足不同的交通方式需求，减少交通拥堵和安全隐患。公共空间的设计是创造宜居环境和提供社交互动的重要环节。设计公园、广场、街头艺术等公共空间，能够为居民和游客提供休闲、娱乐和交流的场所。公共空间的设计应注重美观性、舒适性和多功能性,尽可能地满足不同人群的需求。绿化景观是提升小镇环境质量和居民生活品质的重要元素。在规划设计中,应注重保护自然环境和生态平衡,合理布局绿地、公园和景观区,打造宜人的生态环境,为居民和游客提供自然景观和休闲娱乐空间。

通过合理的规划设计,特色小镇能够创造出与其定位相符的宜居环境和特色氛围,吸引人们前来居住、旅游和投资。规划设计需要综合考虑小镇的定位、资源、需求等多方面因素,与相关部门和专业人士进行充分的沟通和协商,以确保规划的科学性和可行性。

(三)基础设施:特色小镇的基础设施建设

基础设施是特色小镇运行的基础,为居民和游客提供了基本的生活和工作条件。在特色小镇的策划与建设过程中,必须注重基础设施的规划和建设,以满足群众日益增长的需求。道路网络的规划建设要考虑到日常的交通流量和群众的出行需求,合理布局主干道、支路和交通节点,确保群众出行的畅通与便捷。此外,停车场、自行车道、步行街等设施也应该得到充分考虑,从而更好地为居民和游客提供便利的交通环境。供水设施的规划建设要保证居民和商业用水的稳定供应,注重水资源的合理利用和保护。供电设施的规划建设应满足居民和商业用电的需求,引入可再生能源和能源节约技术,实现可持续发展。宽带网络的覆盖和高速连接的提供可以满足居民和企业的信息化需求,促进信息的交流和共享。信息显示板和导览系统的建设可以为游客提供准确的信息导航服务,从而提升游客体验。此外,公共设施的规划建设也是特色小镇基础设施建设的重要方面之一。公共设施通常涉及公厕、座椅、垃圾桶等,能够为居民和游客提供舒适的公共环境,从而提升居民、游客的居住和旅游体验。公共设施的维护和管理也应得到重视,这要求保持设施的良好状态和卫生条件。在基础设施建设过程中,还需要考虑小镇的发展需求、资源利用效率、环境友好性等方面的平衡。总而言之,合理地规划建设基础设施,能够为特色小镇的发展提供良好的支撑,提升居民和游客的生活质量和满意度。

(四)环境保护：特色小镇的环境保护

特色小镇的环境保护是维护其生态健康、文化原貌和生活质量的重要任务，涉及自然保护、文化保护和资源保护等多个方面。通过采取有效的环境保护措施，可以最大限度地保持小镇的自然美景、独特文化和可持续资源利用。特色小镇通常拥有独特的自然生态环境，包括山川、湖泊、森林等。第一，在规划和建设过程中，需要合理保护自然资源，防止其被破坏和污染，要注重生态恢复和保护，保持生物多样性和生态平衡。第二，在规划和建设过程中，需要注重文化保护，保护历史建筑、传统手工艺和民俗文化，传承和发扬小镇的文化传统。特色小镇一般拥有丰富的历史文化遗产和传统习俗，这是小镇的独特魅力所在。特色小镇的发展依赖于资源的合理利用和可持续发展。因此，在规划和建设过程中，还需要注重节约资源，提高资源利用效率，推行循环经济和低碳发展理念，减少资源的浪费和污染。要想保证环境保护工作的顺利开展，需要制定相应的法规和政策，加强监督和管理，鼓励居民和企业的参与，从而形成全社会共同保护环境的良好氛围。只有保护好特色小镇的环境，才能保持其可持续竞争力。

三、特色小镇的产业融合与振兴

(一)产业挑选：特色小镇的产业选择与定位

特色小镇的产业选择关系到小镇的经济发展、环境保护和社区活力。在确定特色小镇的产业方向时，应该综合考虑多种因素，包括自然环境、历史背景、文化传统、社区优势等。

自然环境为小镇的产业选择提供了基础条件。例如，地处海滨的小镇可以发展海洋经济，如海鲜养殖、海岛旅游等；地处山区的小镇可以发展山地农业、生态旅游等。这些产业既能够充分利用自然资源，又有利于保护环境、维护生态平衡。深厚的历史背景和丰富的文化传统则为小镇的产业选择提供了独特的文化底蕴。例如，拥有悠久陶瓷制作历史的小镇，可以发展陶瓷工艺产业；有着丰富戏曲文化的小镇，可以发展戏曲旅游、非物质文化遗产保护等产业。这些产业不仅能够继承和发扬本地的文化传统，还可以吸引文化旅游的游客，从而增强小镇的吸引力。社区优势则为小镇的产业选择提供了人力资源和社会资本。例如，拥有众多陶瓷艺术家的小镇，可以发展陶瓷艺术的创作和教育工作；拥有丰富葡萄种植经验的社区，可以发展葡萄种植和葡萄酒制造产业。这些产业既能够带动社区就业，提高社区活力，也能够通过社区的参与和支持，提升产业的竞争力。产业选择完成后，小镇需要对其产业进行定位，以体现其产业特色。例如，基于陶瓷工艺的小镇可以定位为"陶瓷艺术之乡"，基于葡萄种植的小镇可以定位为"优质葡萄酒产地"。这种定位可以帮助小镇在竞争中脱颖而出，吸引投资和游客，从而推动产业的发展。

（二）产业融合：特色小镇的产业交叉与创新

产业融合是特色小镇发展中的重要策略之一，通过产业交叉与创新，能够实现不同产业之间的合作与融合。这种融合能够在很大程度上为特色小镇带来更多的经济机会和发展潜力。产业融合的关键在于将不同产业的优势资源进行整合，创造出具有创新性和竞争力的新产品、新服务和新业态。

一种常见的产业融合形式是将传统产业与文化创意产业相结合。将传统产业的技艺、工艺或产品与文化创意的设计、营销相结合，可以创造出独特而具吸引力的产品体验，从而提升产业附加值。例如，将传统手工艺品与现代设计相结合，打造出具有时尚与艺术气息的产品；将传统农产品与具有文化创意的包装、营销相结合，推出具有品牌特色的系列农产品。另一种常见的产业融合形式是将旅游业与其他产业相融合。旅游业作为一个横跨多个领域的产业，与文化、体育、农业、餐饮等产业的融合具有很大的潜力。将旅游资源与其他产业的产品和服务相结合，可以为游客提供多元化的旅游体验。例如，在特色小镇中，可以组织开展农家乐、手工体验、文化演出等旅游项目，为游客提供全方位的旅游服务。

产业融合需要建立合作机制和平台，以促进不同产业间的沟通与合作。政府通过提供政策支持和创新创业平台，可以促进产业融合的发展。产业融合也离不开创新思维和创业精神，因此鼓励企业家和创意人才积极参与产业创新，以激活产业创新活力。

（三）产业扶持：特色小镇的产业支持策略

通过政策、资金、技术和人才等多方面的支持，推动产业的发展和提升。产业扶持的目标是增强产业的竞争力，提高产业的创新能力，促进产业的可持续发展。

在政策支持方面，政府可以制定相关政策，提供税收减免、用地优惠、贷款贴息等优惠政策，降低企业的经营成本，从政策上扶持特色小镇。此外，政府还可以建立产业扶持基金，为特色小镇的产业发展提供资金支持。在资金支持方面，政府可以设立专项资金，通过补贴、投资、贷款等方式，支持特色小镇产业的研发、生产、市场拓展等方面的发展。资金支持可以帮助企业解决资金短缺问题，提高其投资能力和市场竞争力。在技术支持方面，政府可以组织专业机构提供科研、培训、咨询等方面的技术支持，提升特色小镇产业的技术水平和创新能力。技术支持可以帮助企业提高产品质量、降低生产成本，提升企业的核心竞争力。在人才支持方面，政府可以制定人才引进、培养、激励等政策，以吸引高层次人才和专业人才参与特色小镇产业的发展。人才支持可以在一定程度上提升企业的管理水平和创新能力，推动特色小镇产业的转型升级。

产业扶持需要政府、企业和社会各方的合作和共同努力。政府应加大对特色小镇产业的支持力度，提供有针对性的政策和资源扶持；企业应加强自身的创新能力和竞争力，积极参与产业发展；社会各界应形成共识和合力，共同推动特色小镇产业的发展。

（四）产业引领：特色小镇的产业引领作用

特色小镇作为一个独特的地方品牌和产业聚集区，具有产业引领的重要作用。第一，特色小镇的产业能够带动周边地区相关产业的发展。特色小镇通常聚集了一定规模和特色的产业，形成了完整的产业链和供应链，为周边地区提供了合作和发展的机会。通过引进优质的企业和产业项目，特色小镇能够带动供应商、配套企业和服务业的发展，形成产业集群效应，促进区域经济的繁荣。第二，特色小镇的成功经验和创新模式能够成为其他地区产业发展的示范。特色小镇在产业发展过程中积累了丰富的经验和成功案例，形成了一批具有核心竞争力的企业品牌。这些企业品牌通过示范效应，能够吸引其他地区的关注和学习，促进其产业的转型升级。除此之外，特色小镇的成功经验还可以成为其他地区产业发展的借鉴和参考，从而推动区域产业的整体提升。第三，产业引领还能够促进区域协调发展。特色小镇作为一个产业聚集的中心，能够吸引人才和资源的集聚，形成产业创新和合作的良好环境，由此推动特色小镇自身的发展，还能够带动周边地区的发展，实现区域协调发展。特色小镇的繁荣也会带来就业机会和经济效益，惠及周边居民，促进区域协调发展。

（五）产业可持续发展：特色小镇的产业持续发展策略

产业可持续发展是保证特色小镇长期稳定发展的关键。产业持续发展策略包括产业绿色化、产业循环化、产业智能化等方面。

产业绿色化是指通过采取环保和节能措施，实现产业的可持续发展。特色小镇通过采用清洁生产技术，可以在很大程度上减少对环境的污染和资源的消耗。例如，推广绿色包装和低碳物流，可以减少碳排放和能源消耗。由此可知，产业绿色化不仅可以降低环境风险，还可以在一定程度上提高产业的竞争力和市场认可度。产业循环化是指通过资源的减量化和再利用，实现产业的可持续发展。特色小镇可以通过推行废弃物的分类回收和循环利用，实现资源利用的最大化。例如，推广资源共享和系统优化，可以促进产业链的闭合循环。由此可见，产业循环化既可以减少资源浪费，又可以提高资源利用效率和经济效益。产业智能化是指通过信息技术和创新手段，实现产业的高效运行和创新发展。特色小镇一方面可以通过引入智慧生产技术，提高生产效率和质量，另一方面可以通过推行智慧服务和智慧管理，提升客户体验和企业管理水平。由此不难看出，产业智能化不仅可以提高产业的竞争力，还可以推动产业的创新和升级。

四、特色小镇的文化传承与创新

（一）文化认识：特色小镇的文化价值与意义

特色小镇犹如历史的容器，承载着一种独特的文化价值，这种价值源于历史积淀、地域特色以及民俗传统。这些不可复制的特性，使得每一个特色小镇都拥有一种无与伦比的魅力。因此，对于特色小镇而言，让公众理解并认识其文化价值至关重要，因为这是文化保护和传承的基础。小镇文化价值的体现并不仅仅局限于文化遗产的保存，在每一个小镇居民的日常生活中也渗透着小镇的文化价值。在这些小镇中，无论是建筑风格、饮食习惯，还是居民的言谈举止，都充满了浓郁的地域风格与人文风情。这种特有的生活方式，是小镇文化在日常生活中的体现，这在塑造小镇的独特性和吸引游客方面具有不可估量的价值。

除了上述内容外，小镇的文化价值还体现在社区精神和价值观念上。社区精神通常有团结互助、自力更生等，而价值观念则涉及尊老爱幼、勤劳节俭等，这些都是小镇文化的重要组成部分。这些社区精神和价值观念既体现了小镇居民的生活态度和人生哲学，又反映了小镇文化的独特魅力。每一位社区成员都是文化的传承者和创造者，他们的行为和观念也都深受小镇文化的影响。由此可见，小镇文化既是社区成员的共享记忆，又是他们对社区认同感的来源。这种对社区的深厚感情，使得他们更愿意参与小镇的发展和建设，从而推动小镇文化的传承和发展。

（二）文化保护：特色小镇的文化保护策略

特色小镇的文化保护工作是一项系统工程，只有深入理解小镇的文化内涵，才能制定出全面、科学、可行的保护策略。这种策略应涵盖小镇的物质文化遗产和非物质文化遗产，只有这样，才能实现文化的有效保护和传承。

1. 物质文化遗产

特色小镇的物质文化遗产通常包括独特的历史遗迹、建筑风貌和文物藏品等。在保护物质文化遗产时，需要进行详细的登记和评估，以确保能够准确把握其历史价值和文化意义。在此基础上，制定科学的管理和保护措施，如采用先进的保护技术，修缮和维护历史建筑，以避免自然和人为因素对其造成破坏。此外，制定相关法律法规，使得文化遗产的法律保护得以加强，确保其安全无虞。总而言之，通过采取这些措施，可以有效保护特色小镇的物质文化遗产，保持其独特的历史韵味和文化魅力。

2. 非物质文化遗产

特色小镇的非物质文化遗产包括传统技艺、民俗习惯、口述传统等。保护非物质文化遗产需要采取一系列的措施，使得非物质文化遗产能够得以传承和弘扬。一是要对非物质文化遗产进行调查和记录，了解其内涵和特点。二是开展相关培训和教育活动，传授相关技艺和知识，培养传承人和爱好者。同时，组织展览、表演、比赛等活动，展示非物质文化遗产的魅力，加深人们对它的认知和理解。三是要加强非物质文化遗产的保护工作，通过制定执行相关法律法规，确保其得以传承和发展。

（三）文化创新：特色小镇的文化创新方式

特色小镇的文化创新本质上是一种动态的、持续的过程，旨在通过引入新的思想、概念、技术和方法，丰富和发展小镇的文化内涵，提升其活力和竞争力。而这种创新并不意味着摒弃传统，而是在尊重和保护传统的基础上，开展新的尝试，创造新的价值。文化创新可以体现在对传统文化元素的重新解读和创新表达上，通过研究小镇的历史、民俗、传统手工艺等，找到其中的独特之处和时代价值，然后通过新的艺术形式、设计手法或者传播方式，使其在当下社会中焕发出新的生命力。例如，将传统的手工艺融入现代设计中，创造出独特的艺术品或者生活用品；利用数字媒体等技术手段，对传统文化进行现代化呈现。除此之外，小镇还可以根据当前的社会趋势，创新其文化活动的内容和形式，以吸引更多的游客。例如，可以通过举办音乐节、电影节等现代文化活动，来吸引文化爱好者；在小镇内引入现代艺术作品，打造文化艺术小镇。创新文化既需要保护环境，又需要推动小镇的经济发展。例如，研发与小镇文化主题相关的旅游产品，或者打造与小镇文化相关的品牌和特色商品，推动小镇的经济发展。

不论是对传统文化的创新还是新文化的创造，都需要有深刻的文化理解、开放的创新意识、丰富的创新手段和有效的创新机制。而且，这种创新并非孤立的，而是需要与多方利益相关者进行深度交流和合作，只有这样，才能共同推动小镇的文化创新和发展。

（四）文化传承：特色小镇的文化传承机制

文化传承是特色小镇发展的基石，尤其是对于那些拥有丰富历史和文化底蕴的小镇来说。文化传承机制是指一种体系化的、有序的文化传承方式。只有通过这种方式，才能使得小镇的文化元素和价值观得以代代相传，从而保证文化的连续性和完整性。

1. 构建全面的文化教育体系

在学校课程中增设本地历史文化的相关课程，可以让年轻一代从小就能够理解并尊重本地文化。与此同时，举办各类公共讲座、文化节等活动，也能让社区居民有机会学习和体验本地文化。更重要的是，这种教育不应仅仅停留在知识层面，而应尝试将其与实践相结合。比如，组织开展传统手工艺品的工作坊活动，让居民能够亲手体验和传承传统技艺。

2. 鼓励和支持社区居民参与文化传承

设立公开的工作坊、组织传统节日的庆祝活动等方式，让社区居民有机会参与文化传承的过程。这样做，不仅可以增强居民的文化自豪感，还有利于加强邻里亲情和社区认同感。

3. 运用现代科技进行文化传承

利用数字技术对传统文化进行记录和展示，可以让更多的人了解和欣赏到小镇的文化，也可以利用互联网和社交媒体，进行线上的文化传播和交流，让小镇的文化得以跨越地域限制，达到更广泛的影响力。

五、特色小镇的旅游开发与服务

(一) 旅游规划：特色小镇的旅游规划策略

1. 定位策略

特色小镇的旅游定位是制定旅游规划的首要步骤。一般来说，定位策略需要考虑特色小镇的核心特点和目标市场。第一，特色小镇应明确其独特的卖点和优势，如自然景观、历史文化、特色产业等。这将有助于该小镇与其他旅游目的地区别开来，并吸引特定类型的游客。第二，特色小镇需要根据目标市场的需求和特征，确定适合目标市场的旅游产品和服务。如果目标市场是家庭旅游，特色小镇可以开发儿童友好的景点和活动；如果目标市场是文化爱好者，特色小镇可以推出文化体验活动和文化交流项目。通过明确定位策略，特色小镇能够更好地满足游客的需求，提供独特而有吸引力的旅游体验产品。

2. 旅游产品多样化

特色小镇应设计多样化的旅游产品，以吸引不同类型的游客。这些旅游产品包括景点观光、文化体验、特色活动等。第一，特色小镇可以开发和打造独特的景观和景点，如自然保护区、历史遗迹、传统村落等。这些景点应注重保护和展示特色小镇的独特风貌和文化魅力。第二，特色小镇可以为游客提供丰富的文化体验，如传统工艺制作、民俗表演、文化展览等，从而让游客能够参与其中，感受当地的文化底蕴。除此之外，特色小镇还可以举办特色节庆活动，吸引游客参与，提升游客旅游体验的乐趣和互动性。特色小镇还可以结合当地特色美食，推出特色美食品尝和购物活动，以满足游客的消费需求。总之，通过推出多样化的旅游产品，特色小镇能够吸引不同类型和偏好的游客，从而提高当地旅游的吸引力和竞争力。

3. 基础设施建设

确保特色小镇的基础设施能够满足旅游发展需要，包括交通、通信、酒店、餐饮等方面的设施。第一，交通是特色小镇旅游的重要环节。特色小镇应该考虑交通的便捷性和多样性，为游客提供方便快捷的交通方式，如高速公路、铁路、航空等，以吸引游客来到特色小镇。除此之外，还可以通过规划公共交通线路、提供租车服务等，方便游客在特色小镇内的出行。第二，通信设施的完善也是特色小镇旅游的基础要素之一。特色小镇应提供良好的网络覆盖，包括无线网络和移动通信网络，以便游客与外界保持联系，并能享受到便捷的网络服务。第三，酒店和餐饮设施的建设对于特色小镇的旅游发展而言至关重要。特色小镇应该提供多样化的住宿选择，包括高档酒店、民宿、客栈等，以满足不同游客的需求。餐饮设施也应多样化，提供当地特色美食和各种口味的餐厅，使游客能够获得丰富的饮食体验。在进行基础设施建设的过程中，特色小镇应注重提升设施的品质和服务水平。这包括设施的舒适度、环境的整洁度、员工的专业素质等方面。特色小镇通过提供优质的基础设施，能够最大限度地提升游客的旅游体验，提高游客的满意度，进而吸引更多的游客到访。

（二）旅游产品：特色小镇的旅游产品设计

特色小镇的旅游产品设计是满足游客需求、展现小镇特色的重要手段。在设计旅游产品时，需要考虑以下几个方面。

1. 特色体验

特色小镇的旅游产品设计应突出小镇的特色和独特性，通过特色体验项目为游客带来独特的文化、艺术、自然等方面的体验。例如，针对具有丰富文化底蕴的小镇，可以设计文化体验项目，如传统手工艺制作、艺术展览、文化表演等，让游客能够深入了解小镇的传统文化；对于自然景观优美的小镇，可以设计自然体验项目，如徒步旅行、自行车骑行、观鸟等，让游客可以亲身感受小镇的自然风光。

2. 旅游线路

旅游线路设计是特色小镇旅游产品的重要组成部分之一。根据小镇的特色和资源，设计各类旅游线路，以满足不同游客的需求和兴趣。例如，针对历史文化丰富的小镇，可以设计历史文化线路，包括参观历史建筑、探索文化遗产等；针对特色产业发达的小镇，可以设计产业体验线路，让游客了解产业发展历程、参与特色产业的体验活动；针对自然风光优美的小镇，可以设计自然探险线路，让游客在欣赏美景的同时能探索自然奇观。

3. 活动项目

特色小镇的旅游产品设计应包括丰富多样的活动项目，从而满足游客多元化体验和娱乐的需求。这些活动项目可以结合小镇的特色和资源进行规划组织，如文化展览、音乐演出、传统工艺体验、户外探险等。特色小镇通过举办各种精彩活动，能够吸引更多的游客，增加他们在小镇停留的时间，并提升他们的旅游体验。与此同时，活动项目也可以促进小镇文化的传承和产业的发展，为当地居民提供就业和经济机会。

4. 服务质量

提供优质的旅游服务是特色小镇成功吸引游客和提升竞争力的关键所在。因此，特色小镇应注重培训和提升员工的专业素养，使其具备良好的沟通能力、服务态度和目的地知识。导游、接待员、餐饮人员等旅游服务人员应熟悉小镇的特色和旅游资源，并能为游客提供个性化、贴心的服务。特色小镇还可以通过建立完善的服务体系，提供便捷的信息咨询、安全保障和投诉处理等服务，确保游客在特色小镇的旅游过程中享受到高品质的服务。通常来说，优质的旅游服务不仅能提升游客的满意度和忠诚度，还能为特色小镇树立良好的口碑和形象，从而吸引更多游客的到访。

（三）旅游服务：特色小镇的旅游服务优化

1. 信息服务

特色小镇应向游客提供准确、全面的旅游信息，以帮助游客更好地了解特色小镇的景点、活动、交通等方面的重要信息。这可以通过官方网站、移动应用程序、导览手册等方式得以实现。一般而言，官方网站和移动应用程序可以向游客提供实时更新的信息，包括景点介绍、开放时间、门票价格、交通指南等，让游客可以在任何时间和地点获取所需信息。导览手册可以在游客到达特色小镇时发放，主要用来为游客提供详细的地图、景点介绍和旅游线路，帮助游客更好地规划行程。特色小镇通过提供准确、及时的旅游信息，可以促使游客的旅游体验得以提升，减少了信息不对称带来的困扰，在一定程度上增加了游客的满意度和忠诚度。

2. 接待服务

特色小镇应建立专业的接待团队，为游客提供热情友好的接待服务。接待团队应受过专业培训，具备良好的沟通能力和服务意识，能够耐心解答游客的疑问，并提供相关咨询和建议。在游客到达特色小镇时，接待团队应及时迎接并引导游客，为其提供必要的信息和帮助，确保他们能够顺利到达目的地。与此同时，接待团队还可以为游客提供个性化的服务，如定制旅游线路等，以满足不同游客的需求。特色小镇通过向游客提供专业的接待服务，促使游客能够感受到关怀和舒适，从而提升游客的满意度和体验感。

3. 导游服务

特色小镇应注重优秀导游的培养，因为他们在游客与特色小镇之间发挥着重要的桥梁纽带作用。因此，导游应具备丰富的知识和熟练的讲解技巧，能够生动地向游客介绍特色小镇的历史、文化、景点等方面的信息。与此同时，导游还应具备良好的沟通能力和亲和力，只有这样，才能够与游客建立良好的互动关系。导游可以通过讲解、解答疑问、分享趣闻等方式，使游客更加深入地了解特色小镇的独特之处。优秀的导游既可以提升游客的旅游体验，又能够增加他们对特色小镇的兴趣和好感。

4. 客户定制

特色小镇可以根据不同游客的需求，提供个性化的旅游服务，从而满足不同游客的期望和喜好。例如，针对高端客户或特定需求的游客，可以向其提供私人导游服务，让他们享受更为专属的旅游体验。除此之外，特色小镇还可以提供定制旅游线路服务，根据游客的兴趣和时间安排，设计出独特的旅游路线和景点参观顺序。另外，特色小镇还可以通过组织开展一些特殊活动，如主题派对、文化体验活动等，为游客制造独特而难忘的旅游记忆。通过客户定制服务,特色小镇可以为游客提供更加个性化和满意度高的旅游体验产品,从而增加游客的忠诚度和口碑宣传。

(四)旅游宣传:特色小镇的旅游宣传方式

1. 广告宣传

特色小镇可以通过报纸、杂志、电视、广播等主流媒体的广告投放,向广大受众宣传特色小镇的独特魅力和旅游资源。广告宣传可以突出特色小镇的核心卖点、景点亮点和旅游产品特色,以吸引目标游客的关注和兴趣。除此之外,特色小镇还可以通过在互联网平台上投放网络广告,利用搜索引擎营销、社交媒体推广等方式增加曝光度,以吸引更多游客访问特色小镇的官方网站或社交媒体账号。

2. 旅游展览

特色小镇可以通过申请参展,搭建展台来展示特色小镇的旅游产品和服务。通过旅游展览,特色小镇可以直接与游客、旅行商、媒体等建立联系,向他们传递特色小镇的独特魅力和旅游价值。展览期间,特色小镇还可以开展一系列推介活动,如主题演讲、文化表演、特色美食展示等,以吸引更多人关注。

3. 合作推广

特色小镇可以与旅行社、在线旅游平台、航空公司等进行合作,推出特色小镇的旅游产品套餐、优惠活动等。具体来说,与旅行社合作,可以将特色小镇的旅游产品纳入其旅游线路中,从而增加特色小镇旅游产品的曝光度和销售渠道;与在线旅游平台合作,可以提供特色小镇的在线预订服务,方便游客获取信息和进行旅游安排;与航空公司合作,可以推出机票优惠套餐,吸引更多游客选择特色小镇作为目的地。另外,特色小镇还可以通过与其他相关行业合作,如酒店、餐饮、购物等,共同推广特色小镇的旅游资源和服务。

（五）旅游管理：特色小镇的旅游管理模式

1. 规范管理

特色小镇可以设立专门的旅游管理部门或机构，负责协调和管理相关事务。在管理制度方面，可以明确责任和权力，建立起科学、规范的管理流程和程序。除此之外，还需要加强对旅游从业者的监管，确保其能够遵守相关法规和行业准则，从而更好地为游客提供优质的服务。培训也是规范管理重要的一环，通过对从业人员的培训和教育，增强其专业素养和服务意识，使他们能够为游客提供更好的旅游体验服务。

2. 保护管理

针对自然环境，特色小镇可以制定合理的保护措施，如控制游客流量、设立保护区域、推行生态修复等，以有效防止景区的过度开发和破坏。针对文化遗产，可以采取保护措施，如修缮和维护古建筑、建立文物保护区域、开展文化遗产传承等，以保护和传承特色小镇的文化价值。除此之外，还可以加强宣传教育，以提高游客的环境保护和文化遗产保护意识，使其能够共同参与保护工作。

3. 协同合作

特色小镇可以加强与相关部门、企业和社区的合作。第一，与当地政府部门合作，共同制定旅游发展规划和政策，协调资源配置和管理。合作通常涉及土地规划、交通建设、基础设施建设等方面，能够为游客提供良好的旅游环境和便利条件。第二，与企业合作，共同推动旅游产品开发和营销，互相借力，从而实现资源共享和互利共赢。合作一般涉及旅行社、酒店、餐饮等行业，通过合作创新，能够为游客提供更多元化、高品质的旅游产品和服务。第三，特色小镇还可以与当地社区合作，积极参与社区活动和文化传承，从而在旅游业与当地社区之间形成良好的互动影响力。

4. 旅游统计

在构建旅游统计体系时，特色小镇需要综合考虑各种因素，以确保数据的全面性和准确性。特色小镇需要确定统计的具体目标和内容，包括游客的数量、消费行为、满意度等。这些数据不仅能够反映出旅游市场的实际情况,而且能够为改进旅游产品和服务提供依据。

对于游客数量的统计,可以通过票务系统、酒店预订、交通信息等多种方式加以收集。统计的数据通常包括总体游客数量、每日游客数量、各时段游客数量等,以便了解游客的数量变化情况和时间分布。对于游客消费行为的统计,可以通过消费记录、问卷调查等方式获取。统计的内容一般包括游客的总体消费水平、消费结构、消费偏好等,以便了解游客的消费特性和消费趋势。对于游客满意度的统计,可以通过满意度调查、在线评论、口碑推荐等方式进行。调查的内容涵盖旅游景点、酒店服务、餐饮质量、交通便利性等各个方面,以便了解游客对旅游产品和服务的满意程度和不满意的原因。

在进行旅游统计时,特色小镇还需要注意数据的有效性和可靠性。统计工作应该坚持定期进行,以便了解长期趋势和季节变化情况。统计方法应该科学合理,避免数据偏差和误解。统计结果应该得到深入分析,挖掘数据背后的信息,为决策提供科学依据。通过数据统计和分析,特色小镇还可以了解市场趋势和竞争状况,预测旅游市场的发展趋势。例如,对过去几年游客数量和消费行为的统计分析,可以预测未来几年的旅游市场规模和消费水平;对竞争对手的旅游产品和服务进行分析,可以了解自身的竞争优势和劣势,从而制定出有效的市场策略。

第四节 文创开发模式研究

一、文创开发的理念

(一)创意与创新

文化创意与创新是文创开发的灵魂与核心,是区分文创产品与普通产品的关键要素。这里的创意与创新,涵盖了文创产品的创意设计、技术应用、市场营销、商业模式等多个方面。

第五章　文旅融合发展模式研究

　　在文创产品的创意设计方面，文创开发需要深入研究和理解文化元素，包括对历史文献、传统艺术、习俗礼仪、传统建筑等方面的调研和学习。通过深入了解文化的起源、发展和演变，设计师可以对文化产生更加深刻的理解，从而能够将其更好地融入创意设计中。这种融入既可以是对传统文化符号的重新演绎和诠释，也可以是对传统工艺技术的创新运用。通常来说，仅仅保留传统文化元素还不足以满足现代消费者的需求，创意设计需要与时俱进，融入新的创意和设计语言。现代消费者对文创产品的需求越来越多样化，他们追求独特性、时尚感和个性化。因此，创意设计需要在保留文化元素的同时，注入富有创新性和艺术性的设计元素。这可以通过运用新颖的材料、创新的工艺技术、时尚的色彩搭配等手段来实现。设计创新虽然需要设计师具有超高的艺术天赋和设计技能，但更重要的是，需要设计师对文化和市场有着深刻的理解和敏锐的洞察力。设计师需要对目标市场的需求和趋势有全面的了解和掌握，对文化的独特性和特点了然于心。只有在深入研究和理解的基础上，设计师才能运用创新思维和艺术表达创造出独具魅力的文创产品。在文创产品的创意设计过程中，设计师还应注意平衡文化元素和商业需求之间的关系。虽然文化元素是创意设计的重要来源，但商业需求和市场导向同样重要。设计师需要理解并适应市场需求，将文化元素与商业目标相结合，以创造出广受欢迎且具有市场竞争力的文创产品。

　　在技术应用方面，文创开发需要紧跟科技发展的步伐，将先进的科技手段应用到文创产品的开发和制造中。这种科技创新，可以使文创产品具有更强的功能性、互动性和体验性，进而增加产品的价值和吸引力。例如，利用VR技术开发文化景点的虚拟游览系统，利用大数据技术进行消费者行为分析和预测，利用3D打印技术制造定制化的文创产品等。

　　在市场营销方面，文创开发需要创新营销策略和方式，打破传统的营销模式，以便有效地推广文创产品，扩大市场份额。这种市场营销模式的创新，离不开社交媒体的运用，如微博、微信等。这些社交媒体平台已经成为人们日常获取信息、进行交流和分享的重要渠道。在社交媒体上展示有趣、引人入胜的内容，吸引用户的关注和分享，可以迅速扩散品牌形象和文创产品的信息。这种传播方式可以快速提高品牌的知名度和曝光度。除此之外，个性化的营销策略也是一种有效的创新方式。了解目标消费者的需求、兴趣和偏好，定制个性化的营销内容和推广活动，可以提高用户对文创产品的认知度和购买意愿。个性化营销可以通过精准的定位、个性化的推荐和定制化的体验等方式来实现，在为消费者提供与众不同的购买体验的同时，还能提升产品销售量和品牌认可度。

在商业模式方面，文创开发需要创新传统商业模式，探索适合自身特性和市场环境的新型商业模式。文创产品通常涉及多个领域，如艺术、设计、文化、科技等。与其他相关行业和领域的企业、组织和个人建立合作关系，可以形成一个跨界的商业生态圈。这种全新的合作模式可以带来资源共享、品牌协同效应和市场的拓展等好处，共同推动文创产品的创新和发展。通过实施会员制的营销策略，文创企业可以建立起品牌与消费者之间的长期关系，为消费者提供个性化的服务和特权，以增加消费者的忠诚度和品牌参与度。通过开展会员制度，文创企业可以为消费者提供独特的会员体验，如专属活动、折扣优惠、定制化服务等，以吸引消费者成为品牌的忠实拥护者。

（二）文化保护与传承

作为一个涵盖了人类智慧和历史记忆的宝库，文化是连接过去、现在与未来的纽带。在文创开发过程中，需要尊重并保护文化遗产，确保其在传承中得以延续，这是至关重要的。

文化保护是对文化遗产、知识和传统的维护，旨在防止它们的消失。它包括对物质文化遗产的保存，如艺术品、遗址、历史建筑等；对非物质文化遗产的保护，如民间艺术、传统技艺、语言、音乐、舞蹈等。在文创开发中，文化保护意味着在尊重和维护这些文化元素原有特性和价值的基础上，对它们进行创新性的利用和开发。例如，利用传统文化元素设计文创产品，而非简单的复制或模仿；采用科技手段保存和展示文化遗产，而不是破坏或者贬低它们。文化传承是指将文化传递给下一代，让其得以延续和发展。在文创开发中，文化传承意味着要使更多的人了解和认识到文化的价值，激发他们对文化的热爱和尊重，促使他们积极地参与文化的保护和传承。这可以通过教育、展览、表演、体验等多种形式来实现。例如，将文化知识融入教育课程，让孩子们从小就接触和了解传统文化；举办文化节庆活动，让公众直接参与文化的传播和享受；创新的商业模式和营销策略，使文创产品成为文化传承的载体。

在文创开发的过程中，文化保护与传承应该是首要的考虑因素。开发者需要以对文化的尊重和理解为前提，既要避免对文化遗产的破坏和贬低，也要尽力促使文化在现代社会中得以生存和发展。只有这样，文创开发才能实现真正的价值，为人类文化的多样性和持续性做出贡献。

二、文创产品的设计与研发

（一）创意策划与概念设计

创意策划，作为文创产品设计的起点，对于产品的创新性和独特性起到至关重要的作用。在进行创意策划时，首先要进行的是对市场趋势、用户需求以及社会环境的深入研究和理解。市场趋势包括行业动态、市场变化、竞品分析等，这些信息有助于理解市场的当前状态和未来可能的走向，为策划提供宏观视角和判断基础。用户需求则是产品设计的出发点和归宿，通过用户访谈、调查问卷、数据分析等方式深入了解用户的真实需求和期望，从而提高产品的市场接受度。社会环境包括文化、法规、技术等因素，这些都可能对产品的设计、制造和推广产生影响，需要在策划阶段就进行全面考虑。根据以上收集和分析的信息，团队需要运用创新思维，提出独特而新颖的产品理念。这个理念不仅需要符合市场趋势和用户需求，还要能够反映出产品的特色和价值主张，区别于竞品，吸引用户的注意力。创新理念的生成，需要团队具有丰富的想象力和创新精神，敢于打破常规，跳出思维定式，以全新的视角和方式看待问题。在确立了产品理念后，创意策划还需要进一步将理念转化为实际的产品开发计划。这包括明确产品功能定位、用户界面设计、技术实现方案等，从而制定出清晰的产品开发路线图。除此之外，还需要设定产品的目标市场、定价策略、推广策略等，为产品的上市和推广提供指导。在这一过程中，团队需要具有严谨的逻辑思维和丰富的行业经验，以确保产品实施计划的可行性。

概念设计旨在创建一个具备可视化、可感知的设计方案，让所有利益相关者都能理解和接受这个方案。这一过程不仅包括产品功能的定义，还包括产品的形态、颜色、材料选择，以及产品与用户的交互方式等众多维度的决策。产品功能的定义是概念设计的起点，它直接影响到产品的价值和使用体验。设计师需要充分理解和熟悉产品的使用场景，以便设计出真正满足用户需求、解决用户问题的功能。功能设计还应考虑产品的技术可行性和成本因素，以确保产品的可实现性和营利性。产品形态、颜色、材料的选择，这些都直接影响到产品的外观设计和感知体验。在这个过程中，设计师需要运用专业的审美和设计知识，以创造出既美观又实用的产品。此外，设计师还需要考虑产品的生产工艺和成本，以确保设计方案的可行性。在概念设计的过程中，设计师需要通过草图、原型、模型等形式将产品的概念形象化，使所有相关的人员都能理解并接受设计方案。这些形象化的表现方式可以帮助设计师和其他团队成员更好地讨论、评估和改进设计方案，确保产品的设计质量和满意度。

创意策划与概念设计是一项重要的工作，它决定了文创产品能否成功地将创新理念转化为现实，能否满足用户需求，能否在市场上取得成功。这需要创意策划者和设计师具有丰富的专业知识、敏锐的市场洞察力和创新的思维方式，以便为用户提供具有独特价值的文创产品。

（二）原型制作与产品开发

原型制作是将抽象概念具体化的过程。在这一阶段，设计师需要根据概念设计的成果，制作出可感知和可操作的产品原型。这个原型可以是一个简单的模型，也可以是一个具有部分功能的初步产品。无论何种形式，原型都能为设计师提供一个实际的参照样本，帮助他们在实践中检验和优化设计方案。原型制作的主要目的是验证和改进设计。通过制作原型，设计师可以检验他们的设计理念和方案是否能在实际中得以实现。原型可以揭示设计中的问题和不足，从而使设计师能在早期阶段发现和解决这些问题，以提高产品设计的效率和质量。原型还可以用来收集用户反馈，这对于理解用户需求，提升产品用户体验来说至关重要。

产品开发阶段则是在完成了原型制作和验证后，开始进入的实际的产品制造和生产过程。在这个阶段，设计师需要与工程师、生产人员等多方合作，共同完成产品的制造工作。这个过程需要对设计方案进行细致的分析和优化，以确保设计方案在实际生产中的可行性和经济性。另外，产品开发阶段还需要进行产品质量的严格控制，包括材料选择、生产工艺、产品测试等环节，以保证最终产品的品质和性能。与此同时，这个阶段也需要与市场营销、销售等部门之间协调合作，合理安排产品的上市时间和推广活动，以确保产品能在市场中取得成功。

三、文创团队的组织与管理

（一）人才招聘与培养

在任何一个企业，尤其是以创新为导向的文创企业中，人才是最重要的资源。高质量的人才对于文创团队的建设和发展起着决定性的作用。人才招聘是组建和优化团队的初始阶段，企业应该制定明确的招聘策略和标准，以吸引并筛选出具有相关技能和创新思维的优秀人才。招聘过程中，企业可以通过多种渠道广泛发布招聘信息，如在线招聘平台、校园招聘、专业社交媒体等，以吸引更多有才华和潜力的候选人。除此之外，企业还可以组织面试、笔试和评估等环节，全面评估候选人的能力和适应性。人才培养是团队持续发展的关键环节。企业应该提供持续的培训和学习机会，帮助员工提升专业技能和综合素质。培训可以包括内部培训、外部培训和专业认证等形式，以满足员工不同层次和岗位的学习需求。培训课程可以涵盖行业趋势、设计技巧、创意思维、市场营销等方面的内容，以帮助员工不断提升自身能力，并与行业发展保持同步。企业还可以设定明确的职业发展路径和晋升机制，为员工提供可持续的职业发展机会，通过定期评估和反馈，帮助员工了解自己的成长空间和发展方向，并为之提供相应的培训和支持。这样做，不仅可以激励员工积极工作和自我提升，还可以增加员工的忠诚度。

（二）团队协作与沟通

团队协作需要明确的角色和责任分工，以确保每个成员在团队中发挥其专业能力和优势。团队成员应该相互合作、相互促进，共同追求项目的目标。为了实现有效的协作，企业可以采用团队会议、项目管理工具和协同平台等工具和方法，确保团队成员之间的信息共享和任务协调。团队成员之间应该能够自由地交流观点、分享信息和解决问题。有效的沟通需要建立一个开放、互动和尊重的氛围，以鼓励团队成员表达意见、提出建议，并接受他人的反馈和意见。团队领导者在沟通中起着重要的作用，应该展示其良好的沟通技巧和倾听能力，以促进团队成员之间的有效交流。团队成员应该对项目的目标和愿景有共同的认知和追求，只有这样，才能在协作中形成共同的努力和奋斗方向。企业可以通过团队建设活动等方式，来明确团队的使命和价值观，增强团队的凝聚力和归属感，激发团队成员之间的合作精神和团队意识。另外，团队协作与沟通也离不开团队领导者和团队成员之间的关心和支持。团队领导者和团队成员应该关注彼此的需求和情感，建立相互之间的信任和支持关系。这种关心和支持不仅有助于提高团队成员的工作满意度和积极性，也有助于团队在协作中更好地解决问题和应对挑战。

第五节 文化节庆模式研究

一、文化节庆的含义与功能

文化节庆是某一特定社群为了纪念、庆祝或宣扬某种文化、历史事件或特定价值观而举行的集体庆典活动。它们在社会生活中扮演着重要的角色，具有丰富的功能，如图5-4所示。

第五章 文旅融合发展模式研究

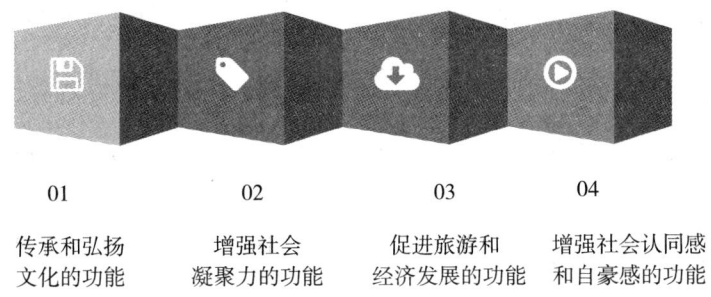

01 传承和弘扬文化的功能
02 增强社会凝聚力的功能
03 促进旅游和经济发展的功能
04 增强社会认同感和自豪感的功能

图 5-4 文化节庆的功能

（一）传承和弘扬文化的功能

文化节庆不仅是一种庆祝和集会的方式，更是一种深深植根于人们内心的文化表达方式。它通过举办形式多样的活动，为人们提供一种接触、理解和体验传统文化的途径。无论是宗教节日、民族节日，还是具有地方特色的文化活动，每一场文化节庆都承载着丰富的文化内涵，代表了一种独特的文化传统和历史记忆。在全球化大背景下，文化越来越被视为一个国家或地区的独特标识和重要资源。因此，对文化的保护和传承就显得尤为重要。在这种情况下，文化节庆就成了一种非常重要的方式。举办文化节庆，可以将传统文化以生动活泼的形式呈现在大众面前，让人们在参与和体验中了解和感受文化，这对于传承和弘扬文化有着不可替代的作用。除此之外，文化节庆还可以发扬社区和地方的文化特色，以促进文化多元性的理解和尊重。每个社区或地方都有其独特的文化特色和价值。通过文化节庆，这些特色和价值可以被更多的人所了解和欣赏，进而增强社区的凝聚力，促进地方文化的繁荣发展。

（二）增强社会凝聚力的功能

文化节庆提供了一个庆典平台，将人们聚集在一起。在庆祝活动中，人们可以共同参与各种仪式、游戏和表演，共同体验和分享心中的喜悦与欢乐。这种集体庆典活动促使人们感受到彼此之间的联系，增加互动体验。他们感受到自己是这个大家庭中的一员，可以与成员共同参与和见证特定的文化活动或历史时刻。在节庆期间，人们有机会与他人进行交流、互动和合作。这种社会交流与互动，不仅可以增强人际关系，还可以加强社会的联系。人们通过庆典活动中的互动和交流，一方面可以加深对彼此的了解和尊重，另一方面能够促进社会和谐，增强社会凝聚力。

（三）促进旅游和经济发展的功能

文化节庆通常具有独特的文化魅力和吸引力，吸引着大量的游客前来参与和观赏。游客可以通过参与庆典活动、观看文化表演、品尝当地美食等方式，亲身体验和感受当地的文化传统和习俗。这种文化吸引力带动了旅游业的发展，为当地带来了可观的经济效益。大量游客的到来，为当地的酒店、餐饮、交通等旅游相关产业提供了巨大的商机。酒店入住率的增加、交通运输需求量的增加，都为当地经济注入了新的活力。除此之外，文化节庆还促进了与旅游相关的手工艺品、文化创意产品等产业的发展，为当地创造了更多的就业机会和经济增长点。除了上述内容之外，文化节庆也有助于提升旅游目的地的品牌价值。举办形式多样的特色文化节庆活动，可以使旅游地独特的文化遗产和文化传统得以展示，从而塑造出独具特色的品牌形象。这种品牌价值的提升，对于吸引更多的游客和投资具有重要意义。当地经济的繁荣和可持续发展，也需要建立起良好的地方形象和品牌认知。

（四）增强社会认同感和自豪感的功能

文化节庆通过庆祝和纪念特定的文化事件或历史时刻，激发起人们对本土文化的认同感。这些庆祝活动能够让人们深刻认识到本土文化传统和价值观，并为之感到自豪。通过参与庆典活动、观赏文化表演、学习传统技艺等方式，人们加深了对本土文化的认同感，并体验到了本土文化的独特之处。在庆典活动中，人们共同分享欢乐和情感，共同回忆纪念历史时刻。这种集体的庆典氛围有助于加强社会联系，促进社会和谐和增强认同感。人们通过共同参与庆典活动，增进了彼此之间的交流和互动，形成了紧密的社会群体。庆典活动中的文化表演和展览活动，向社会展示了当地独特的文化魅力和传统价值。这种展示激发了社会成员对本土文化的自豪感，更有助于当地传统文化的传承与发扬。

二、文化节庆的策划与执行

（一）节庆活动的目标与策划

节庆活动的目标与策划是整个文化节庆的基石和灵魂，它贯穿文化节庆活动的全过程，决定了节庆活动的内容方向。首先，节庆活动的目标需要明确，它既要符合社区或组织的整体文化价值观，也要符合节庆的主题。明确的目标可以确保所有的策划和执行工作都指向同一个方向。

节庆活动的策划包括活动的内容、形式、时间、地点等要素。具体来说，活动内容需要根据节庆的主题和目标进行设计，以确保内容的独特性和吸引力。活动形式则需要考虑到参与者的特点和需求，以便吸引更多的参与者并保持他们的参与度。活动时间和地点的选择通常需要考虑到活动的实施效果和便利性。在节庆活动的策划中，必须制定详细的策划方案。策划方案应包括活动的基本信息、目标、活动内容、活动流程、人员分工、经费预算等内容，这些都是保证活动顺利进行的重要保障。策划方案制定完成后，需要通过各种途径进行传播，以吸引更多的参与者。这可以通过媒体宣传、线上推广、口口相传等方式来实现。节庆活动的策划也需要具有一定的灵活性。由于在活动实施过程中，随时可能会出现各种突发状况，因此需要根据实际情况调整活动策划方案，以应对各种挑战。

（二）活动执行策略与步骤

每一个节庆活动都需要一个详细的执行策略，这个策略应该详尽地描述活动的各个阶段，包括每一个环节的时间、地点、人员等信息，以及活动的主要目标和预期结果。执行策略应该对每一个环节都有明确的期望和评估指标，以便对活动的进展和结果进行评估。一般来说，执行步骤应该包括前期的准备工作、活动的正式实施以及后期的评估和反馈。

在前期的准备工作中，主办方需要根据活动策划方案进行详细的任务分配，并提前做好各种物料的准备和场地的布置。在活动的正式实施过程中，主办方需要严格按照活动流程执策划案，并在必要时进行灵活调整。在活动结束后，主办方需要进行详细的评估，了解活动的效果，并收集反馈，以便于对未来的活动加以改进。除此之外，在执行步骤中，还需要特别注意应对意外情况。一般而言，无论策划得多么完美，总会有一些意外情况出现。这时，主办方需要迅速做出反应，以尽可能减少意外情况对活动的影响。

（三）活动效果的评估与反馈

活动效果的评估主要包括对活动目标实现程度的评价和对活动过程的分析。对于目标实现程度的评价，通常会对活动预设的关键性指标进行度量，如参与人数、媒体报道量、赞助商满意度、观众满意度等。而对活动过程的分析，则需要关注活动流程是否顺畅，环节设计是否得当，以及出现的问题和疏漏等。对活动效果的评估还需要考虑活动的长期影响。例如，活动是否能有效提升公众对文化的认识和尊重，是否能在社区中建立积极、健康的氛围，是否能引起更广泛的文化交流和讨论。这些长期影响可能需要通过定期跟踪和深度调研进行了解和评估。

而对于活动的反馈收集，它是改进和优化活动的重要依据。反馈可以来自参与者、观众、赞助商、媒体等多方面，包括对活动内容、组织、服务、影响等各个方面的评价和建议。主办方收集这些反馈可以了解活动的优点和不足，以便提出具体的改进措施，为未来的活动提供宝贵的经验。在收集反馈的同时，需要注重对反馈信息的分析和整理，形成系统的反馈报告。这个报告不仅应该详述活动的各项数据和结果，还应深入分析活动的优势和不足，对未来的改进提出可行的建议。

（四）面对挑战与问题的应对策略

针对活动策划阶段可能出现的问题，如活动主题不明确、活动内容安排不合理等，可以采取积极的策略来解决。例如，通过深入调研和专家咨询，来明确和优化活动主题；通过充分的前期沟通和反复的方案讨论，来优化活动内容安排。在活动执行阶段，可能会遇到人员协调、时间管理、现场控制等问题。此时，主办方需要有明确的组织管理策略。例如，通过定期的团队会议和有效的沟通机制，保证团队成员对活动进展的了解和对工作职责的明确；通过严格的时间管理，确保活动在各项环节中的顺利进行；通过完备的现场控制措施，包括安全防控和应急预案，保证活动现场的井然有序。除了上述内容之外，主办方还要注意活动后期可能出现的评估和反馈问题。一些活动可能在结束后，由于缺乏有效的评估和反馈机制，导致活动效果的评价不准确，无法为未来活动提供有价值的参考经验。因此，在活动结束后，主办方需要对活动的效果进行全面和深入的评估，并主动收集各方的反馈意见，以便找出活动的优点和不足，为未来的改进提供参考。

三、文化节庆的媒体与公关

（一）传媒战略的重要性

在文化节庆中，传媒战略的角色不可忽视。传媒战略的实施能够在很大程度上提高节庆活动的知名度。利用报纸、电视、广播、网络等多种传媒渠道，可以将节庆活动的信息传播给广大公众，从而提高公众对节庆活动的认知度。媒体报道可以突出节庆活动的特色和主题，塑造节庆活动的品牌形象，从而吸引不同的受众群体。媒体报道和宣传可以让活动的声音传遍社会，引起公众的关注和兴趣。通过媒体的报道和宣传，节庆活动可以吸引到更多的媒体关注，获得更多的报道机会，从而提升活动的曝光度和影响力。这有助于吸引更多的游客和参与者，使活动达到预期的效果。随着新媒体的兴起，通过网络等渠道，节庆活动的信息可以跨越地域的限制，传播到世界各地。这为吸引更多的外地和国际游客提供了机会。在社交媒体平台上发布活动信息、与用户互动和分享，可以吸引更多人的关注和参与。除此之外，网络直播等技术手段，可以将活动实况传输到世界的每一个角落，让更多的人能够在线上共同参与庆典，进而扩大了活动的影响力和传播效果。

（二）社交媒体在节庆宣传中的作用

社交媒体的优势在于其即时性、互动性和广泛性。通过社交媒体平台，组织者可以及时发布节庆活动的最新信息，如时间、地点、表演阵容等，让观众能够在第一时间获得活动的重要消息。除此之外，组织者还可以通过社交媒体实时报道活动的进展情况，如现场照片、视频等，让观众能够远程参与活动。这种即时性的信息传播方式能够有效吸引观众的关注和参与。观众可以通过社交媒体与组织者进行直接互动，如留言、点赞、分享等。这种传播方式可以在一定程度上促使观众的参与感和互动性得以增强。在活动中，他们可以表达自己对活动的看法、提出问题或建议，与组织者进行交流。这种互动性在一定程度上加深了观众的参与度，增加了他们对活动的兴趣和期待。当观众转发、分享活动信息时，其社交圈中的人也会接触到这些信息，进而引起更多人的兴趣和关注。这种"口碑传播"能够快速扩大活动的影响力，有利于节庆活动的宣传与推广。总的来说，通过社交媒体，活动的信息可以迅速传遍各个社交群体和网络平台，实现更广泛的宣传效果。

（三）公关活动的策划与执行

公关活动的策划是保持文化节庆与各利益相关方之间良好关系的关键。这包括与媒体关系的建立和维护，通过媒体报道和宣传来提高活动的知名度和曝光度。组织者可以通过制订媒体公关计划，包括新闻稿的撰写、媒体发布会的组织、媒体采访的安排等，以吸引媒体的关注和参与。除此之外，与合作伙伴的关系也至关重要，通过与相关机构、企业和社区建立合作伙伴关系，可以共同推广活动、共享资源和互惠互利。

公关活动的执行需要精心组织和协调。这包括活动现场的公关工作，如接待媒体和贵宾、安排媒体采访、组织媒体发布会等。组织者需要准备充足的媒体资料和宣传材料，确保媒体能够对活动有较为准确和全面的了解。与此同时，他们还需要与媒体进行密切合作，及时回应媒体的需求和问题，提供必要的支持和配合。除了上述内容之外，公关活动还可以包括举办特别的活动和推广活动,如媒体见面会、社交媒体互动、特别采访等,以进一步提升活动的知名度和参与度。

(四) 媒体与公关的效果评估

通过跟踪媒体报道的数量和质量来评估活动的曝光度和媒体关注程度。这包括统计媒体报道的数量、媒体报道的渠道和报道的内容等。另外,还可以通过分析媒体报道的观众覆盖范围、媒体影响力指标(如读者、观众或网站点击率)等,以评估媒体报道的传播效果和影响力。与此同时,还可以通过问卷调查、访谈或在线调查等方式,来收集公众的意见和反馈。具体来说,调查内容可以包括对活动的知晓程度、参与程度、对活动内容的评价等。通过分析调查结果,了解公众对活动的认可程度、满意度和改进建议,从而对活动的公众反应和参与度进行评估。借助社交媒体分析工具可以对媒体与公关活动在社交媒体上的影响力加以评估。分析活动相关的社交媒体帖子数量、转发量、点赞和评论等指标,可以了解活动在社交媒体上的曝光程度和用户参与度。除了上述内容之外,还可以通过监测社交媒体上的用户反馈和评论,以了解公众对活动的观点和情感反应。

综合以上评估结果,可以对媒体与公关活动的效果进行综合评估。根据评估结果对活动的优点和不足之处进行总结,发现媒体与公关活动中存在的问题,并提出相应的改进措施和建议;还可以与组织者、媒体和公众进行反馈交流,共同探讨如何进一步提升媒体与公关活动的效果和影响力。

四、文化节庆的志愿者与社区动员

(一) 志愿者的招募与培训

招募志愿者前,活动组织者应具有明确的招募目标。确定哪些工作任务需要志愿者参与,以及这些角色所应具备的技能与特质。举例来说,志愿者主要负责接待工作,那么良好的沟通能力和热情友善的性格便是招募时需要考虑的重要因素。除此之外，招募过程应具有透明性和公平性，所有感兴趣的个人都应有机会申请，而最终的决定应基于候选人的能力和适应性。这可以通过面试或者其他评估方式进行，以确保选出合适的志愿者。对于招募成功的志愿者，专业的培训是必不可少的。培训应围绕他们在活动中的角色和任务展开，使他们熟悉自己的工作内容，以及使他们的工作表现符合预期设想。例如，志愿者在活动中需要引导观众时，那么他们就需要了解活动的流程、地点以及可能遇到的问题等方面的信息。培训内容也包括一些基本技能，如团队合作、沟通技巧、问题解决等，这些技能对于他们在活动中顺利完成任务是非常有帮助的。

（二）社区的参与与动员策略

社区的参与不仅能够扩大活动的影响力，也有助于提升公众对活动的接受度和满意度。此外，社区动员还可以充分利用社区资源，提升活动的效率和效果。因此，如何有效地动员社区，激发社区居民的积极参与，是文化节庆活动策划者需要考虑的重要问题。

在动员社区参与的策略中，首先是要充分了解和利用社区资源。比如，与社区内的组织、学校、企业等进行合作，借用他们的场地和设施，邀请他们的成员参与活动，或者寻求他们的赞助和支持，也可以利用他们的网络和影响力，进行活动的宣传和推广。除此之外，充分发挥社区成员的积极性和主动性，是社区动员的另一个关键策略。比如，邀请社区成员参与活动的策划和组织，让他们在活动中担任志愿者或表演者，甚至鼓励他们发起自己的活动和项目。这不仅可以增强社区成员参与感和归属感，也可以从他们的创造热情中获取新的想法和能量。在此期间，还应与社区保持良好的沟通，包括提前通知社区活动的信息，解答社区成员的疑问和顾虑，接收并反馈他们的意见和建议，以及及时更新活动的进展和结果。这样做，既可以让社区成员感到被尊重与被重视，也可以帮助他们更好地理解和接受活动。

（三）激励与奖励机制的设计

对于志愿者而言，他们的参与和付出往往出于对文化传承、社区建设的热爱和关注，但同时他们也希望得到一定的回报。而这些回报不一定是物质层面的，更多的可能是精神层面上的认可和满足感。因此，设计出符合志愿者需求的激励机制显得尤为重要。例如，颁发志愿者证书和奖章，不仅能证明志愿者的付出和贡献，还能使他们感受到来自社区和组织者的认可和感谢。设立优秀志愿者评选和奖励机制，通过公开表彰和奖励的方式，激发志愿者的工作热情和动力。在社区动员的过程中，激励与奖励机制发挥着独特的作用。例如，可以设立一些社区奖项，如"最佳社区活动""最佳社区组织"等，以此鼓励和表彰那些积极参与和组织文化节庆活动的社区和社区成员。这不仅能提高社区成员的参与度，还能营造出一种积极的社区文化氛围。除此之外，这对于志愿者和社区成员的个人成长和发展，也有着重要的激励作用。向志愿者提供一些专业技能培训，如活动组织、公共关系、艺术表演等，不仅能提高志愿者和社区成员的专业技能，还能帮助他们在个人发展的道路上有所收获。

（四）志愿者与社区参与的效果评估

对志愿者的评估主要集中在他们对于活动的参与感受、对于组织者支持的评价以及对于个人成长的感受等，通过问卷调查或访谈等方式听取志愿者的声音，了解他们的需求和期望，找出活动在组织和执行过程中的问题和不足。这些反馈不仅能作为改进的依据，还能在一定程度上增强志愿者的参与感和归属感。社区参与的评估则主要集中在社区居民对活动的满意度、对活动影响的感受，以及他们对于未来活动的期待等。社区居民作为文化节庆活动的主要观众，他们的反馈意见直接关系到活动的效果。因此，通过路演、展览、座谈会等方式收集社区居民的反馈信息，对于提升文化节庆活动的影响力和质量有着重要作用。通过分析这些数据，组织者可以得到一个全面的评估结果，了解志愿者与社区参与的效果，找出活动的优点和不足，然后根据这些结果制定出更为精细化的改进方案，以提高未来文化节庆活动的质量和效果。这种持续改进和优化的过程，将有助于构建一个更为活跃、和谐的社区环境，使文化节庆活动更具吸引力和影响力。

五、文化节庆的商业模式与收益

（一）商业模式的选择与设计

不同的商业模式会影响到活动的组织方式、资金来源、利润分配等重要因素。常见的商业模式包括赞助模式、门票收入模式、产品销售模式、广告模式等。

赞助模式是指组织者通过寻求赞助来筹集活动资金的模式。赞助商作为投资人则能借此获得宣传机会。门票收入模式则是指组织者通过售卖观众的入场券来获取活动资金的模式。这种模式需要活动具有足够的吸引力以吸引大量观众。产品销售模式是指组织者通过销售活动相关产品来获得收入的模式，如纪念品、食品、艺术作品等。广告模式则是指组织者通过出售广告位或者赞助商的品牌宣传来获取收入的模式。

由此不难看出，每种模式都有其独特的优缺点，因此在选择商业模式时，需要根据文化节庆活动的特性、目标群体、预期收益等多方面因素进行综合考虑。

（二）节庆活动的盈利渠道与策略

节庆活动的盈利渠道多种多样，既可以来自活动本身，如门票、商品销售、广告等，也可以来自活动相关的其他活动，如会议、研讨会、音乐会等。此外，还可以通过与其他企业或组织的合作，获取赞助或其他形式的支持。盈利策略通常需要根据活动的性质、规模、目标群体等因素进行制定。一般来说，组织者要想使制定出的盈利策略实现收益最大化，确定活动的核心价值是其首要前提。

（三）赞助与合作伙伴关系的建立与维护

赞助和合作伙伴关系是节庆活动获得资源支持的重要方式之一。对于大型的文化节庆活动来说，通常需要寻求一到多个赞助商或合作伙伴，以获取足够的资金和资源支持。

在寻求赞助或建立合作伙伴关系时，组织者需要向潜在的赞助商或合作伙伴简明扼要地介绍活动的价值和意义,以及他们可以从中获得的利益。另外,组织者还需要通过提供合理的赞助或合作方案,以满足赞助商或合作伙伴的需求和期望。在活动举办过程中,组织者需要不断地与赞助商或合作伙伴保持沟通,报告活动的进展和成果,以增强他们的信任感和满意度。在活动结束后,组织者还需要对赞助商或合作伙伴的支持表示感谢,以维护良好的关系,为未来的合作打下基础。

第六节 旅游演艺模式研究

一、旅游演艺概述

(一)旅游演艺的特征

旅游演艺主要涉及三个方面,即地点、对象和内容。

旅游演艺的地点具有一定的稳定性。与一般的演艺活动相比,旅游演艺活动通常在特定的旅游景点或地区进行,如历史文化名城、自然风景区等。这些地点通常具有特定的文化或自然属性,能够为演艺活动提供独特的背景和氛围。因此,地点对于旅游演艺的吸引力起着至关重要的作用。

旅游演艺的对象主要是游客。旅游演艺活动旨在为游客提供丰富的旅游体验和娱乐体验,通过各种演艺形式展现当地的文化特色和历史背景。为了满足游客的需求,旅游演艺活动通常需要充分考虑游客的文化背景、兴趣爱好、消费水平等多方面因素,以设计出具有吸引力和观赏性的演艺内容。

旅游演艺的内容通常与其地点和对象紧密相关。旅游演艺活动的内容通常围绕当地的历史、文化、自然等主题展开,以音乐、舞蹈、戏剧等演艺形式,为游客展现一个生动且饱满的旅游目的地形象。除此之外,旅游演艺活动的内容还需要考虑游客的特定需求,通过提供多样化的演艺形式和创新的演艺方式,以满足不同游客的需求。

（二）旅游演艺的主要形式

旅游演艺有多种形式，根据表演内容、参与方式、演出地点等因素的不同，大致可以分为以下几种类型，如图 5-5 所示。

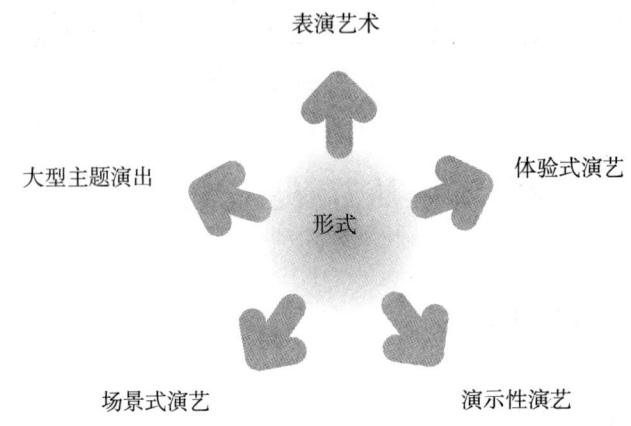

图 5-5　旅游演艺的主要形式

1. 表演艺术

这是旅游演艺的常见形式，主要通过音乐、舞蹈、戏剧等传统表演形式，向游客展示当地的文化特色和历史风情。比如，中国的京剧、豫剧等地方戏曲、英国的莎士比亚戏剧、美国的百老汇音乐剧等。

2. 体验式演艺

这种形式的旅游演艺强调游客的参与和体验，通过参与各种活动和体验，让游客更深入地了解和体验当地的文化和生活方式。比如，中国的古镇文化体验活动、日本的和服试穿活动、泰国的泰拳训练活动等。

3. 演示性演艺

这种形式的旅游演艺主要通过专业的演示和表演，向游客展示某种特定的技能或工艺，如中国的剪纸表演、茶艺表演，意大利的玻璃吹制表演等。

4. 场景式演艺

这种形式的旅游演艺通过营造特定的环境和场景，为游客提供一种身临其境的体验。比如,法国的晚餐剧院、韩国的 NANTA 厨房打击乐表演等。

5. 大型主题演出

这种形式的旅游演艺通常规模较大,通过精心设计的剧本和场景,配以现代化的灯光、音效等技术手段,能够为游客带来震撼的视听体验。比如,我国的《印象·刘三姐》《张家界·天门狐仙》等。

二、旅游演艺的编剧与导演

(一)编剧在旅游演艺中的角色

编剧承担着创作剧本的责任,为演艺项目提供了核心的故事情节和情感表达。编剧通过创造性的文字表达,将旅游目的地的文化、历史、民族特色等元素融入剧本中,为观众带来独特而具有吸引力的演艺体验。通常来说,编剧需要了解旅游目的地的背景故事、传统习俗、文化历史等,以便将其融入剧本中。通过对旅游目的地的深入了解,编剧能够挖掘出独特的文化元素和故事主题,使演艺更具吸引力和独特性,并通过巧妙的情节设计和角色塑造,引导观众走进故事情境,产生情感共鸣。与此同时,编剧还需要在剧本中展示旅游目的地的特色景点、历史人物或当地民俗,通过设置丰富的故事情节,将其与观众的情感联系起来。除此之外,编剧还需要考虑演艺项目的可行性。具体来说就是需要了解演出场地的条件、演员的技能、音乐、舞蹈等表演要素,以确保剧本内容能够在实际演出中得以呈现。在这一过程中,编剧需要与导演、制作团队等密切合作,通过协商确定出最佳的演出方案。

(二)导演在旅游演艺中的任务

导演负责选择和指导演员。他们需要根据剧本的要求和角色特点,选择合适的演员来扮演每个角色。导演与演员之间需要建立紧密的合作关系,通过排练和表演指导,帮助演员理解角色的内在动机和情感,并展现出最佳的表演效果。导演还需要设计舞台布景和灯光效果,以及指导音乐和舞蹈的表演。他们通过与设计师和技术人员紧密合作，从而确保舞台布景和灯光效果能够完美地呈现故事的氛围和情感。在此期间，导演也要确保音乐和舞蹈与剧情相协调，使整个演出具有统一的艺术风格和节奏感。同时，彩排和表演进程的安排也应由导演负责。他们需要合理安排彩排时间，以确保演员在演出前准备充足，使整个演出流程紧密有序。导演还要在表演过程中进行监督和指导，及时调整演员的表演细节，以确保演出的流畅性和连贯性。更重要的是，导演需要注重观众的体验。他们通过采用艺术创新和技术手段，来提升演出的观赏性和互动性，使观众能够深度参与和享受演出。总的来说，导演要不断寻求新的艺术表达方式，通过舞台布局、表演手法、情节安排等，给观众带来新鲜感和感动。

（三）旅游演艺的剧本创作过程

旅游演艺的剧本创作过程一般包括以下几个步骤：第一，进行主题确定和素材收集。在这一阶段，编剧需要明确演艺项目的主题和目的，了解旅游目的地的特色和需求。一般情况下，他们会进行广泛的素材收集，包括相关的历史文化资料、当地的传统故事、知名景点的背后故事等。通过收集和研究素材，编剧能够深入了解旅游目的地的独特魅力，并为剧本创作提供灵感和基础。第二，进行故事构思和剧情设计。在这一阶段，编剧会根据主题和素材，构思出一个具有吸引力和连贯性的故事线索，通过巧妙地设计剧情的起伏、高潮和结局，创造出引人入胜的剧情转折和冲突。而想要实现这点，编剧就需要深入挖掘素材中的情感和主题，并将其融入剧情中，使故事更能引起观众的情感共鸣。第三，进行角色设定和对白编写。在这一阶段，编剧会为每个角色设定独特的性格特点，使其在故事中具有鲜明的个性。在这一过程中，他们会思考角色之间的关系和互动，通过编写对白来展现角色之间的情感和冲突。一般来说，对白的编写需要考虑角色的语言风格、情感表达和角色发展的需要，以确保对白与剧情相匹配并具有戏剧张力。第四，进行剧本审查和修改。在这一阶段，编剧会与导演、制作团队以及其他相关人员一起对剧本进行审查和修改。他们会根据反馈意见，对剧本进行适当的修改和优化,以确保剧本的质量和可演性。通常而言,审查和修改阶段是一个不断精炼和完善剧本的过程,编剧需要保持开放的心态,对于改进和创新保持一定的敏感度。

(四)指导旅游演艺的重要技巧

指导旅游演艺的重要技巧主要包括以下几点:一是尊重和挖掘地方文化。编剧应该深入了解旅游目的地的历史、传统和文化,从中获取灵感,并将其融入演出中,通过真实地呈现当地人文历史故事,促使观众产生情感共鸣,并使之更好地了解和体验目的地的文化魅力。二是注重观众体验。这是指导旅游演艺的关键,演出应该以观众为中心,满足他们的需求和期望。编剧应该关注观众的感受,通过精心设计的演出细节和互动环节,使观众能够全身心地参与演出,从而获得令人愉悦和难忘的体验。三是注重艺术创新。编剧应该勇于尝试新的表演形式、舞台设计和技术手段,以提升演出的艺术性和观赏性。导演可以加入创新的元素和概念,使得演出能够带给观众一种新鲜感,从而提升其参与度和满意度。四是加强团队协作。编剧通过与演员、设计师、技术人员等多方紧密合作,从而能够确保各个环节的协调和配合。通常来说,良好的沟通和合作,有助于演出的顺利进行和高质量的呈现。

三、旅游演艺的场地设施与技术支持

(一)旅游演艺场地的选择与布局

选择合适的旅游演艺场地是关键,这要求主办方充分考虑各方面因素,如场地的容量、舞台面积、设施设备等。具体来说,场地的容量应能够容纳预期观众人数,留有足够的空间供观众流动和观赏。舞台面积应适应演出的规模和内容,能够容纳演员和舞台道具,提供足够的表演空间。除此之外,场地的设施设备也需要符合演出需求,如音响设备、灯光设备、投影设备等。

布局是指在场地内合理安排各个区域和设施,以满足观众的观赏需求和活动流程。一是需要设置观众席，以确保观众能够获得良好的视野和舒适的座位。观众席的布置应充分考虑观众密度、舞台视线等因素。二是需要设置舞台和舞台背景，以确保演员能够在舞台上尽情表演。舞台背景可以根据演出主题和场景需求进行设计，使其观赏性和艺术感得以提高。除了上述内容之外，还可以通过设置休息区、服务区、卫生间等区域，以满足观众的基本需求。

（二）场地设施的设计与建设

1. 场地规划

确定演艺项目的规模和性质，明确需要的场地类型，包括室内剧院、室外广场、公园、景区等。然后，按照演出的要求和观众的需求，进行详细的场地规划，包括场地的位置、大小、布局等。

2. 舞台设计

舞台是演出的主要空间，其设计需要充分考虑舞台的形状、大小、高度、背景等因素。通常来说，舞台的设计应具有足够的空间，以满足演员的表演需求；舞台的高度和倾斜度应适宜，以确保所有观众都能清楚地看到舞台。

3. 设备安装

一般情况下，舞台设备包括吊杆、旋转台、电动设备等，它们能帮助演员实现各种特效和表演动作。与此同时，通过安装合适的音响设备，能够在一定程度上为观众提供清晰、高质量的声音，使他们能享受一场听觉盛宴。音响设备的选择和布置应充分考虑到场地的大小和形状，以及观众席的布局，以保证音质的清晰和均衡。

4. 灯光布置

众所周知，灯光能够营造出各种氛围和效果，从而能够增强演出的视觉冲击力。因此，需要设计和布置合适的灯光设备，包括舞台灯、追光灯、彩色灯等，以便为演出提供适当的亮度、颜色和效果。

5. 安全措施

安全因素也是场地设施的设计与建设需要考虑的一个重要方面。例如，消防通道的设置、设备的安全防护等。做好设备的维护和检查，以预防意外事故的发生。

（三）技术支持在旅游演艺中的重要性

旅游演艺的顺利进行，离不开各种设备的稳定运行，如音响、灯光、特效设备等。而作为日常负责设备调试、维护以及操作的技术人员，需要确保设备处于良好的工作状态，保证音响效果、灯光效果和特效的正确呈现。除此之外，他们在设备发生故障或出现紧急情况时，还应当能够及时解决问题，以保证演出的顺利进行。因此，技术人员需要具有丰富的技术知识和实践经验，可以针对演出需求，运用最新的技术手段和设备，以实现特殊效果、增强互动体验等。例如，通过VR、AR等技术，可以让观众产生身临其境的观赏体验。

（四）最新技术在旅游演艺中的应用

最新技术在旅游演艺中得到了广泛应用，为演出带来了更多的可能性。其中，VR和AR技术在旅游演艺中的应用日益广泛。通过VR技术，观众可以身临其境地体验演出，与虚拟场景和角色互动。AR技术可以将虚拟元素与实际场景相结合，为观众提供更加丰富和沉浸式的观赏体验。另外，投影技术也在旅游演艺中发挥着重要作用。投影技术的应用可以在舞台背景上投射出各种图像、影像和特效，为演出增添独特的视觉效果和艺术表现力。除此之外，其他技术如声控技术、互动投影等也被广泛应用于旅游演艺中，为观众带来全新的视听盛宴。可以说，这些技术的应用使得演出更加具有吸引力和互动性，从而提升了观众的参与感和观赏体验。

四、旅游演艺的演员训练与表演

（一）旅游演艺的演员选拔

甄选是演员选拔的第一步。在甄选阶段，组织者可以通过招募广告、艺术院校和演艺界的人才推荐等方式，吸引有潜力的演员参与甄选活动。甄选过程通常包括简历筛选、面试、演技测试等环节。通过甄选，组织者可以初步筛选出具备潜力和资质的演员，为后续选拔工作的顺利开展打下基础。第二步是试镜，以面对面表演的方式测试演员。试镜的目的是评估演员的表演能力、演技功底和舞台表现力。在试镜中，演员可以准备一段特定的表演，或者根据组织者提供的材料进行即兴演出。通过试镜方式，组织者可以更全面地了解演员的潜力、适应能力和表演风格，为最终的选拔提供参考。一般来说，在演员选拔过程中，除了技能和表演能力外，还需要考虑演员的个性和潜力。演员应具备良好的职业道德、团队意识和沟通能力，能够积极适应旅游演艺项目的工作要求和环境。为了确保演员的专业水准和提高其演出质量，组织者也可以通过与相关专业机构合作，为其提供培训和发展机会，从而进一步提升演员的表演技巧和专业素养。

（二）专业训练的重要性

专业训练能够帮助演员掌握各种表演技巧，这包括身体语言、面部表情、音调控制等。这些技巧是演员表演的基础，可以使他们在表演时更加自然、生动，能够更好地把握角色的情感变化。与此同时，专业训练还能帮助演员深入理解角色，把握角色的性格、背景、动机等。这些对于塑造一个立体的角色是必不可少的。专业训练，既能使演员更准确地理解剧本，更好地塑造角色，使角色更具说服力，又可以提升演员的职业素养。在表演中，演员需要面对各种挑战，包括时间压力、心理压力、技术难题等。演员接受专业训练可以在很大程度上提高抗压能力，保持良好的工作状态。

（三）演员在旅游演艺中的角色

在旅游演艺项目中，演员这一角色至关重要，他们是演艺项目的核心。通过他们的表演，观众能够体验到演艺项目的魅力和价值。演员通过精湛的演技，可以将剧本中的角色和故事立体化地呈现出来，触动观众的情感,引起观众的共鸣。他们与观众的互动,可以吸引更多的观众参与演艺项目,从而提高观众的参与感和满意度。

(四)高效的演员训练方法

在对旅游演艺的演员进行培训时,应采取高效且具有针对性的训练方法。也就是说,应根据演艺项目的特性和演员的特点,设计出符合演出实际需求的训练计划和内容。例如,针对演员的技能和能力的不足,可以进行专项的技能训练和能力提升。通过采取多种训练方式,如模拟演练、角色扮演、实战训练等,帮助演员提升实践能力和应变能力。除了上述内容之外,还应对演员进行定期评估和反馈,根据演员实际情况,及时调整训练计划内容,以达到最佳的训练效果。

五、旅游演艺的票务与营销

(一)旅游演艺票务的管理与策略

管理旅游演艺票务是一项综合性的任务,其核心目标在于提高座位使用效率并尽可能地增加收入。为达成这一目标,需要根据各种影响因素,如演出性质、观众特性、市场环境等,制定出合理的票务管理策略。在众多策略中,价值定价是一种较为常见的策略,即根据座位的位置、视觉体验等因素,对座位进行差异化定价。例如,那些位于舞台中心、视线良好的座位,通常来说会将价格定得比较高,而那些视线不佳或距离舞台较远的座位价格则会相对较低。除此之外,动态定价也是一种有效的票务策略,即根据销售阶段、市场需求等因素对票价进行动态调整。例如,在销售初期或低需求期,可以设置较低的票价以吸引观众,而在高需求期或演出临近时,则可以通过提高票价实现收入最大化。与此同时,捆绑销售也是一种常见的策略,通过将多场演出或与其他产品(如旅游套餐)捆绑销售,以吸引更多的观众。预售票策略则可以在一定程度上锁定未来的销售收入,降低市场风险。除了上述几种策略外,还可以利用电子票务系统提升票务管理的效率和便利性。通过在线购票系统,观众可以在任何时间、任何地点购买票务，大大提高了购票的便利性。另外，电子票务系统还可以收集并分析销售数据，为票务策略的优化提供有力的数据支持。例如，通过分析销售数据，了解哪些演出、哪些座位或哪些销售阶段的需求最高，从而便于对票务策略进行相应的调整。

（二）营销在旅游演艺中的作用

通过广告、宣传和市场推广等手段，将旅游演艺项目的信息传递给目标受众。采用多样化的营销渠道，如电视、广播、报纸、网络等媒体，以及社交媒体平台、户外广告等，可以有效地扩大项目的曝光度，提高项目知名度。精确的目标市场定位和差异化的市场推广策略，可以吸引潜在观众的注意力，并激发他们对旅游演艺项目的兴趣和愿望。通常来说，营销活动可以强调项目的独特性、亮点和特色，通过各种具有创意的创新方式，吸引观众购票。有效的营销策略能够提高观众的购票率，从而增加票房收入。一般来说，提供各类票价选择、推出优惠和套票等促销活动，可以吸引观众进行购票。与旅游业和酒店业等合作，为观众提供优惠套餐，可以使他们获得更全面的旅游体验。由此不难看出，营销活动可以提供有力的市场竞争力，使旅游演艺项目在竞争激烈的市场中脱颖而出。总之，营销活动应通过市场调研和竞争分析，确定项目的差异化优势，并将其有效地传递给目标受众，同时不断改进和调整营销策略，以适应市场的变化和观众的需求。

（三）创新的旅游演艺营销策略

对于旅游演艺的营销，可采用多种创新策略。例如，利用社交媒体和数字平台进行网络营销，通过分享精彩的演出片段，或者举办在线活动，以吸引更多受众的关注和分享。利用大数据和人工智能技术进行精准营销，能够根据目标受众的兴趣和行为，为之提供个性化的推荐和服务。与此同时，通过与其他旅游产品和服务的联合推广，实现资源的共享和互利。例如，与酒店、旅游景点、餐饮等进行合作，推出演艺+旅游的组合产品，以吸引更多的游客。

（四）旅游演艺营销效果的评估

评估营销效果是检验营销策略成功与否的重要环节。评估的方法和指标应根据营销目标和策略来确定。常见的评估指标包括销售收入、观众数量、观众满意度、品牌知名度等。除此之外，也可以通过收集和分析营销数据，如点击率、转化率、客户获取成本等，了解营销活动的执行情况和效果。通常来说，根据评估结果及时调整和优化营销策略，可以提高营销的效果和效率。

第六章　文旅融合品牌建设与推广

第一节　文旅品牌的核心价值识别

一、识别文旅品牌的核心价值

(一) 了解文旅行业的特性与挑战

文旅行业是一个融合了文化、旅游、娱乐等多个领域的综合性产业。此行业的显著特点主要体现在人文服务中心、地域文化基础和创新变化等几个方面。

以人为中心是文旅行业的重要特性。文旅行业的产品和服务的对象是人，目的在于满足人们精神层面的需求，如探索新知、寻找乐趣、体验异域文化等。因此，人的体验和满意度是衡量文旅产品和服务质量的关键指标。在服务过程中，人对文旅产品和服务的感受、意见反馈都可以影响文旅品牌的形象和口碑。每个地方都有其独特的文化和历史，这些都是构成其文旅产品和服务的重要元素。例如，某地的历史建筑、民间艺术、特色美食等，都可以成为该地文旅行业的独特资源。因此，地域文化的挖掘、保护和传承是文旅行业的重要任务。如何在保护和传承地域文化的同时，引入新的元素和技术，以向游客提供新的产品和体验，对于文旅行业从业者来说是一个关键的挑战。这需要他们具有敏锐的市场洞察力、创新的思维方式和专业的行业知识。除此之外，如何提高服务质量，满足游客日益增长的需求，也是文旅行业面临的一大挑战。在全球化、信息化的背景下，游客对于文旅产品和服务的需求越来越个性化、多元化。这要求文旅行业必须不断提升服务水平，创新产品和服务，以满足游客不断变化的需求。

（二）挖掘文旅品牌的独特价值

品牌的历史故事是独特价值的重要来源。文旅品牌往往有着悠久的历史和丰富的文化积淀，这些历史故事可以成为品牌形象和个性的重要组成部分。挖掘品牌的历史渊源、传统文化和独特故事，可以突出品牌的独特性和差异性。文旅品牌通常能够向游客提供特色的旅游产品和服务，如特色景点、文化体验、主题演出等。通过深入了解目标受众的需求和偏好，文旅品牌可以挖掘并向游客提供独特的产品和服务，以满足受众的不同需求，创造出独特的价值体验，从而突出品牌的独特性。

（三）消费者视角下的价值识别

消费者是品牌价值的最终接受者和决定者，他们的需求、感受和反馈对于品牌价值的形成具有决定性影响。

满足消费者需求是品牌价值的基础。这些需求既包括对文旅产品和服务的基本需求，如质量、价格、安全性等，也包括更高级的需求，如文化体验、知识获取、精神享受等。通常来说，品牌需通过提供独特而优质的产品和服务来满足这些需求，如利用地域文化资源开发有特色的旅游线路，或通过引入高科技手段提升旅游体验等。因此，提供良好的消费体验是提升品牌价值的重要途径。良好的消费体验不仅涉及产品本身，还包括服务过程和情感体验。例如，品牌可以通过提供便捷、专业的服务来提升消费者的满意度，或通过打造温馨、友好的氛围来拉近与消费者之间的情感距离。除此之外，建立良好的品牌形象和声誉也是消费者视角下的价值识别。通过观察发现，消费者往往会倾向于选择具有良好口碑和形象的品牌。因此，品牌需要通过诸如社会责任实践、公关活动等方式，来积极树立和维护自己的品牌形象和声誉。

二、基于核心价值的品牌差异化

(一) 分析竞品的品牌定位

竞品的品牌定位不仅揭示了他们的市场策略，也可以帮助一个企业了解其在市场中的位置，并明晰自身品牌应该如何调整以适应市场的发展变化。对竞品的产品特性进行分析是寻找差异化的关键。这包括了解竞品产品的功能、质量、设计、用户体验等方面的特点，掌握他们的产品优势和短板。例如，在文旅品牌中，竞品可能专注于为游客提供历史文化体验，或者以自然风光旅游为主导，或者专注于高端定制旅游。这些产品特性的差异化会影响品牌的市场定位和目标消费者。通过分析竞品的服务水平和品牌形象，企业可以掌握竞品的用户满意度和忠诚度。通常来说，服务水平可以从服务速度、服务质量、服务态度等方面进行评估。而品牌形象则可以通过用户评价、媒体报道、品牌活动等方面进行分析。与此同时，明确竞品的目标消费者也是分析其品牌定位的关键。这包括他们的消费能力、消费习惯、需求偏好等。通过了解竞品的目标消费者，企业可以对市场需求有更深入的理解，从而为自身品牌的定位提供指导。

(二) 构建差异化的品牌价值主张

品牌的独特性和优势可能来自产品特性、服务质量、技术创新，或者是与特定文化、地理环境、历史故事等因素相关联。例如，在文旅品牌中，品牌的独特性可能来自某个特定地区的文化传统，或者是独有的旅游体验等。这些独特性和优势不仅可以为游客提供独特的价值，也可以作为品牌差异化的关键要素。通常而言，只有当品牌价值主张与消费者的需求和期望相符时，消费者才有可能选择并信任该品牌。因此，必须通过深入的市场研究，了解消费者的消费动机、消费习惯、消费价值等，以确保品牌价值主张的相关性和吸引力。一般来说，品牌价值主张应该清晰明确，易于理解和记忆。无论品牌价值主张多么独特或有价值，如果消费者不能理解或记住，它就无法产生实际效果。因此，品牌需要尽可能简明扼要地将品牌价值主张表述出来，通过标语、广告等方式传递给消费者。与此同时，品牌价值主张需要经常更新和刷新，以适应市场变化和消费者需求的变化。特别是在文旅行业这个快速变化的行业中，新的竞品、新的技术、新的消费者需求层出不穷，品牌需要不断调整和更新自己的价值主张，以保持其独特性和吸引力。

（三）提升文旅品牌的独特体验

提升文旅品牌的独特体验是品牌差异化的重要手段。无论是通过提供独特的产品，还是通过提供独特的服务，都可以让消费者在体验中感受到品牌的差异化，从而提升品牌的吸引力。例如，品牌可以通过设计独特的旅游线路，或提供独特的旅游服务，让消费者在体验中得到超出预期的满足，从而加深对品牌的印象。

（四）从消费者需求出发的差异化策略

消费者是品牌的终端，因此在进行品牌差异化定位时，需要从消费者需求出发，了解和满足消费者的实际需求。品牌可以通过市场调研、消费者访谈等方式，深入了解消费者的需求和期望，并根据这些需求和期望，制定出差异化的策略。例如，消费者对特定地区的文化非常感兴趣，那么品牌可以策划一些以该地区文化为主题的旅游项目，以满足消费者的需求，从而实现品牌的差异化。

三、文旅品牌价值的长期建设

要做好文旅品牌价值的长期建设，需要做好以下四点，如图6-1所示。

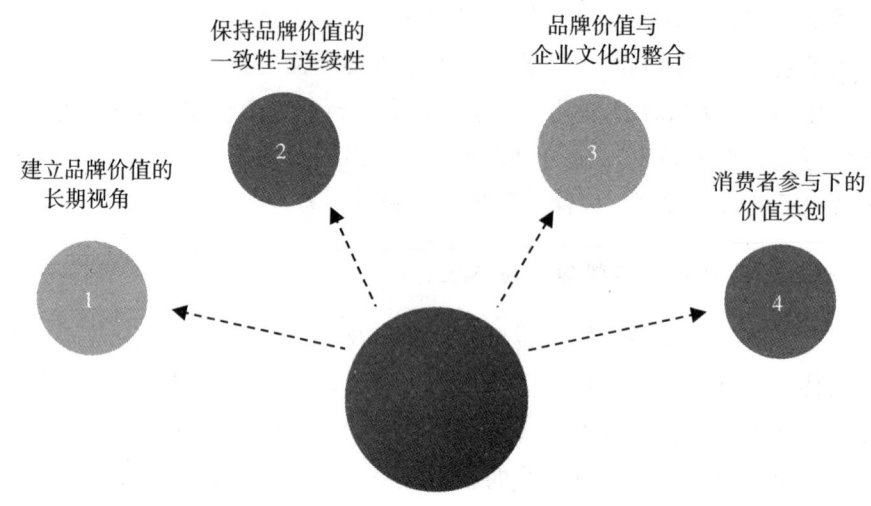

图 6-1　文旅品牌价值的长期建设要点

（一）建立品牌价值的长期视角

品牌价值的建设需从长远视角进行审视。从根本上认识到，品牌价值并非即时的市场表现，它更加深远地影响着企业未来的发展趋势和竞争优势。在这个意义上，品牌价值的建设是一种长期投入，其回报也并不总是立竿见影的，可一旦形成，其带来的价值将会超越现有的产品或服务，成为企业持续稳定的收益源。

品牌价值的建设首先体现在产品质量上。无论品牌如何包装自己，产品始终是品牌价值的核心。只有高质量的产品，才能赢得消费者的信赖，才能成为品牌价值建设的基石。因此，保持并提升产品质量是品牌价值长期建设的重要任务。通常来说，良好的服务不仅可以提升消费者的满意度，还能在一定程度上提升消费者对品牌的忠诚度。尤其在文旅行业中，服务质量对于品牌形象和品牌价值的影响尤为重要。因此，提供优质的服务，满足甚至超越消费者的预期，是品牌价值长期建设的又一关键因素。除此之外，品牌价值的建设还体现在文化传播上。品牌的文化表现为品牌的价值观、理念和精神，是品牌与消费者建立情感连接的重要媒介。一个强大的品牌往往拥有一种独特的文化，这种文化能够吸引和联结消费者，使消费者愿意成为品牌的忠实拥趸。因此，塑造和传播品牌文化，是品牌价值长期建设的必经之路。

（二）保持品牌价值的一致性与连续性

一致性是品牌在不同情境和时间点，为消费者提供相同价值和体验的能力。一致性贯穿品牌所有的触点，包括产品、服务、沟通和行为等。消费者对品牌的认知，往往取决于其在各个触点的体验是否一致。如果品牌在各个触点上都能向消费者提供一致的价值和体验，便能够在消费者脑海中形成清晰、稳定的品牌形象。而这样的品牌形象，将大大增强消费者对品牌的信任感和忠诚度。

连续性则是指品牌在相对较长的一段时间里向消费者持续提供价值和体验的能力。连续性是品牌一致性的延伸，它使品牌的价值和体验不仅在空间上保持一致，而且在时间上具有一定的持续性。因此，连续性的保证，对于消费者来说，意味着品牌的可预见性和可信赖性。当消费者知道品牌总是能够稳定地提供期望的价值和体验时，他们就更有可能持续选择并推荐该品牌。

（三）品牌价值与企业文化的整合

企业文化与品牌价值的紧密关系在于它们共同构建了一个公司的身份。它们既相互影响，也相互塑造。深度融合的品牌价值和企业文化既可以提升企业的内外形象，增强消费者的信任度，也能在内部营造出积极的工作环境和氛围，从而提高员工的归属感和工作效率。

企业文化对品牌价值的影响表现在它提供了品牌价值的理念和精神支撑。企业文化是企业的行为和态度的源泉，它决定了企业如何对待员工、客户、社区和环境。与此同时，这些行为和态度也会反过来构成品牌的价值观，成为品牌在市场上区别于其他品牌的独特标志。因此，企业文化对品牌价值的塑造起到了关键作用。企业文化通过各种形式（如培训、会议、社区活动等）在企业内部传播，使得员工对企业的价值观有了更加深刻的理解和接纳。同样，企业文化也可以通过公关、营销和社会责任活动等方式在外部进行传播，使得消费者和社会公众对品牌价值有更深的认识和认同。

然而，要实现品牌价值和企业文化的有机整合，企业需要做好以下几点：第一，企业需要清晰地定义其品牌价值和企业文化，并确保它们在理念和精神上的一致性。清晰的定义可以帮助员工和消费者更好地理解企业的价值观和文化，从而形成一致的期望和行为。第二，企业需要在日常运营中体现其品牌价值和企业文化。这不仅包括产品和服务的提供，还包括员工的行为、企业的决策以及与利益相关者的交流等。第三，企业需要定期评估其品牌价值和企业文化的实施效果，以便于及时调整和优化。

（四）消费者参与下的价值共创

在当今的消费市场中，消费者已经不再只是被动的接受者，而成了品牌价值创造的重要参与者。他们的需求、反馈和行为都能对品牌价值产生深远的影响。这种消费者参与的价值共创，对于品牌来说，既是挑战，也是机遇。消费者的需求代表了市场的需求，是品牌提供的产品和服务能否获得市场认可的重要标准。品牌需要通过各种方式，如市场调研、消费者访谈等，去了解和掌握消费者的需求，然后根据这些需求去开发和提供能够满足消费者需求的产品和服务。除此之外，消费者的反馈可以帮助品牌了解其产品和服务的优点和不足，从而使品牌能够进行及时的调整和优化。同时，品牌还需要通过各种方式，如满意度调查、在线评价等，去收集和分析消费者的反馈信息，并且要重视和尊重消费者的反馈，将其视为改进的机会，而非挑战。通常而言，消费者的行为，包括购买行为、使用行为、推荐行为等，这些行为都能直接影响品牌的市场影响力和竞争优势。具体来说，品牌需要通过不同的方式，如营销活动、忠诚度计划等，去激励和引导消费者的行为，使消费者成为品牌的传播者和推广者。

第六章 文旅融合品牌建设与推广

第二节 文旅品牌的市场定位

在文旅品牌的发展过程中，市场定位是一个至关重要的环节。在市场定位中，需要对市场进行研究与分析，以确定目标市场与目标客户，并制定出相应的市场定位策略，具体如图 6-2 所示。

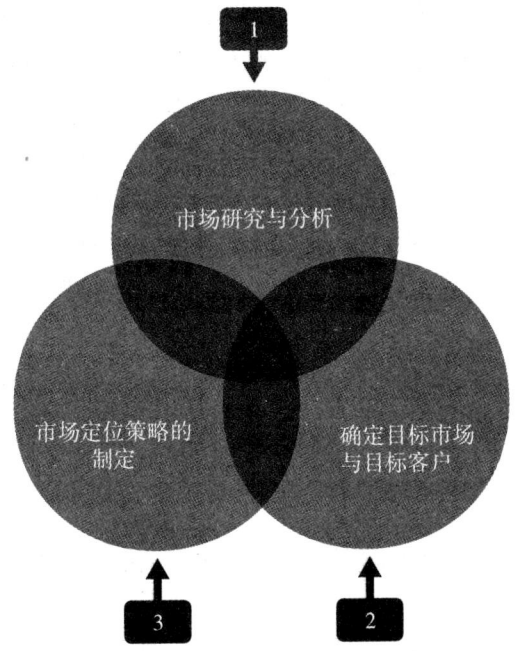

图 6-2 文旅品牌的市场定位要点

一、市场研究与分析

（一）行业背景分析

行业背景分析的核心目标是获取到对行业透彻的理解，提炼出对品牌定位有重要影响的关键信息。行业的发展历程在理解一个行业起源、演变和发展趋势方面发挥着关键作用。文旅行业作为一种涵盖了旅游、文化、娱乐等多元领域的综合性行业，它的发展历程可能会受到宏观经济、政策法规、科技进步、消费者行为等多方面因素的影响。对行业发展历程进行分析，可以了解品牌所处的历史背景，预测其可能的未来趋势，从而为品牌的定位和战略制定提供历史视角和前瞻视角。行业的主要参与者及其角色定位，对于理解行业的竞争格局和市场分割来说至关重要。这包括行业的领导者、追随者、挑战者、新进者等，以及他们各自在市场上的角色和地位。了解这些信息可以帮助品牌明确自身的竞争地位，找到可能的合作伙伴，以及确定目标市场和竞争策略。行业的主要产品和服务是了解行业供给状况的重要媒介。这包括行业的主要产品和服务类型、特性、质量、价格等，以及它们在市场上的受欢迎程度。通过对这些信息的分析，品牌可以了解自身产品服务在市场上的位置，发现产品服务改进和创新的机会，以及明确自身的价值主张。而行业的趋势则是预测未来市场机会和挑战的重要指标。通常包括行业的技术发展趋势、消费者行为趋势、市场需求趋势等。通过对这些趋势的深入了解，品牌可以对市场的变化趋势进行预测，从而为自身的战略规划提供参考。

（二）市场规模与增长趋势

市场规模描述了当前市场的总体容量，包括市场的广度和深度。市场规模的广度涉及消费者的数量、地域范围、消费能力等因素。而深度则是指消费者的购买频率、消费金额、产品偏好等方面的信息。市场规模的大小直接反映出市场的潜力，规模越大意味着市场的商业潜力越大，但同时可能带来更强的竞争压力。

市场增长趋势则展示了市场未来的发展速度和方向。掌握市场增长趋势能够帮助品牌对市场未来的变化有所预测，如消费者的需求变化、行业的技术发展、竞争格局的演变等。除此之外，市场增长趋势还能够帮助品牌评估自身战略是否与市场增长方向相一致，以及如何调整策略以适应市场的发展。

第六章 文旅融合品牌建设与推广

为了准确分析市场规模和增长趋势，需要运用一系列的市场研究方法，包括收集和分析市场数据、消费者调查、专家访谈、行业报告等。这些方法能够帮助企业获取市场的最新和更全面的信息。对市场规模和增长趋势进行分析，有助于企业品牌掌握市场的当前状态和未来发展方向，从而能够明确自身的市场定位，制定出更为符合市场发展需求的产品和服务，为品牌战略的制定提供数据支持和方向指引。与此同时，对市场规模和增长趋势的理解，也可以帮助品牌找到新的市场机会，提前规避市场风险，从而在竞争激烈的市场中脱颖而出。

（三）市场细分与特征理解

市场细分作为一种有效的市场研究和分析手段，能够帮助品牌对市场进行深入了解，并在其中找到有潜力的目标市场。市场细分通常会基于多种因素进行，如消费者的人口统计特征、地理位置、生活方式、购买行为等。不同的市场细分会有消费者不同的需求、偏好和购买行为，因此品牌需要选择和自身特性、能力相匹配的市场细分作为目标市场。

品牌选择正确的市场细分，不仅可以更有效地满足消费者的需求，还可以更好地发挥出品牌优势，提高品牌的竞争力。如果一个品牌主要提供的是高端文化旅游产品，那么它可能会选择收入较高、对文化有浓厚兴趣的消费者作为其目标市场。这样的市场细分不仅符合品牌定位，还能为品牌提供更大的利润空间。在进行市场细分的过程中，品牌需要使用多种市场研究方法来收集和分析信息。这些方法可能包括进行消费者调查、收集和分析销售数据、研究行业报告等。与此同时，品牌还需要关注市场的变化，以便及时调整市场细分策略。除了上述内容外，品牌还应该注意到，市场细分并非一次性的任务，而是一个需要持续进行的过程。随着市场环境的变化和消费者需求的变化，市场细分可能会随之发生改变。因此，品牌需要不断地对市场进行研究和分析，以便及时调整市场定位。

（四）竞品分析与市场格局理解

竞品分析是对直接和间接竞争对手的一种详细研究，其中包括对竞品的定位、产品服务、价格策略、销售渠道、营销策略等各个方面的深入理解。如果是在文旅品牌的市场中，可能会研究其他文旅品牌的主题、服务质量、价格、用户反馈、营销活动等信息。此类分析可以帮助品牌了解到市场上其他品牌的成功或失败经验，从而找出自身品牌相对于竞品的优势和劣势，有针对性地在设计产品、服务和营销策略时做出正确的决策。

理解市场格局是指对市场上品牌之间的关系和相互影响的一种认识，通常包括市场份额、品牌影响力、市场竞争态势等因素。例如，市场是否被少数几个大品牌主导？是否存在小品牌间的互相竞争？不同品牌的市场份额和影响力如何？这些问题的答案都能帮助品牌找到自己在市场中的位置，也可以帮助品牌预测未来市场的可能变化。

二、确定目标市场与目标客户

（一）目标客户群体的识别与理解

识别目标客户群体需要考虑多个因素，如年龄、性别、职业、收入、教育背景、生活方式、兴趣爱好等。细分市场可以将广泛的消费者群体细化为具有相似特征和需求的目标客户群体。这有助于品牌更精准地定位自己的目标受众，并有针对性地向他们提供产品和服务。要想理解目标客户群体，就需要深入了解他们的消费习惯、购物偏好、品牌认知和服务期望等方面的信息。这可以通过市场调研、消费者调查、数据分析等方式获取。可以说，了解目标客户的需求和偏好，有助于品牌设计和推出满足他们需求的产品和服务，从而增强品牌的吸引力和竞争力。与此同时，在识别和理解目标客户群体时，品牌需要考虑不同的维度和层面。例如，针对不同年龄段的消费者，他们的需求和价值观可能存在差异，因此品牌需要有针对性地设计适合不同年龄段的产品和服务。除此之外，品牌还需要考虑到目标客户群体的多样性和变化性，及时调整和优化品牌策略，以适应不断变化的市场环境和消费者需求。

通过明确识别和深入理解目标客户群体，文旅品牌可以更准确地把握市场需求，制定出精准的市场定位策略。基于此，品牌还可以根据目标客户的需求和偏好进行产品创新和服务升级，以提供与目标客户期望相符的独特价值，从而赢得目标客户的认可和信赖，实现品牌的长期发展和市场竞争优势。

（二）目标客户的期望分析

了解目标客户的期望是不可或缺的。期望是指客户对产品和服务的预期结果、体验和价值期待。品牌需要深入了解客户对产品和服务的期望，包括外观设计、用户体验、售后服务等方面。通过与目标客户的互动和交流，品牌可以获取他们的反馈意见，从而不断改进和优化产品和服务，以更好地满足他们的期望。除此之外，品牌还需要预测目标客户的未来需求和期望。由于市场环境和消费者需求在不断变化，品牌要想在激烈的市场竞争中立于不败之地，就需要具备前瞻性的洞察力，对市场变化趋势进行准确的预测。通过分析市场趋势、行业动态、技术发展等因素，品牌可以提前对产品和服务进行调整和优化，以适应未来的客户需求和期望，保持持久的竞争优势。

（三）目标市场的潜力和营利性评估

品牌需要对目标市场的经济环境、政策环境、社会趋势等因素进行深入研究和分析，以了解市场的增长潜力和发展趋势。市场潜力的评估还包括对目标市场的规模、增长率、消费者需求等方面的研究。通过采取收集和分析市场数据、进行市场调研和趋势分析等手段，品牌可以获得对目标市场潜力的准确评估。通常而言，市场营利性的评估是判断品牌在目标市场能否获得可持续盈利的重要依据。品牌需要对目标市场的竞争情况、客户购买力、品牌的成本结构等因素进行全面考量。评估市场营利性需要对目标市场的市场结构、品牌的市场份额、产品定价策略、销售渠道、成本控制等关键因素进行分析。通过综合评估市场的竞争状况和品牌在市场中的竞争优势，品牌可以判断自身在目标市场中能否获得可持续的盈利，并以此来确定相应的市场策略。

三、市场定位策略的制定

（一）基于目标市场与目标客户的定位策略

品牌的市场定位策略首先需要基于目标市场与目标客户。目标市场的规模、成长性、竞争程度等特性，以及目标客户的消费行为、价值观等因素，都会对品牌的定位产生重大影响。例如，对于一个高度竞争的市场，品牌可能需要选择一个独特的定位，以便与竞争对手相区分。而对于一个需求多样化的目标客户群体，品牌可能需要提供多元化的产品和服务，以满足不同客户的需求。在制定定位策略时，品牌需要充分理解并考虑这些因素，以确保定位策略的有效性和合理性。

（二）基于品牌竞争优势的定位策略

1. 了解自身的竞争优势

品牌需要全面了解自身的竞争优势。这需要对品牌的核心价值、核心产品和服务的独特性进行分析和评估。品牌可以通过市场调研、竞争对手分析、顾客反馈等方式来获取有关品牌竞争优势的信息。这有助于品牌明确自身的特点、优势和独特性。

2. 选择适合自身竞争优势的市场定位策略

根据自身的特点和竞争优势，品牌可以选择不同的市场定位策略，如差异化定位、专注定位、领导者定位等。差异化定位侧重于突出品牌的独特性和差异性，从而吸引特定的目标客户群体。专注定位则着重于在特定的市场细分领域中提供卓越的产品和服务。领导者定位则将品牌定位为市场领先者，强调品牌在行业中的领导地位和创新能力。

3. 加强市场沟通和营销

品牌应该通过各种渠道和媒介向目标客户群体传递与其竞争优势相关的信息和价值主张。这可以通过广告、宣传活动、社交媒体等方式来实现。除此之外，品牌还可以通过品牌形象塑造、口碑营销、客户体验等手段来扩大品牌竞争优势的认知度和影响力。

（三）定位策略的反馈与调整

品牌需要建立有效的反馈机制，具体来说，就是通过市场调研、客户反馈、竞争对手分析等方式来获取关于市场和客户信息。第一，通过定期调研，品牌可以了解市场趋势、消费者行为和偏好的变化。第二，通过客户满意度调查、投诉处理等方式，品牌可以了解到客户对产品和服务的评价和需求。通过这些反馈机制能够帮助品牌获取及时准确的市场信息，为定位策略的调整提供依据。与此同时，品牌还需要分析和评估收集到的反馈信息，包括对市场趋势、竞争对手的策略、客户需求的变化等进行综合分析，以了解品牌目前的市场定位是否与市场需求和竞争环境保持一致。另外，品牌还可以通过对市场细分和目标客户进行再评估，以确保定位策略的准确性和有效性。

在分析的基础上，品牌需要根据反馈信息和分析结果对定位策略进行调整，包括定位的细化、重新定位或调整目标客户群体等。与此同时，品牌还可以通过产品创新、服务升级、品牌形象调整等方式来适应市场和客户需求的变化。在调整定位策略时，品牌需要综合考虑市场潜力、竞争环境、自身资源和能力等多方面的因素，以确保调整后的定位能够与品牌的核心竞争优势相匹配。为赢得市场，品牌还需要监测和评估定位策略实施的效果。通过定期的市场表现评估、销售数据分析和品牌声誉评价等方式，品牌可以对定位策略的实际影响和效果有所了解。可以说，这些评估结果一方面有助于品牌进一步优化定位策略，另一方面有利于他们及时发现潜在问题并进行相应调整。

第三节　文旅品牌建设的关键策略

在经过对市场的深入研究与品牌的准确定位后，如何打造一个独特的文旅品牌成了一个重要议题。在这个过程中，品牌需要同时关注多个关键领域的内容，包括文旅品牌的视觉识别系统建设、利用文旅品牌故事建立情感连接，以及品牌合作与联盟的建立，如图 6-3 所示。

经济内循环背景下文旅融合发展研究

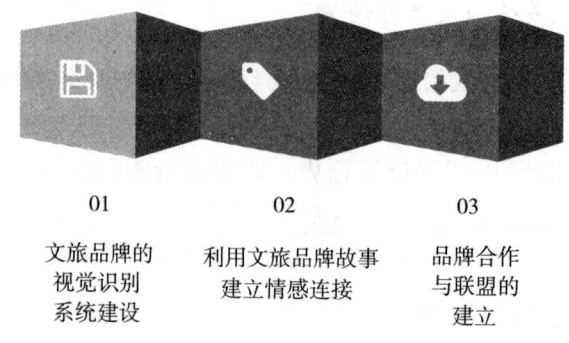

01　　　　　02　　　　　03

文旅品牌的　　利用文旅品牌故事　　品牌合作
视觉识别　　　建立情感连接　　　与联盟的
系统建设　　　　　　　　　　　　建立

图 6-3　文旅品牌建设的关键策略

一、文旅品牌的视觉识别系统建设

（一）品牌标志与标识的设计

品牌标志与标识的设计不仅需要符合设计原则的要求，而且需要紧密结合品牌的核心价值和市场定位。品牌标志与标识的设计应具有强烈的视觉效果，原因在于品牌标志与标识的首要任务是吸引消费者的注意力，唤起消费者对品牌的认知度。在设计过程中，设计师需要充分考虑颜色、形状、线条、比例等视觉元素的综合运用，以提高品牌标志与标识的视觉吸引力。众所周知，品牌标志与标识是品牌的"脸面"，是消费者识别品牌的重要依据。因此，设计师在设计时，需要考虑如何使品牌标志与标识在众多品牌中脱颖而出，成为消费者心中独一无二的标记。品牌个性是品牌区别于竞品的重要特征之一，是消费者选择品牌的一个重要因素。设计师在设计品牌标志与标识时，需要细致地反映出品牌个性，包括品牌的价值观、调性、态度等。在实际应用中，品牌标志与标识会被应用于不同的场合和媒介，包括广告、产品、网站、社交媒体等。因此，设计师在设计时，需要考虑品牌标志与标识的应用范围，以确保它们在各种场合和媒介上，都能呈现出良好的视觉效果和一致的品牌信息。

（二）品牌色彩与字体的选择

色彩是最直接、最具有冲击力的视觉元素，能够对人们的心理和情绪产生显著影响。选择正确的品牌色彩可以强化品牌信息，引发消费者的积极反馈。例如，对于红色，人们经常将其与热情、活力和冲动相关联，而蓝色则被视为信任、稳定和平静的象征。在选定品牌色彩时，应充分考虑其代表的含义，以及与品牌形象、品牌定位的一致性。另外，品牌色彩的选择也应考虑到其在各类媒体上的呈现效果，以确保其在不同平台上都能保持一致，从而形成稳定的品牌印象。

与色彩一样，字体风格也会对消费者产生心理效应，从而影响消费者对品牌的感知。通常来说，简洁、清晰的字体可以向消费者传递出高效率和专业性的信息，而繁复、装饰性的字体则可以向消费者传达出优雅、奢华的感觉。因此，字体应与品牌的属性和定位相一致，同时考虑其可读性，以确保消费者能够清晰地阅读和理解。

（三）视觉识别系统的一致性与协调性

关于一致性，品牌需要在所有的触点和平台上保持一致的视觉识别元素，包括品牌标志、色彩、字体、图像等。无论是在实体店铺，还是在社交媒体，无论是电视广告，还是线上广告，品牌的视觉识别元素都应始终保持一致。一致性的视觉识别系统可以通过塑造统一、稳定的品牌形象，直击消费者心智，强化消费者对品牌的认知，也增强了消费者对品牌的信任度和认同感。举例说明，全球知名品牌如苹果、可口可乐、耐克等，无论在哪里，人们都能一眼识别出它们，这便是一致性视觉识别系统带来的强大力量。

谈及协调性，实际上强调的是品牌视觉识别系统中的各个元素需要和谐共存、相互支持，共同构建一个协调统一的视觉体系。这不仅仅意味着品牌的颜色、字体、标志等需要相互匹配，更意味着这些视觉元素需要与品牌的核心价值、品牌定位以及品牌目标受众相匹配。例如，一家专注于环保事业的公司，它的品牌色彩选择了代表大自然的绿色，因此其标志中便会含有与自然相关的元素，这类都是视觉元素与品牌核心价值相匹配的例子。

一致性和协调性不仅需要在品牌视觉识别系统建设的初始阶段被考虑，更需要在品牌视觉识别系统的维护和更新过程中持续被关注。随着时间的推移，为了适应市场与消费者需求的变化，品牌可能会进行一些必要的更新和调整，但在这个过程中，保持视觉识别系统的一致性和协调性是恒久不变的。

（四）视觉识别系统在品牌传播中的应用

1. 品牌广告

视觉识别系统在品牌广告中被广泛应用，以提升品牌识别度和感知一致性。不论是传统媒体广告，如电视和印刷品，还是数字媒体广告，如社交媒体和在线广告，品牌的视觉元素都能有效地吸引受众的注意力，准确传达品牌的价值和定位。例如，当受众在任何时间和地点看到品牌标志时，便会立刻将广告与品牌联系起来。

2. 产品包装

产品包装一般通过品牌的视觉识别系统元素，如品牌标志、主题色彩和特定字体，实现品牌的即时识别。消费者在面对货架上的同类商品时，可以通过识别产品包装上的视觉元素快速找到所需品牌。这种即时识别有助于品牌在众多竞争对手中脱颖而出，瞬间抓住消费者的注意力。统一的视觉识别系统元素在产品包装上的一致使用，能够在一定程度上增强品牌形象的一致性，最大限度地为消费者提供连贯一致的品牌体验。无论是在超市货架、电商平台，还是在广告宣传中，一致的视觉识别系统能使消费者在各个接触点上都能接受到相同的品牌信息，从而加深消费者对品牌的印象和认知。通过品牌视觉识别系统在产品包装设计的创新应用，品牌在视觉表达上能够展现出它的独特性和创新性，这对于吸引消费者、提升品牌形象以及打造品牌个性具有重要意义。例如，一些品牌会根据不同的产品或者市场活动，进行差异化的包装设计，而这种设计都会基于其视觉识别系统的基础元素，在保持品牌一致性的同时，也展现出品牌的创新与活力。

3. 商店设计

在实体店面设计中，视觉识别系统的元素，包括品牌色彩、标志和字体等，都被广泛应用于品牌形象的建立和强化。例如，品牌色彩不仅可以被用在店铺的外观设计上，还可以渗透店内装饰、货架陈列和商品展示等方面，从而营造出与品牌视觉识别系统相一致的视觉效果。除此之外，如果将品牌标志在店面显眼位置进行展示，则可以强化消费者对品牌的识别度，也进一步强调了品牌的权威性和专业性。

在线上商店，尤其是电商平台，视觉识别系统同样发挥着关键作用。具体来说，品牌色彩和字体可以统一网店页面的设计风格，提供一致的用户体验；而品牌标志和其他视觉元素，如网店头像、横幅广告和产品图片等，则都能反映出品牌的个性和风格，帮助消费者快速识别和记住品牌。

4. 网站设计

在网络时代，品牌的网站设计已经成为构建和传播品牌形象的重要手段。品牌网站的设计不仅可以吸引用户的注意力，也可以有效地传达品牌的信息和价值，以及为用户提供良好的用户体验。可以说，在这一过程中，品牌的视觉识别系统扮演着至关重要的角色。

第一，品牌的色彩和字体在网站设计中占据着重要地位。在网站设计中使用一致的品牌色彩，不仅可以强化品牌形象，还能引导用户的视线，突出网站的关键信息。而字体的选择则需要清晰易读，要能够最大限度地体现品牌的气质和个性。一种好的字体不仅能保证信息的有效传达，还能增强品牌的识别度。第二，网站的图像和排版设计也是视觉识别系统的重要组成部分之一。品牌标志、图像和其他视觉元素的一致使用，既可以增强网站的视觉吸引力，也能强化用户对品牌的认知度。而网站的排版设计则既要保证信息的清晰易读，也要考虑到用户的浏览习惯和操作便利性。

通过视觉识别系统在网站设计中的有效应用，品牌网站可以在吸引用户注意力的同时，能有效地传达品牌的信息和价值，从而实现品牌的有效传播和推广。

二、利用文旅品牌故事建立情感连接

（一）品牌故事的构建与传播

品牌故事包含了品牌的历史、理念、价值观，以及品牌与消费者之间的联系。良好的品牌故事，可以使消费者对品牌产生深刻的认知，唤起他们的情感共鸣，从而产生对品牌的忠诚。通常来说，构建品牌故事需要围绕品牌的核心价值观进行，将产品、服务、创始人、员工等品牌元素融入故事中。从某种角度来看，这样的故事更容易引起消费者的情感共鸣，因为它不仅仅是在讲述品牌故事，更是在讲述品牌与消费者之间的联系，讲述品牌如何帮助消费者实现他们的需求和愿望。另外，品牌故事的设计也需要具有一定的情感色彩和人文关怀，因为只有这样的故事才更能触动人心，引发消费者的情感反应。在品牌故事的传播过程中，要充分利用各种传媒平台，包括传统媒体和社交媒体。传统媒体如电视、广播、报纸、杂志等，可以让品牌故事覆盖广大的消费者群体。社交媒体如微博、微信、抖音等，可以让品牌故事以一种自由互动的方式得以传播，让消费者更容易参与品牌故事。此外，品牌还可以通过公关活动、市场活动等方式，让品牌故事在现实中得到展现和传播。

（二）利用品牌故事建立情感连接

好的品牌故事能够引发消费者的共鸣，激发他们对品牌的好奇心、认同感和归属感，从而将消费者紧密地与品牌联系在一起。品牌故事的主题通常围绕品牌的起源与创始人、发展历程、核心价值与理念以及品牌与消费者的关系等方面进行，这些都是品牌形象的重要组成部分。通过讲述品牌故事，消费者可以了解品牌的历史，理解品牌的价值观，认识品牌的成就，会对品牌产生好奇心，产生认同感，甚至产生一种归属感。需要注意的是，品牌故事中的人物、情节和情感也是与消费者建立情感连接的重要因素。人物的设定可以使消费者看到品牌的人性化面貌，情节的设计可以使消费者感受到品牌的价值理念，情感的表达可以触动消费者的内心，引发他们的情感反应。例如，一位为了实现梦想而努力奋斗的创始人，一个充满挑战和艰辛的创业历程，一个深情而真挚的品牌承诺，都可能深深触动消费者的内心世界，让他们与品牌产生深厚的情感连接。

建立情感连接是品牌建设和营销的重要目标，因为情感连接可以使消费者更愿意选择品牌，更愿意推荐品牌，更愿意成为品牌的忠诚粉丝。通过品牌故事建立与消费者之间的情感连接，是培养和提高消费者忠诚度的有效途径。因此，企业需要用心地构建和传播品牌故事，用情感的力量吸引和留住消费者。

（三）通过情感连接提升品牌忠诚度

情感连接在品牌与消费者之间建立了一种深层次的联系，这不仅仅是商品与服务交易的关系，更是一种价值观的共享、生活方式的选择以及文化的交融。当消费者对品牌产生强烈的情感连接时，他们便会对品牌产生忠诚度，甚至成为品牌的倡导者。忠诚度在品牌市场中的价值是无可估量的。消费者的忠诚度不仅体现在持续的购买行为上，更体现在他们对品牌的赞扬、推荐以及在面对竞品选择时的坚守上。这种忠诚度往往源自消费者与品牌之间建立的情感连接。这种连接的建立，往往需要品牌通过其独特的品牌故事，触动消费者的内心，让他们感受到与品牌之间的情感共鸣。

建立情感连接，可以从以下几个方面入手。

第一，品牌需要有一个引人入胜的故事。这个故事应该是真实的，能够展示品牌的核心价值观和理念。通过分享品牌的历史、创始人的经历、产品的制作过程等，品牌能够与消费者建立起深度的情感连接。

第二，品牌需要有一种与众不同的情感调性。这种调性应该与品牌的核心价值观和理念相一致，能够引起消费者的情感共鸣。例如，一些品牌强调家庭、爱情、友情等情感主题，借由这些主题，触动消费者的内心，使得消费者与之建立强烈的情感连接。

第三，品牌需要有一种一致且持久的情感传递方式。无论是在产品设计、广告传播、服务交付，还是在社交媒体的互动中，品牌都需要传递一种一致的情感调性，只有这样，才能持久地维持与消费者之间的情感连接。

（四）品牌故事与情感连接在品牌传播中的运用

传播引人入胜的品牌故事，可以在一定程度上提升品牌在消费者心中的认知和地位。情感连接需要通过打动消费者的心灵，加深消费者对品牌的忠诚度和归属感。在品牌广告中，品牌故事和情感连接的运用尤为重要。一个好的广告，不仅要有吸引人的视觉元素，更要有引人入胜的故事和触动人心的情感。通常来说，广告中的故事可以围绕品牌的历史、理念、价值观或者产品的功能、用途来展开，通过生动具体的人物和情节，让消费者感受到品牌的魅力和价值。而广告中的情感连接，则需要通过强烈的视觉冲击力和深入人心的故事情节，激发消费者的情感反应，使他们与品牌建立起深厚的情感连接。

在社交媒体中，品牌故事和情感连接也是吸引关注和引发分享的关键。品牌可以通过发布含有强烈故事性和情感连接的内容，吸引消费者的关注和参与，进而扩大品牌的影响力和知名度。例如，品牌可以分享其创始人的故事，讲述品牌的发展历程，展示产品的制作过程，或者分享与消费者相关的感人故事。这些内容不仅能够展示品牌的独特性，还能激发消费者的情感共鸣，使他们更加深入地了解和热爱品牌。

在口碑营销中，品牌故事和情感连接的运用也是提升口碑效果的有效手段。在从现实生活中不难看出，消费者更愿意分享那些有故事、有情感的品牌经历，而这些则可以有效地提升品牌的知名度和好评度。因此，品牌在向消费者提供产品和服务的同时，还需要提供一个引人入胜的故事，以及一个触动心灵的情感体验，从而激发消费者的分享欲望，提升品牌的口碑和知名度。

三、品牌合作与联盟的建立

（一）寻找合作伙伴与机会

寻找合作伙伴和机会是建立品牌合作和联盟的初始，也是至关重要的一个步骤。这一阶段要求品牌能够积极地在市场中进行搜寻，识别那些与自己的品牌理念、品牌定位以及目标受众相吻合的潜在合作伙伴。选择合适的伙伴不仅可以实现资源的共享和优势的互补，还能够帮助品牌拓宽市场，增强品牌影响力。

寻找合作伙伴的过程需要考虑多个因素。第一，潜在伙伴的品牌形象、市场地位和信誉度是不可忽视的。一个良好的品牌形象和市场地位既可以提高合作品牌的公信力，也能够吸引更多的目标受众。第二，潜在伙伴的产品和服务质量也是关键的考虑因素。只有产品和服务质量得到保证，才能够满足消费者的需求，保证合作的成功。第三，潜在伙伴的商业模式和经营策略也是需要考虑的重要因素之一。一般来说，有共同的商业目标，能够在商业模式和经营策略上达成一致，是决定合作成功的关键因素。寻找合作机会是一个不断变化的过程，它要求品牌能够敏锐地捕捉到市场的变化，识别新的业务机会。这可能是一个新的市场、一个新的产品类别，也可能是一次联合的市场推广活动。无论何种情况，品牌都需要进行全面的市场调研，深入地了解消费者的需求、市场的竞争态势以及未来的发展趋势，只有这样，才能够找到颇具潜力的合作机会。

寻找合作伙伴和机会不能一蹴而就，只有通过认真细致地筛选，品牌才能找到合适的伙伴，发掘出有潜力的机会，从而实现品牌的发展和提升。

（二）设计与实施品牌联盟策略

设计与实施品牌联盟策略是品牌合作的核心，它决定了联盟的行为模式和成功可能性。因此，在设计联盟策略前，品牌首先需要明确联盟的目标。这些目标可能是增加市场份额，扩大品牌影响力，提升品牌形象,抑或是其他的商业目标。只有明确了目标,品牌才能针对这些目标设计具体的联盟策略。在设计品牌联盟策略时,品牌需要考虑自身的能力和资源,以及合作伙伴的优势和关系特点。例如,品牌可能利用自身的技术能力和合作伙伴的市场渠道,共同开发和销售新的产品。或者,品牌可以利用自身的品牌影响力和合作伙伴的资源,开展联合营销活动。通过采用这样的策略,品牌不仅可以实现自身的商业目标,还能提升自身的品牌价值。在实施品牌联盟策略时,沟通与协作是关键。品牌需要建立一个有效的沟通机制,以确保合作伙伴之间的信息流通和协作顺畅。这一机制包括定期举办会议,共享同一工作平台,以及其他的沟通方式。与此同时,品牌还需要制订详细的执行计划,以确保联盟策略的顺利进行。这包括分工明确、责任明晰、流程优化,以及持续的监控和调整。

(三)建立跨行业联盟

跨行业联盟是一种具有创新性的品牌合作方式,它打破了传统行业界限,通过不同行业的品牌共享资源和互补优势,以创造更大的市场价值。对于品牌来说,建立跨行业联盟有以下几个方面的优势:第一,跨行业联盟可以帮助品牌拓展市场和提升影响力。通过与不同行业的品牌合作,品牌可以进入新的市场领域,接触到更广泛的消费者群体。通过共享合作伙伴的品牌资源和影响力,品牌的知名度和声誉也会随之提升。第二,跨行业联盟可以增强品牌的创新能力和竞争优势。不同行业的品牌有着不同的知识、技术和经验,通过互相学习和共享,品牌可以获得新的创新灵感和解决问题的方法,从而提升产品和服务的质量和差异化程度。第三,跨行业联盟可以提高品牌的效率和效益。通过共享资源和合作运营,品牌可以减少重复投资,降低运营成本。通过共享市场和用户,品牌可以增加销售收入,提高经济效益。

第四节 文旅品牌的市场推广方式与实践策略

在这个信息爆炸的时代,品牌需要善于利用传统媒体和新媒体的融

第六章 文旅融合品牌建设与推广

合推广,以扩大品牌的影响力和触达更多的目标受众。同时,内容营销也是品牌推广的重要手段之一,可以通过提供有价值的内容吸引和留住用户。线上线下整合营销则能够实现资源的有效整合,创造出更好的用户体验和品牌互动。在本节中,将深入探讨这些市场推广方式的实践策略,具体包括以下三点,如图6-4所示。

传统媒体与新媒体的融合推广

内容营销在文旅品牌推广中的作用

线上线下整合营销的实践策略

图6-4 文旅品牌的市场推广方式与实践策略要点

一、传统媒体与新媒体的融合推广

(一)理解传统媒体与新媒体的特性

传统媒体,主要是指电视、广播、报纸、杂志等通过传统方式进行传播的媒体。这些媒体以其广泛的覆盖面、深入人心的影响力和丰富的内容吸引了大量的观众。其中,电视和广播以其强大的视听冲击力和即时性,能够迅速吸引观众的注意力,让信息在瞬间传达到成千上万的家庭;报纸和杂志以其详尽的信息和深入的分析,为读者提供了丰富而全面的知识和信息。但是即便传统媒体在信息传播方面有着不可替代的地位,它还是存在着一些限制。一是传统媒体的信息传播是单向的,观众往往只能作为信息被动的接收者,很难参与信息的生成和传播。二是由于信息传播需要物理载体和时间,而传统媒体的信息传播速度相对较慢,难以满足人们对于实时信息的需求。除此之外,由于传统媒体的内容生产和传播成本较高,而且信息覆盖面有限,因此难以实现个性化的服务。

新媒体,主要是指社交网络、博客、视频分享平台、移动应用等基于互联网、移动通信等新技术和新媒介的信息传播载体与渠道。新媒体以数字化、网络化和互动化为主要特征，改变了传统的信息传播模式，实现了信息传播的即时性、互动性和个性化。即时性体现在信息可以在网络上实时发布和传播，用户可以随时随地获取最新的信息。而新媒体的互动性则体现在用户可以参与信息的生成和传播，他们不再只是被动的信息接收者，而是可以通过评论、转发、点赞等方式进行信息互动，甚至可以自己生成和发布信息。个性化则体现在用户可以根据自己的兴趣和需求，选择和定制自己关注的信息和服务。例如，用户可以在社交网络上关注自己感兴趣的人或主题，在视频分享平台上订阅自己喜欢的频道，或在移动应用上设置自己感兴趣的订阅选项，以获取个性化的内容和服务。

在了解了传统媒体和新媒体的特性后，品牌在进行市场推广时，就可以更加有针对性地选择合适的媒体和信息传播方式，以最大限度地提高推广效果。

（二）打造融合推广的策略

在市场推广中，确定使用何种媒体和信息传播方式，对于准确触达目标受众至关重要。具体来说，就是需要根据目标受众的特征和行为习惯，选择合适的媒体渠道。如果目标受众主要是年轻人，那么应优先考虑使用新媒体，如社交媒体平台、短视频平台等，以便与年轻人建立更紧密的互动关系。如果目标受众主要是中老年人，那么应考虑使用传统媒体，如电视、广播、报纸等，因为这些媒体仍然是中老年人获取信息的主要渠道。

将传统媒体和新媒体的优势结合起来，可以在很大程度上提高推广效果。由于传统媒体具有广泛的覆盖面和权威性，因此可以通过广告、报道等形式将品牌信息传递给受众。而新媒体具有互动性强、传播速度快的特点，可以通过社交媒体、微信公众号等平台与受众进行直接互动。品牌可以利用媒体发布广告或报道，引导受众关注品牌的社交媒体账号，从而建立起更深入的互动关系。通过融合传统媒体和新媒体的优势，品牌能够更好地触达目标受众，从而有效提高推广效果。

在不同的媒体上展现一致的品牌形象也很重要。无论是在传统媒体上还是在新媒体上,品牌都要保持一致的品牌形象和信息传达,以便建立起统一的品牌认知。品牌的标识、口号、核心价值观等元素应在不同媒体上保持一致,让受众能够清晰地识别和记忆品牌。除此之外,品牌故事、品牌声音、品牌视觉风格等也应在不同媒体上进行统一呈现,以强化品牌形象的一致性和连贯性。通过展现一致的品牌形象,品牌能够更好地传递其价值观和个性,从而赢得受众的信任和认可。

(三)实现传统媒体与新媒体的有机结合

前面已经对传统媒体和新媒体的优势进行了详细介绍,通过了解二者的优势,不难发现通过将传统媒体与新媒体融合,可以达到一加一大于二的传播效果。比如,在电视广告或报纸杂志的广告中,可以适当引导消费者关注该品牌的社交媒体账号,让消费者在获取品牌信息的同时,也能主动关注品牌的新媒体平台,从而实现信息的二次推广,加深消费者对品牌的印象。同样,新媒体平台也可以配合传统媒体,进行内容的深度挖掘和延伸,如分享电视广告的幕后制作过程,或者对杂志专访进行额外解读,以提供更丰富的内容,增加用户的黏性。

二、内容营销在文旅品牌推广中的作用

(一)理解内容营销的核心价值

1. 提升品牌的知名度和声誉

通过创作和分发具有吸引力和价值的内容,品牌能够吸引更多的目标受众,使他们对品牌有更深入的了解和认知。通过高质量的内容,品牌能够建立起积极的品牌形象,树立起良好的品牌声誉,从而提高品牌的知名度和认可度。

2. 建立品牌与消费者的互动关系

通过发布有价值的内容,品牌能够引发消费者的兴趣和参与,进而促使消费者与品牌之间建立起更紧密的互动关系。优质的内容能够激发

消费者的反馈和讨论，引发他们的情感共鸣，使他们更加愿意与品牌进行互动和沟通。这种互动关系的建立客观上有助于增强消费者对品牌的认知度和认同感，从而提升他们对品牌的忠诚度。

3. 引导消费者的购买行为

通过提供与产品服务相关的信息、故事和经验分享，品牌能够激发消费者的购买欲望，引导他们做出购买决策。通过内容营销，品牌能够向消费者传递产品和服务的特点、优势与价值，增强消费者对品牌的认可度，从而增加其购买动机和意愿。通常而言，有效的内容营销能够与消费者建立起情感连接，使其对品牌产生信任和依赖，从而促使消费者选择品牌的产品和服务。

在实施内容营销策略时，品牌应关注以下关键要素：第一，内容的质量和相关性至关重要。优质的内容能够吸引目标受众的兴趣和关注，并产生对消费者持久的影响力。第二，内容的传播渠道选择要与目标受众的偏好和行为习惯相匹配，以确保信息内容能够准确地传达给目标受众。第三，内容的创新和多样化也是吸引消费者的重要因素之一。通过多样化的内容形式和创新的创作方式，品牌能够更好地吸引目标受众的注意力和兴趣。

（二）内容创作与分发的策略

1. 创作有吸引力的内容

内容应具有独特性、创新性，能够最大限度地引起目标受众的兴趣和情感共鸣。品牌可以通过创造有趣、感人或令人激动的故事，以引发观众的情感共鸣并建立与品牌的连接。讲述品牌故事，能够触动观众的心灵，并引导他们对品牌产生浓厚的兴趣。与此同时，还可以与受众分享与文旅主题相关的专业知识和经验，如旅行攻略、景点介绍、当地文化等。这样的内容能够满足受众对信息的需求，并树立品牌在行业中的专业形象。通过分享有价值的知识，品牌能够赢得受众的信任和尊重。

2. 与品牌核心价值一致

品牌的核心价值可以在内容的主题、情感表达和价值观等方面体现出来。如果品牌的核心价值是与环保和可持续发展相关，那么内容创作则可以围绕推广环保旅行、生态保护和可持续旅游的相关话题展开。这样的内容既能够吸引到关注环保问题的受众，又能够与品牌的核心价值相一致。除此之外，内容创作也可以通过情感表达来体现品牌的核心价值。情感是连接品牌与受众的桥梁，通过在内容中表达情感，品牌能够引起受众的情感共鸣。例如，通过感人的故事、温暖的情感表达或鼓舞人心的口号，品牌能够建立起与受众之间的情感联系，并有效维持受众对品牌的信任和好感度。另外，品牌的价值观可以通过内容创作中的观点、态度和行为准则来进行传达。具体来说，品牌通过分享与文旅品牌相关的正面价值观，如文化尊重、社区参与和旅行体验的价值，来与受众建立起共同的价值共识。

3. 多样化的内容形式

在内容创作和分发过程中，品牌可以选择多种形式进行内容的呈现，以满足不同受众的喜好和媒体平台的特点。通过多样化的内容形式，品牌能够吸引更广泛的受众，以提升内容的传播效果和影响力。

文章是一种传统的内容形式，适合表达深刻的思考、故事和专业知识。通过精心编写的文章，品牌可以向受众传递信息、与受众分享见解和向其提供有价值的内容。图像在吸引受众注意力和传达信息方面具有得天独厚的优势。通过视觉图像、插图和照片等形式，品牌能够生动地展示景点、活动和产品，以及传达品牌的情感价值。在众多内容形式中，视频是目前较受欢迎的一种形式。通过生动的影像、声音和动画效果，品牌可以将极具吸引力的旅游景点、活动的精彩瞬间，以及品牌的故事和核心价值展示出来。音频是一种便捷的内容形式，适合在移动设备上进行收听和传播。通过音频方式讲述故事、分享经验和提供专业知识，品牌可以与受众建立起更亲密的联系，让受众在旅途中能够尽情享受品牌内容带来的愉悦感。漫画是一种有趣而受欢迎的内容形式，借助插图和对话框，以幽默和轻松的方式将信息和故事传递出去，从而吸引年轻受众的注意力。

通过选择多样化的内容形式，品牌能够更好地满足不同受众的需求和偏好，从而提升内容的吸引力和传播效果。除此之外，根据内容特点和受众喜好，品牌还可以结合多种形式，如将图像与文字相结合、视频与音频相结合的形式，为受众创造更丰富和多元化的内容体验。

4. 选择适合的传播渠道

在内容分发的过程中，品牌需要根据目标受众的特点和行为习惯，选择适合的传播渠道来推广内容。不同的传播渠道具有不同的特点和受众群体，因此品牌需要灵活运用这些渠道，以确保内容能够精准地传达给不同的目标受众群体。

社交媒体平台如抖音、知乎、快手等是快速传播内容的重要渠道。通过在这些平台上发布吸引人的内容，品牌可以吸引大量受众的关注和分享，从而扩大品牌的影响力和知名度。社交媒体的互动性和分享性也为品牌与受众之间的互动提供了机会。一般情况下，官方网站、博客和电子邮件等传统的网络渠道适合发布详细和有深度的内容。品牌可以通过自己的网站或博客提供更多的信息、故事和专业知识，以展示品牌的专业性和价值。通过电子邮件订阅和营销，品牌可以直接将内容传递给已有的用户和潜在客户，从而与之建立起更紧密的联系。除了在线渠道，传统媒体如电视、广播和报纸等也是重要的传播渠道之一。传统媒体具有一定的影响力和覆盖面，特别是针对中老年的目标受众群体。通过在电视、广播和报纸上发布广告或进行专访报道，品牌可以获得更广泛的曝光率和认可度。

5. 受众的互动和参与

品牌可以在社交媒体平台上回复受众的评论和提问，与他们进行对话和交流。这种双向的互动不仅能够解答受众的疑问，还可以借此向受众展示品牌形象，增强受众对品牌形象的认可度和信任度。除此之外，品牌还可以通过引发讨论的方式激发受众的参与，鼓励他们分享自己的观点和经验，从而建立起一个积极互动的社群。与此同时，品牌还可以通过举办线上活动、征集用户故事和举办竞赛等方式，鼓励受众参与并分享自己的体验和故事。这样做，不仅能够增加品牌的曝光度，还可以拉近品牌与受众之间的距离，建立起更为深入的情感连接。通过与受众的互动和参与，品牌可以更好地了解受众的需求和偏好，进一步优化和改进内容创作和营销策略。

6. 分析和优化

品牌可以利用各种分析工具和指标，如网站分析、社交媒体分析、受众调研等，来收集和分析与内容营销相关的数据。通过分析这些数据，品牌可以了解受众喜爱和关注的内容类型，传播效果较好的渠道，以及受众在内容中的互动和参与程度等。这些数据分析可以帮助品牌更好地了解受众的需求和喜好，进而优化内容的创作和分发策略。除此之外，通过收集受众的反馈意见，品牌还可以了解他们对内容的评价和建议。而反馈意见的收集大多采用的是观众调研、在线调查、评论和反馈等方式。总之，品牌通过倾听受众的声音，了解他们的需求和期望，做出相应的调整和优化。

通过不断地分析和优化，品牌可以持续改进内容的质量、形式和传播方式，以提升内容的影响力和传播效果。这样做，不仅可以增加受众的参与度和忠诚度，还可以不断满足受众的需求，建立起持久的品牌关系。因此，分析和优化是内容营销中不可或缺的环节，能够帮助品牌不断进步，并与受众保持紧密的联系。

（三）评估内容营销的效果

通过评估内容营销的效果，品牌可以了解其营销努力的成果，并根据评估结果进行必要的调整和优化。以下是一些常用的评估指标和方法，用于衡量内容营销的效果。

1. 观看次数和分享次数

观看次数可以反映内容的受欢迎程度和受众的感兴趣程度。分享次数可以衡量内容的传播效果和受众对内容的认可程度。通过监测观看次数和分享次数的增长情况，品牌可以了解内容的影响力和受众的参与程度。

2. 互动和参与度

互动和参与度指标可以包括评论数量、点赞数、讨论参与度等。这些指标可以帮助品牌了解受众对内容的反馈和参与程度。高互动和参与度通常意味着内容本身所具有的高吸引力和受众的积极参与，有助于建立品牌与受众之间的关系。

3. 网站访问量和转化率

内容营销引导的网站访问量可以反映内容的效果和对受众的吸引力，同时可以监测网站上的转化率，如注册会员、购买产品等，从而更好地评估内容对于转化行为的影响。

4. 反馈和调研

定期进行调研和收集受众反馈，可以帮助品牌了解受众对内容的评价、喜好和建议。反馈意见的收集主要通过在线调查、焦点小组讨论、直接反馈等方式进行。通过分析和整理这些反馈，品牌可以更好地了解受众的需求和期望，从而进行相应的调整和优化。

5. 目标达成度

品牌可以根据内容营销的目标设定评估指标，如产品销售量增加、品牌认知度提升、品牌形象改善等。通过跟踪这些指标的变化，品牌可以评估内容营销对于实现目标的贡献程度。

三、线上线下整合营销的实践策略

（一）理解线上线下整合营销的重要性

线上线下整合营销，简称 O2O（online to offline）营销，其主要思想是将线上的市场推广与线下的实体业务进行整合，打造无缝的消费者体验。随着数字化和移动化的快速发展，以及互联网和移动互联网的普及，这种营销策略日益显示出其重要性和优势。

现代消费者在购物和获取信息的过程中，线上线下的行为是高度融合的。他们可能在网络上查找信息，然后在实体店进行购买；也可能在实体店选定商品，然后在网上寻找最佳价格。通过整合线上线下的营销活动，品牌可以通过多元化的销售渠道和方式，有效地接触和影响这类消费者。线上线下整合营销还可以通过线上数据分析，帮助品牌更准确地理解消费者的需求和行为，以实现精准营销。在信息过载的今天，消费者面临众多的品牌信息，使得品牌在消费者心中的印象更加重要。线上线下多触点展示一致的品牌形象信息，不仅可以扩大品牌的曝光度，提升消费者对品牌的认知度，还可以增强消费者对品牌的信任度和忠诚度。消费者在购物过程中，最期望的是方便、快捷和有个性化的体验。线上线下整合营销，可以通过提供无缝服务，如线上预订、线下取货、线上选购、线下试穿等，以满足消费者的多样化需求。除此之外，线上线下的数据共享，还可以实现个性化推荐，进一步提升消费者的满意度。

（二）构建线上线下整合的营销模式

品牌在线上线下的店铺应保持产品信息和价格的一致性，这包括产品的描述、图片、价格等所有信息。这样做的目的是确保消费者无论在何种渠道看到的信息都是一致的，避免因产品信息不一致引发消费者的疑惑。在购物方式方面，品牌应提供线上购买线下提取，或线下购买线上服务等灵活的多种购物方式，以满足消费者多样化、个性化的需求。例如，品牌可以在网站上提供预约试驾、预订服务，线下店铺提供试驾、提车、保养等服务，以此实现线上线下的互动和协同。在渠道方面，品牌应充分利用线上线下的所有渠道，进行品牌信息和活动的传播。线上，品牌可以通过社交媒体、官方网站、电子邮件、APP等工具，发布品牌新闻、活动信息、优惠信息等；线下，品牌可以通过门店、活动、传单、户外广告等方式，增加消费者接触和了解品牌的机会。线上线下的信息传播应保持一致性和连贯性，以提升品牌的整体形象和影响力。在服务方面，品牌还应向消费者提供线上线下一致的客户服务，包括咨询、购物指导、售后服务等。总的来说，无论消费者选择的是线上服务还是线下服务，都应获得同样高质量的服务体验。这不仅能提升消费者的满意度，还可以增强消费者对品牌的忠诚度。例如，可以设立统一的客服热线和在线客服，以确保消费者在任何时间、任何地点都能得到及时的帮助和解答。

（三）实施并优化线上线下整合的营销活动

在活动策划阶段，首要任务是确定营销目标，这包括提升品牌知名度，扩大市场份额，以及促进新产品销售。随后，基于这一目标，再确定活动的目标受众，这应包括受众的年龄、性别、购物习惯、兴趣爱好等详细信息，以便精准地触达他们。接着是选择合适的线上线下渠道来执行活动。线上可能包括社交媒体、电子邮件、官方网站等，线下可能包括实体店、户外广告、公关活动等。在完成上述任务后，便是对设计活动的具体内容和形式进行设计，这包括活动主题、活动内容、活动期限、活动奖品等。

在活动执行阶段，需要协调各个部门，包括市场、销售、客服、物流等，以确保各部门的工作与活动目标保持一致，且能够及时对活动变化做出反应。具体来说，需要通过社交媒体、网站数据、销售数据等工具，对活动的执行效果进行实时跟踪，以便及时调整策略。例如，通过社交媒体的数据分析工具，了解活动的参与率、互动率、转化率等关键数据；通过网站数据，了解消费者的点击率、停留时间、购物车放弃率等行为数据；通过销售数据，了解活动对销售的直接影响。

在活动结束后，应对活动的整体效果进行评估，包括目标达成程度、消费者反馈、问题改进空间等，并据此对活动策略进行调整和优化，以更好地实现线上线下整合的营销效果。如果发现活动的参与率较低，那么可能需要对活动的传播方式或活动奖品进行优化；如果发现活动的转化率较低，那么可能需要对活动的引导流程或购物体验进行优化。

通过上述论述不难看出，实施线上线下整合的营销活动，是一个动态的、迭代的过程，需要在实践中不断学习和改进，以实现最佳的营销效果。

第七章　文旅融合发展展望

第一节　文旅资源传承与保护

认识文旅资源的价值与意义是保护和传承这些宝贵资源的出发点。实施相应的保护与传承策略，可以确保文旅资源得以永久保存和传承给后代。同时，利用现代科技手段也是保护与传承文旅资源的重要途径之一，它为人们提供了创新的方式和工具来记录、展示和传播文旅资源的独特魅力。本节将探索如何充分认识文旅资源的价值与意义，实施文旅资源的保护与传承策略，并利用现代科技手段实现文旅资源的保护和传承，如图 7-1 所示。

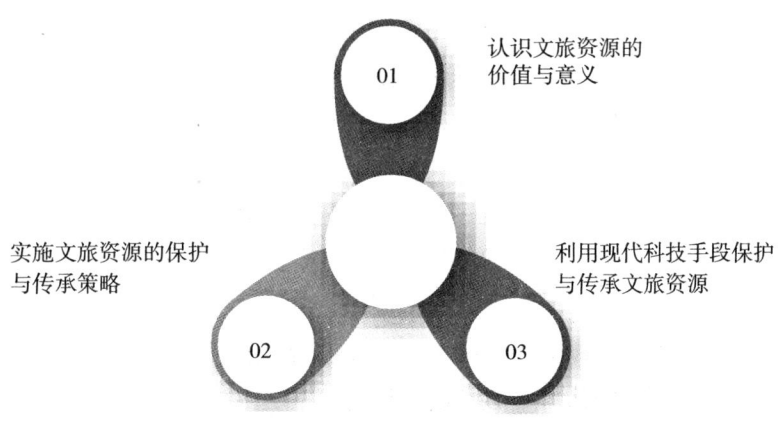

图 7-1　文旅资源传承与保护要点

一、认识文旅资源的价值与意义

(一)文旅资源的社会价值

文旅资源的社会价值不容忽视,它们是一个国家和地区社会文化身份的重要体现。文化旅游资源如历史建筑、艺术作品、传统文化和习俗,可以反映出一个社区的历史、艺术和文化,由此在一定程度上强化了社区的身份和独特性。这些资源促使游客能够理解和欣赏不同的文化背景,从而推动文化交流和理解,这对于构建和谐社会和促进世界和平有着重要的价值。除此之外,文旅资源也是促进地区社会经济发展的重要因素之一。具体来说,旅游业既可以提供大量的就业机会,促进本地经济的增长,增加地区收入,也可以带动其他行业的发展,如餐饮、住宿、交通和零售等,进而形成一种产业链。因此,开发和利用好文旅资源,不仅可以提高居民生活水平,也能促进社会经济的发展。与此同时,文旅资源对于教育和学习也具有深远影响。游客可以通过亲身体验和参与,了解和学习新的文化、历史和艺术等方面的知识,不断开阔眼界,提升知识水平,增进对不同文化的理解和尊重。可以说,在这个全球化的世界中,文旅资源为游客提供了一个了解和欣赏多元文化的宝贵途径,对于社会的包容性和多样性发展有着较为重要的推动作用。

(二)文旅资源的文化价值

作为国家、民族和地区的文化遗产,文旅资源承载着丰富的文化内涵和历史信息。它们是人类文明历史的见证,是人类智慧和创造力的结晶。

1. 文旅资源是传承和发展民族文化的重要载体

文旅资源作为传承和发展民族文化的重要载体,涵盖了传统艺术、建筑遗产、民俗习惯、传统工艺等丰富多样的元素。通过对这些资源的保护和传承,人们能够传承和弘扬民族的文化精髓,让新一代对自己的文化产生更加深刻的认知和强烈的自豪感。

传统艺术是文旅资源中的重要组成部分,包括音乐、舞蹈、戏剧、绘画等形式。传承和发展传统艺术，可以让新一代了解和欣赏自己民族独特的艺术表达方式，感受传统文化的魅力。建筑遗产是文旅资源中的重要代表，它们是人类历史和文化的见证。保护和修复建筑遗产，能够让新一代感受到传统建筑的历史价值和魅力，了解自己民族建筑风格的独特之处。与此同时，文旅资源还包括传统工艺，传统工艺代表了民族的技艺和智慧。传承和发展传统工艺，有利于民族工艺的独特技术和精湛工艺的传承。

2. 文旅资源是促进文化交流和理解的桥梁

文旅资源的独特魅力吸引着游客和观众的关注，使他们对所展示的文化产生浓厚的兴趣。这种兴趣驱使着人们去深入了解和探索不同文化的内涵和特点。通过参观展览、观赏演出、参与文化体验活动等方式，人们可以直接感受和体验到其他文化的独特之处。

通过文旅资源的展示和传播，人们能够加深对其他文化的了解和尊重。可以说，文旅资源为人们提供了一个互动和对话的平台，让人们能够更加深入地了解其他文化背后的故事、价值观念和传统习俗。从客观上看，这种互动和对话有助于消除文化间的误解和偏见，促进不同文化之间的理解和友好交流。与此同时，文旅资源的存在和展示也为文化交流与合作提供了契机。组织文化交流活动、举办文化节庆、开展合作项目等方式，可以进一步加强不同文化之间的交流与合作。这样的交流与合作一方面能够促进文化的繁荣与发展，另一方面有助于推动各个地区的社会经济进步和共同繁荣。

3. 文旅资源的保护和开发能够推动地方文化的创新与发展

通过对文旅资源的保护和开发，人们能够深入挖掘地方文化的独特魅力，发掘地方的历史、传统、习俗等独特元素。这些元素可以成为文旅产业创作和创新的源泉，为地方文化注入新的活力和生机。

在保护和开发过程中，可以将传统文化与现代元素相结合，创造出具有地方特色和现代风格的文化产品和体验。这些新颖的文化产品和体验既能够吸引游客和观众的关注，又能够展示地方的独特魅力和创新能力。例如，将传统的手工艺与现代设计相结合，打造出独特的地方特色产品;创新传统的文化节庆活动,增加互动性和参与度,吸引更多的游客和观众。除此之外,文旅资源的保护和开发还能够促进地方文化产业的发展和经济增长。通过开展文化创意产业和文化旅游产业,地方可以吸引更多的投资和资源,从而推动相关产业链的发展,为地方经济注入新的动力和活力。

二、实施文旅资源的保护与传承策略

(一)制定科学合理的保护策略

科学合理的保护策略应该建立在严格的资源管理规定之上,包括明确文旅资源的产权归属和使用权,制定相关的法律法规和政策措施,以确保资源的合法性和可持续性。同时,建立健全的监测和管理体系,对文旅资源进行定期的状况评估和监测,及时发现问题并采取相应的保护措施。在这一过程中,还需要充分考虑到社区的参与和影响。文旅资源的保护不仅仅是一项技术活动,更是一个社会共同责任。因此,在制定保护策略时,需要与相关的社区、利益相关者和专业机构进行广泛的沟通和合作,听取他们的意见和建议,确保策略的执行能够得到社区的支持和配合。这就需要积极引导社区参与保护工作,让他们成为文旅资源保护的主体,共同守护和传承这些宝贵的文化遗产。

(二)推动文旅资源的可持续利用

推动文旅资源的可持续利用是确保其长期价值的重要途径。可持续利用意味着在满足当下需求的同时,也要保证未来世代的需求能够得到满足。因此,为了实现文旅资源的可持续利用,需要在利用和保护之间建立平衡,以避免因过度开发导致的资源耗竭或破坏。

针对人文景观资源,制定限制访问人数的规定,可以控制人流量,避免出现过度拥挤和排队时间过长等问题;推行导览服务可以引导游客有序参观,避免资源的过度磨损。除此之外,使用环保材料和技术来建设和维护景区设施,能够有效减少对环境的负面影响,从而提高资源的可持续利用性。对于自然景观资源，生态旅游是实现可持续利用的重要方式之一。制定生态旅游规范，引导游客进行环保旅游行为，可以有效减少对自然环境的干扰；设立保护区和自然保护公园等特定区域，划定合理的边界，限制开发程度，可以最大限度地保护自然生态系统的完整性。除此之外，开展环保教育和宣传活动，可以提高游客的环保意识和责任感，有助于促进可持续旅游发展思想的实践运用。

另外，促进文旅资源的可持续利用还离不开政府、企业和社会各方的积极参与和合作。因此，政府应制定相关的法律法规和政策，为可持续旅游提供支持和指导，以确保资源的合理开发和保护。总而言之，企业应秉持可持续发展理念，将环保和社会责任融入经营管理，积极采取各种节能减排、资源循环利用等措施。与此同时，社会各界还应积极参与环保组织和志愿者活动，宣传可持续旅游理念，从而共同维护文旅资源的可持续利用。

（三）教育公众参与文旅资源保护

公众的参与不仅能够提高文旅资源保护效果，还能够增强社区的责任感和归属感。教育公众参与文旅资源保护，可以让他们了解文旅资源的价值和保护的重要性，并激发他们参与保护活动的积极性。

通常而言，举办讲座、展览、研讨会等活动，可以有效地向公众传递有关文旅资源的知识和信息。向公众呈现文旅资源的历史、文化、生态价值等方面的内容，可以让公众了解到资源的独特性和脆弱性，进而培养他们的资源保护意识。专家学者可以通过分享研究成果和经验，提供保护文旅资源的实践指南，来引导公众参与具体的保护行动。志愿者服务和社区活动，可以鼓励公众积极参与文旅资源的保护和利用活动。组织志愿者参与文旅资源保护项目，能够让他们亲身体验保护工作的重要性和挑战性，从而增强他们的环保意识和责任感。与此同时，还可以通过与社区合作开展相关活动，如清理环境、植树造林等，将保护文旅资源与社区发展紧密结合起来，从而提升公众对资源保护的参与度。

除了上述内容外，教育公众参与文旅资源保护还需要利用多种传播途径和工具，如社交媒体、宣传册、互动展示等，向公众传递保护文旅资源的信息和方法。社交媒体平台既可以用于分享保护文旅资源的案例和故事，也可以用来鼓励公众分享自己的保护经验和观点。宣传册和互动展示则可以向公众提供体验感更强的方式，让他们更好地了解保护文旅资源的实际行动和实施效果。

三、利用现代科技手段保护与传承文旅资源

（一）现代科技在文旅资源保护中的角色

现代科技为人们提供了更精确、高效和可靠的手段，帮助人们更好地了解、评估和保护文旅资源。可以说，现代科技的运用为文旅资源的保护和管理带来了许多创新和便利，从数据收集和分析到资源保护手段的应用，都大大提升了保护工作的效果和效率。

现代科技为文旅资源的调查和监测提供了强有力的支持，运用遥感技术和地理信息系统（GIS），可以获取高精度的地理数据和图像，了解文旅资源的空间分布、面积、形态变化等信息。总之，这些科技手段可以帮助人们全面了解资源的状况和变化趋势，为保护和管理提供科学依据。由此可见，现代科技在资源保护上发挥着重要作用。例如，无人机技术可以用于人类难以到达地区的航拍和巡查，从而可以快速获取资源的状况并及时发现潜在问题。物联网和智能传感器的应用可以实时监测文旅资源的环境条件、安全状况和游客流量，实现提前预警并采取相应的措施。这些技术手段大大提高了资源保护的准确性和时效性。另外，大数据和人工智能在文旅资源保护中也发挥着重要的作用。对大数据的收集和分析，可以了解游客的行为偏好、消费习惯等，从而更加有针对性地制定管理措施和优化服务。人工智能技术则可以采用通过图像识别、自然语言处理等手段，帮助筛选和分析大量的数据，提取出有价值的信息，以辅助决策和规划的全过程。

第七章 文旅融合发展展望

(二) 数字化技术在文旅资源传承中的应用

数字化技术可以通过数字化的形式将文旅资源保存下来，以实现其长期的保护和传承。使用3D扫描和建模技术，可以使得历史建筑、艺术品等文旅资源以数字化的形式被保存下来。这些数字化的模型能够在一定程度上准确地还原文旅资源的外观和结构，使得这些宝贵的资源得以在虚拟空间中永久保存。即使原物受到损害或毁坏，数字化的形式仍能够得以继续传承和展示，为后代传递信息。与此同时，数字化技术还可以加深公众对文旅资源的理解，如VR和AR技术为公众提供了全新的体验方式。通过VR技术，公众可以通过在家中穿戴设备或智能手机等，实现虚拟参观某一文旅景点的愿望。他们在身临其境地探索历史遗址、欣赏艺术品的过程中，实现与虚拟导游的互动与交流。AR技术则可以将虚拟元素融合到现实场景中，为公众呈现更加丰富的文旅体验。可以说，这些数字化技术的应用拓宽了公众的文旅参与方式，加深了公众对文旅资源的兴趣和理解。

除了数字化保存和虚拟体验，数字化技术还可以通过在线平台和社交媒体等渠道扩大文旅资源的传播范围。通过数字化内容的发布和分享，公众可以更广泛地了解和接触文旅资源。具体来说，社交媒体的使用可以将文旅资源推广到全球范围，吸引更多的目标受众。数字化技术也为文旅资源的解说和解读提供了更为丰富的方式，通过多媒体、互动式的内容呈现，能够使公众更加生动地了解文旅资源背后的故事和意义。

(三) 创新科技手段助力文旅资源保护与传承

人工智能的预测分析和数据挖掘，可以更准确地了解和预测可能对文旅资源造成影响的各类因素。例如，对游客流量、气候变化等数据的分析，可以提前预知资源受损的风险，并根据分析结果采取相应的保护措施。除此之外，人工智能还可以用于监测文旅资源的状况和变化，通过图像识别和智能监测系统，实时获取资源的状态，及时发现异常情况。区块链技术在文旅资源传承中具有较大潜力。与此同时，区块链技术可以建立一个去中心化的、安全透明的交易平台，更好地为文物交易提供可追溯性和防伪功能。也就是说,将文物信息存储在区块链上,可以确保每一件文物的流通记录都能被准确地追踪和验证,从而防止文物的流失和伪造。这种可靠的交易平台为文旅资源的保护和传承提供了更加可靠和高效的手段。除了以上几种科技手段之外,VR 技术还可以通过 3D 建模和模拟环境的方式,让公众身临其境地体验历史遗址、文化景观等文旅资源。从某种角度来看,这种互动性和沉浸感可以激发公众的兴趣和关注,从而提高他们对文旅资源的认知度和关注度。另外,VR 技术还可以扩大资源的传播范围,使得更多人可以在不受地域和时间限制的情况下参与文旅资源的保护与传承。

第二节 "文旅元宇宙"新模式探索

一、理解"元宇宙"及其在文旅行业的应用可能

(一)"元宇宙"概述

体验(experience)、发现(discovery)、创作者经济(creator economy)、空间计算(spatial computing)、去中心化(decentralization)、人机互动(human-computer interaction)已经成为元宇宙的关键词,在此基础上,元宇宙还有以下特性,如图 7-2 所示。

第七章　文旅融合发展展望

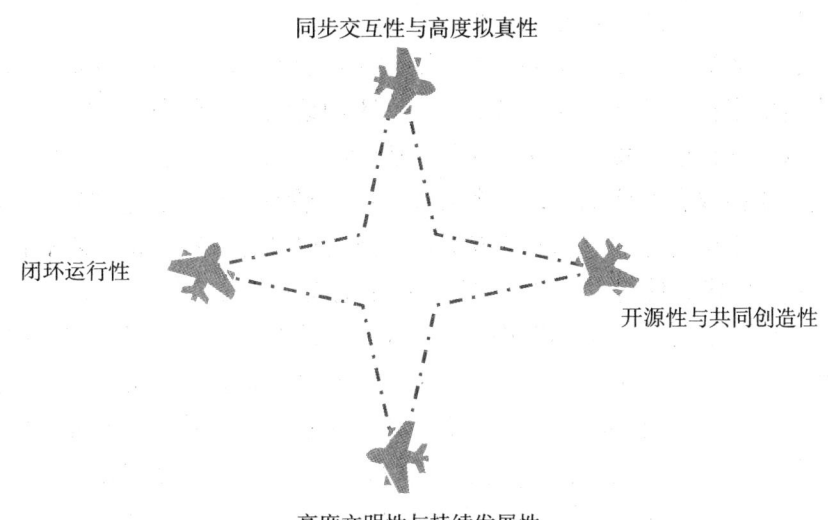

图 7-2　"元宇宙"的特性

1. 同步交互性与高度拟真性

元宇宙不仅是一个静态的虚拟空间，而且是一个实时的、动态的环境。用户可以借助他们的虚拟化身在其中行动，与其他用户进行交互，并实时感受到环境的变化。除此之外，得益于 VR、AR 和 3D 建模技术的发展，元宇宙中的虚拟环境和对象可以被设计得非常逼真，甚至超越现实。例如，元宇宙中的天气、光线、声音等都可以根据现实世界的数据进行模拟；虚拟人物可以根据用户的面部表情和手势变化实现同步反应，从而为用户带来更加真实的交互体验。

2. 开源性与共同创造性

不同于传统的虚拟世界，元宇宙强调用户参与和共创。许多元宇宙平台允许用户创建和分享自己的虚拟内容，如设计虚拟房屋、制作虚拟服装、编写虚拟故事等。一些元宇宙平台还引入了区块链和数字货币技术，使用户能够拥有和交易虚拟物品，甚至还可以在虚拟世界中拥有土地和物业。这种开源性和共同创造性赋予了用户更大的自由度和创造力，使他们能够在元宇宙中创造属于自己的价值，并以更加积极的方式参与虚拟社区的建设。

3. 高度文明性与持续发展性

高度文明性的特点体现在元宇宙对多元文化、知识和技能的尊重上。元宇宙的虚拟世界是全球互联的，来自不同地域、文化和社会背景的用户可以在此相遇，共享经验，共同学习和成长。在元宇宙中，不论种族、性别、年龄或者经济地位，每个人都可以以平等的方式参与这个虚拟社区。元宇宙中的虚拟空间和交互方式，还可以满足各种文化、艺术和教育活动的需求，使得人们可以在其中自由地表达自我，发挥创造力。

持续发展性的特点体现在元宇宙对资源使用的高效性和环保性上。与现实世界相比，元宇宙中的活动和交易几乎不需要物理资源，也不会产生任何污染。这种虚拟化的生活方式，对解决现实世界中的资源短缺和环境问题具有较大的潜力。与此同时，元宇宙的开放性和创新性，也使其能够快速地适应和应对社会和经济的各种变化，从而实现持续的发展。

4. 闭环运行性

"元宇宙"的闭环运行性是指其作为一个自成体系的虚拟世界，具有一套完整的运行机制和规则，包括内容创造、交易系统、社区互动等多个方面。

从内容创造的角度来看，"元宇宙"的闭环运行性体现在所有的内容都可以在此虚拟空间内创造、分享和消费。用户可以创建自己的虚拟角色，建造虚拟房屋，设计虚拟服装，等等。这些内容不仅可以供用户自己使用，还可以被其他用户消费或交易，进而形成一个自给自足的内容生态系统。

从交易系统的角度来看，"元宇宙"具有一套独立的虚拟经济体系。这个经济体系基于区块链和加密货币等现代技术，可以实现安全、透明和高效的虚拟物品交易。在这个体系中，用户可以通过创造内容、提供服务或投资交易等方式获得经济收益。

从社区互动的角度来看，"元宇宙"的闭环运行性体现在用户可以在此进行各种社交活动，包括交友、组队、竞赛、学习等。这些活动不仅能够增强用户的社区归属感，还能够为内容创造和经济交易提供更为丰富的背景和情境。

（二）"元宇宙"在文旅行业的应用可能

1. 为文旅行业提供全新的产品形式

在"元宇宙"中，文旅产品不再受限于物理空间，可以根据用户的需求和兴趣进行定制化创作。例如，用户可以在"元宇宙"中参观各种虚拟博物馆、历史遗址、名胜景点等。这些虚拟景点可以是对现实世界的高度模拟，也可以是出于想象的创新设计。用户还可以参与虚拟的演唱会、电影放映、艺术展览等活动，享受全新的文旅体验。

2. 提升文旅服务的质量和效率

在"元宇宙"中，用户可以通过虚拟角色与服务提供者进行实时互动，获取各种文旅信息和服务。比如，用户可以在虚拟旅游咨询中心获取旅游咨询服务，可以在虚拟酒店预订房间，可以在虚拟餐厅享受美食等。这些服务不仅具有方便快捷的特性，还可以根据用户的行为数据进行智能推荐，提升用户的满意度和体验。

3. 推动文旅行业的创新和发展

在"元宇宙"中，任何用户都可以成为内容创作者，通过创造虚拟景点、活动、服务等内容，参与文旅产品的供应。这将打破传统的文旅供应模式，形成一种全新的文旅生态，催生出各种创新的文旅产品和服务。同时，"元宇宙"中的虚拟经济体系，也将为文旅行业提供全新的商业模式和收入来源。

二、构建文旅元宇宙的关键因素

（一）技术基础

构建元宇宙的前提是有强大的技术支持，包括但不限于计算能力、网络技术、数据处理、图像渲染、虚拟现实等。

计算能力是构建元宇宙的基础。高性能的计算设备和强大的计算能力可以处理复杂的图形和数据，使得元宇宙中的虚拟环境能够实时呈现和响应用户的操作，这意味着需要不断提升计算设备的处理速度、存储能力和并行计算能力，以满足元宇宙对计算资源的高要求。通常而言，元宇宙需要具备高速、稳定和安全的网络环境，以保证用户能够实时交互、共享信息和体验虚拟世界，这就意味着需要不断优化网络架构、提升带宽和降低延迟，以满足用户对高效元宇宙体验的要求。元宇宙需要处理大量的数据，包括虚拟环境的建模数据、用户的行为数据、交互数据等。有效地管理、存储和处理这些数据，可以实现虚拟环境的精细化和个性化，从而为用户提供更丰富、个性化的体验。通过先进的图像渲染技术，元宇宙能够实现逼真的视觉效果，让用户感受到身临其境的虚拟世界。具体来说，高质量的图像渲染可以为用户提供细致的光照、材质和纹理效果，以增强用户的沉浸感和参与度。而VR技术通过头戴式显示设备、手柄等交互设备，可以使用户沉浸在一个逼真的虚拟环境中。总而言之，通过VR技术，用户可以与虚拟世界进行实时互动，享受到更加身临其境的文旅体验。

（二）内容创新

选择具有独特文化历史背景的地点作为元宇宙的场景，能够为用户带来一种身临其境的体验。这些地点可以是文化遗址、历史建筑、自然景观等，通过数字化技术再现其真实性和美丽性，使用户能够通过探索、互动了解到背后的故事和价值。在元宇宙中设计多样化、创意十足的活动，可以吸引用户的兴趣和参与度。这些活动可以是虚拟展览、主题演出、互动游戏等，通过结合VR、AR等技术手段，激发用户的好奇心和参与欲望，为其提供身临其境的体验。一般来说，故事的讲述也是内容创新的重要组成部分之一。精心编排讲述故事的方式，可以为元宇宙打造出独特的情节和魅力。故事可以融入活动和场景中，通过引人入胜的情节、角色塑造和情感共鸣，增加用户的参与感和情感共鸣，从而提升用户对元宇宙的沉浸感。

（三）用户体验

虚拟环境的舒适度对用户体验至关重要，元宇宙中的虚拟环境应该尽可能逼真、自然，让用户感受到一种身临其境的感觉。高质量的图像渲染、音效设计和交互体验，创造出令人愉悦和舒适的虚拟环境，可以让用户感受到真实与虚拟的融合,从而增强用户对元宇宙的沉浸感。另外,用户在元宇宙中的操作应该简单、直观,能够轻松地进行导航、互动和参与各种活动。友好的用户界面设计、清晰的操作指引和智能化的交互方式,可以让用户能够快速上手,并且享受到流畅的操作体验。

(四)商业模式

一个成功的商业模式应该能够在保证用户体验和满意度的前提下,为元宇宙提供稳定的收入来源。

广告是一种常见的盈利模式,可以在虚拟环境中通过展示广告或与品牌合作进行品牌推广来获取收益。然而,需要注意广告的数量和质量,以避免对用户体验产生负面影响。除此之外,付费内容是另一种常见的盈利模式,可以通过提供高质量、独特的虚拟体验、活动或虚拟商品,以吸引用户进行付费。这就意味着需要向用户提供有吸引力的内容,并确保其价值超过用户支付的费用。另外,虚拟商品的销售也是一种盈利方式,可以提供各种虚拟物品、服装、装饰品等供用户购买和使用。从客观上看,一般多样化、有吸引力的虚拟商品选择,更能激发用户的购买欲望。

(五)法律法规

法律法规的遵守既是保护用户权益的基本要求,也是确保元宇宙稳定运行和可持续发展的关键。因此,在收集、处理和使用用户个人信息时,必须遵守相关的隐私保护法律法规,如明示目的、获得合法授权、提供透明的隐私政策等,以确保用户个人信息的安全和合法使用。通常来说,文旅元宇宙可能会涉及各种创意、艺术作品、商标等知识产权。遵守相关的知识产权法律法规,保护原创作品的版权,尊重他人的知识产权,是维护元宇宙生态平衡和公平竞争的重要保障。此外,数据安全也是需要关注的一个重要问题。构建文旅元宇宙过程可能会涉及大量的用户数据、交易数据等敏感信息。对此,采取有效的数据安全措施,如加密、权限控制、风险评估和应急响应机制等,可以有效保护数据的安全性和完整性，防止数据的泄露和滥用，是确保元宇宙可信赖性和稳定性的重要保障。

三、元宇宙下文旅融合服务的创新表现

（一）创新传播的城市文旅融合服务链接

1. 适配用户的媒介链接

在元宇宙的视角下，用户对于城市文化与旅游服务的认知会影响其体验感知。理解用户的认知特点与媒体使用习惯对于建立有效的信息连接至关重要。在元宇宙环境中，信息传播的特征表现为多元互动性。具体来说，用户获取信息的模式由被动获取转变为主动寻找，而随着个性化的城市信息需求持续增加，智能化的信息传播逐渐成为城市文旅高质量服务的重要组成部分。因此，城市文旅融合服务应从用户认知和习惯考虑出发，全面分析用户的媒体偏好，尤其是对用户的媒体特征、信息习惯、行为规律等进行描述，这有助于深度解析用户的文旅融合服务需求，并进一步建立与用户相匹配的服务媒介链接。

就城市文旅融合服务信息传播形式来看，适配用户的媒介链接应具有认知适配、创新情境以及融合传播的特点。认知适配是指提供与用户认知和媒介习惯相匹配的城市文旅信息服务，这主要在用户结合个人习惯主动寻求文旅信息和服务的情境中得以体现，如用户熟悉的微信、手机 APP、短视频和相关服务号等，如文旅中国的"文旅号"的设计，或者"国家博物馆"官方 APP 和微信公众号的设计等。创新情境是指结合城市文旅融合服务环境进行的创新服务传播设计，也就是通过与用户行为相匹配的元宇宙服务环境为用户展示相关信息，如根据用户查询操作进行的智能推荐，以及根据用户需求和行为习惯适配城市文旅融合服务的内容和形式。融合传播是指在大数据技术支持下，结合跨领域思维进行的城市文旅融合服务传播，这是一个根据用户多样化需求提供相应的服务信息的过程，如根据用户的出行、购物、餐饮等行为进行的文旅服

务信息传播，以及在社交视角下结合用户文旅需求进行的广义社交和垂直社交设计等。

2. 创意设计的 IP 传播

在元宇宙的环境下，以知识产权（IP）为导向的思维在城市文化旅游融合服务中占据了关键位置。以虚拟人物为例，一系列创新的形式已经浮出水面。利用 IP 的创新设计，城市形象的设计与推广正在不断刷新。从符号互动论视角出发，元宇宙的服务环境为城市文化旅游资源展示提供了丰富的故事情境，使得虚实融合的创新设计有可能成为城市文化旅游融合服务的一种艺术表达。

在 IP 思维的指导下，城市文化旅游融合服务通过对城市景观和文化资源进行数字创意展示与符号化表达，能够在一定程度上强调城市文化旅游服务的特色，形成差异化的文化旅游服务形象。通过挖掘 IP 文化元素，城市文化旅游融合服务可以将静态的文化旅游资源转化为动态的历史角色形象。与此同时，城市文化旅游资源本身的创新表达，还能够呈现出生动的 IP 形象，如城市景观的三维动画展示设计、城市文化旅游区的虚拟人物导游服务、城市文化创新产品的虚拟偶像代言等。以广州市越秀区文化馆为例，它创新性地打造出了元宇宙非物质文化遗产街区，发展了线上线下文化旅游融合服务的创新应用，这包括广府庙会元宇宙、AR 红色场馆和"看慕课玩非遗"等形式的文化旅游 IP 设计。其中，广州元宇宙非物质文化遗产街区利用 3D 沙盘和游戏引擎，结合 VR 技术向公众展示了城市的文化脉络，为智能手机用户创造了了解广州城市文化旅游 IP 的机会。

在元宇宙的视野下，创新设计的 IP 形象为城市文化旅游融合服务提供了更具辨识度的差异化符号，体现了城市文化旅游融合服务在特色内容、创新情境和社交体验等方面的融合。从用户体验的角度看，强调用户个性和价值的标签化城市 IP 设计已经成为文化旅游融合服务创新传播的重要内容，有助于用户了解文旅服务的特色，建构城市文旅融合服务的品牌形象。

（二）多样展示的城市文旅融合体验尝试

1. 虚实相生的沉浸体验

随着元宇宙技术如 VR 和 AR 的不断进步，元宇宙互动体验设计也随之发生改变，主要体现在能够为用户提供一个深度沉浸和实体体验的合成环境。因此，创建出一种虚拟现实的深度体验，已经成为优化城市文化旅游融合服务的重要策略。

在沉浸理论的视角下，城市文化旅游融合服务不仅要关注虚拟情景与实际场景中用户行为的对应性，还需要注意线上线下文化旅游融合服务中用户的专注度和自我效能感。

在元宇宙的背景下，城市文化和旅游融合服务在创建虚拟现实体验环境的基础上，可以通过数字化技术为用户展现实际空间与虚拟环境的综合服务场景，这使得用户可以通过感官与文化和旅游融合服务资源进行交互，从而不断加深对城市文化和旅游服务的认知和体验。例如，"广州塔"微信公众号上提供的 VR 在线导游服务，使得用户在观光时可以根据自己所处位置选择塔内导览服务或远景导览服务，同时用户还可以利用陀螺仪和交互设置欣赏广州城市美景和塔内景观。

从实际场景对虚拟环境支持的角度看，城市文化和旅游融合服务场景中的用户体验数据可以为虚拟现实环境的互动设计提供创新的基础。城市文化和旅游融合服务的实际场景不仅是虚拟现实环境建设的来源，还是虚拟现实智能服务的基础。而城市文化和旅游融合服务的虚拟现实场景不仅可以在实际场景的基础上进行数字化展示，还可以结合实际场景进行融合、扩展和延伸，配合视听服务设计进行创意交流和艺术展示，从而为远程用户通过虚拟现实体验构建城市文化印象提供了条件。例如，"数字文化站"微信公众号的 VR 服务与真人视听导游功能结合起来，通过 VR 交互形式进行党建馆、博物馆、美术馆、非遗馆、云旅游等虚拟现实体验的设计。

2. 跨时空的互动交流

元宇宙为用户提供了一个多元互动的体验空间，为跨越时空的文化体验开创了新的可能。根据"知识—情感—行动"理论，用户需要基于对文旅服务的理解，通过选择、参与和评估，融入个性化的感知和多元化的观点，实现情感体验、思考和欣赏城市文化的全过程。这不仅丰富了城市文旅的资源和体验的多样性，也有利于提高城市文旅融合服务的效果。在元宇宙视野下，城市文旅融合服务可以从互动交流的设计角度出发，结合时空互动进行创新的体验设计。

第一，元宇宙展示了时空交互的特征。以时空角度进行城市文旅融合服务的设计，不仅可以将城市文旅的创新场景融入城市发展的历史流变中，让用户在穿越时空的过程中体验城市文明的历史，还可以将用户对美好生活的期待作为概念加以设计，通过虚拟体验的形式为用户创建未来美好生活的空间。第二，元宇宙强调用户交流的特征。在创新互动场景的设计中，对符合用户情感特性的城市文旅资源进行互动设计，满足了用户的体验需求。强调情感交互的城市文旅融合服务为用户提供一种类似于密友的交流平台。第三，在元宇宙的视野下，用户可以结合虚拟体验场景和个人兴趣，通过与城市文旅融合服务的交互进行情感互动，从而形成特定场景下的用户社交关系。举例说明，结合用户的交流需求，湖北省博物馆微信公众号在使用VR场景进行创新展示的同时，为用户创造了一个可以视化观点评论的体验空间，使得用户可以通过VR时空分享文化和旅游体验，体验元宇宙时空中的思想交流和文明互动。

（三）效能提升的城市文旅融合价值体现

1. 融情于景的时空依恋

元宇宙透过创造数字身份，让人们在虚实交融的数字社交环境中参与互动，这使得认知、身体和环境成为用户情感交互的关键因素。城市文旅融合服务可以从用户体验的角度出发，通过情感化的环境，展示用户的体验过程，并用里程碑式的标签设计强调用户和文旅服务之间的互动关系，从而提高用户的存在感、沉浸感和满足感。

在元宇宙的视角下，城市文旅融合服务可以根据用户的生活、学习、工作和休闲经历，通过契合用户认知和成长经历的文旅资源记录用户的体验历程，以引起用户情感共鸣的文旅时空体验设计，突出城市情感体验特征。由于受到时间、空间、身体因素等多方面的限制，现实中的游客对城市文旅空间的全面体验和对城市文旅融合服务资源的审美品位可能会受到影响。然而，元宇宙的服务环境为用户提供了完整的数字体验空间。用户不仅可以在实体体验的基础上，通过虚拟空间继续进行深入体验，还可以通过在线资源的互动体验，完成新的审美和学习活动。例如，苏州园林景区结合数字园林、夜游园林、园林研究、园林文创等内容为用户提供了多元化的体验服务。通常而言，拥有一定积极认知的用户体验背景和知识结构，可以为城市文旅融合服务提供优秀的"切入点"。城市文旅融合服务可以结合用户知识完整的需求，进行深度体验和跨界服务设计，使用多感官互动体验设计展示城市文旅融合服务信息，通过优化虚拟体验时空扩大用户知识的边界，结合城市文旅融合服务平台为用户构建知识、文化和价值的体验空间，推动用户体验向更高的层次发展。

在用户审美品位的基础上，城市文旅融合服务可以通过可视化的设计形式呈现知识体验过程。借助大数据技术，城市文旅融合服务可以根据用户的兴趣呈现出用户喜闻乐见的城市文旅数字服务资源内容。

2. 效能提升的价值体验

城市文旅融合服务的目标不仅是满足用户对美好文化生活的需求，更重要的是在人本主义的指导下，通过集体智慧创新的方式提升用户体验的层次。从满足用户多元化需求的角度出发，用户的参与度反映了他们的满意度，也是衡量城市文旅融合服务效果的重要指标。

在元宇宙的视角下，城市文旅融合服务可以通过现场互动收集用户对服务改进建议的方式，也可以利用大数据技术聚合用户在各个平台上的关注点和体验痛点的形式，实现服务的迭代。

在群智创新的模式下，城市文旅融合服务可以根据平台思维构建用户交流和服务创新的平台，通过参与式设计方法提升服务效率。例如，邀请意见领袖或行业专家参与，以提高用户的参与度，满足用户多层次的需求，设计用户贡献智慧、资源和服务的体验空间等。从提升服务价值的角度来看，文旅融合服务的过程是一个"以文化塑造旅行，以旅行彰显文化"的过程。

在元宇宙的视域下，虚拟与现实的结合为城市文旅融合服务的价值呈现提供了丰富的文化背景和创新土壤。城市文旅融合服务可以将元宇宙的创新服务作为优化用户体验效果的艺术手段，将用户的持续关注和深度参与作为提升服务效能的手段，通过提升用户体验的层次来体现城市文旅融合服务的价值。在虚拟与现实相结合的情境设计基础上，城市文旅融合服务可以打造符合元宇宙情境的高品质文化，通过智能化的服务展现设计提高用户体验的积极性和城市文旅融合服务的价值。例如，"延安红街"微信小程序以红色旅游为主题，通过智能导游展现胜利广场、红色艺术展览中心、再回延安剧场、科学文化互动中心等旅游景点，体现了文旅融合服务的目标。

第三节 文旅融合参与国际大循环

一、国际大循环的概念与影响

（一）理解国际大循环的基本概念

"国际大循环"这个概念主要描述的是全球范围内的经济流动和交换活动。在这个循环中，各国的经济体通过商品、服务、人力资源和资本等各种要素的跨境流动，共同形成了一个相互依存、相互促进的经济网络。这个网络不仅涵盖了全球范围内的生产和消费活动，还包括了金融、科技和文化等多个领域的交流和合作。因此，国际大循环不仅关系到全球经济的发展，还直接影响着各国的经济繁荣和社会稳定。

（二）探讨国际大循环对全球经济的影响

对于全球经济而言，国际大循环的存在是一种推动力和稳定器。在推动力方面，国际大循环通过全球范围内的经济活动促进了资源的全球分配，进一步提升了生产效率和经济效益。这不仅有助于各国优化产业结构，提升经济发展质量，而且有助于发展全球市场，拓展经济空间，为各国经济的可持续发展提供新的机遇和动力。

从全球视角来看，国际大循环的实现使得世界各地的资源可以得到更加充分的利用和分配。这些资源不仅包括物质资源，如矿产、能源、土地等，还包括非物质资源，如人力、技术、信息等。总的来看，这种全球化的资源配置方式，有助于提升全球生产效率，降低生产成本，提升产品和服务的质量和价值，从而加快全球经济发展的步伐。因此，发展中国家通过接入全球市场，可以获得更多发达国家的先进技术和资本，从而加快本国经济的发展。与此同时，发达国家通过国际市场扩张，也可以获取更多的市场份额，提升其经济的竞争力，从而进一步推动经济发展。全球化的经济环境意味着各国的经济命运是相互联系的，任何一国的经济危机都可能引发全球经济的震荡。在这样的环境下，国际大循环就成了一种自然的稳定器，可以通过全球范围内的资源配置和市场调节，缓解局部的经济波动，维护全球经济的稳定运行。

（三）分析国际大循环对文旅行业的影响

从行业发展的角度来看，国际大循环促进了文旅行业的全球化进程。全球经济网络的连通性使得各国的文化和旅游资源能够在更广泛的范围内得到展示和开发。比如，世界各地的文化景观和旅游胜地可以通过国际交流和合作，以更丰富、更多元的形式出现在全球消费者的视野中，这无疑增加了文旅产品的市场潜力，推动了文旅行业的进一步发展。此外，跨国的资本流动和人才交流也为文旅行业带来了新的发展资源，使得文旅行业可以站在更高的起点上进行创新和发展。

除了上述内容之外，国际大循环也为文旅行业带来了新的挑战。随着全球经济的深度融合，文旅行业正在面临来自全球的激烈竞争。这种竞争不仅体现在文旅产品的价格和质量上，也体现在文旅服务的创新和品牌建设上。因此，文旅行业需要更加注重产品和服务的独特性、差异化，以及顾客体验的提升，从而更好地满足日益丰富多样的市场需求。全球范围内的市场需求变化，尤其是新兴市场的崛起，又为文旅行业的发展提供了广阔的空间。例如，随着经济全球化和信息技术的发展，新的旅游形式如虚拟旅游、文化旅游等开始崭露头角。与此同时，越来越多的消费者开始追求个性化、体验化的旅游产品，这对文旅行业来说无疑是一个巨大的发展机遇。

二、文旅融合在国际大循环中的作用

文旅融合在国际大循环中扮演着重要的角色，其在不同环节中均具有显著的作用，主要体现在以下几个方面，如图7-3所示。

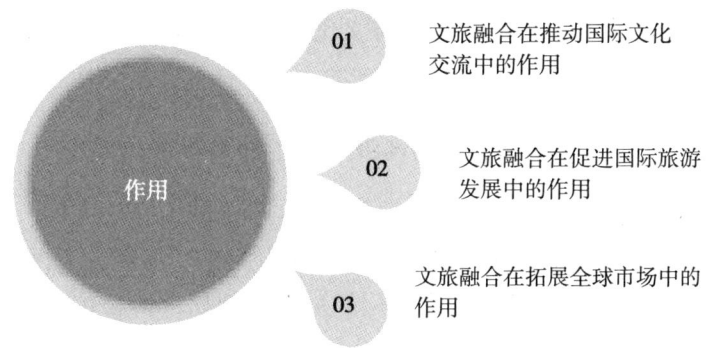

图7-3 文旅融合在国际大循环中的作用

（一）文旅融合在推动国际文化交流中的作用

文旅融合能够将各地的文化以旅游的方式展示出来，让全球各地的游客有机会亲身接触和了解不同的文化背景和生活方式。而在这一过程中，文化的流动和传播不仅增强了人们对异文化的理解和欣赏的能力，也促进了全球的文化多样性。

一方面，文旅融合使得文化在全球范围内流动和传播。例如，中国的丝绸之路、法国的卢浮宫、埃及的金字塔等世界各地的文化遗产和历史景点，都是各自文化的象征。这些地区借助旅游的形式，让人们有机会深入了解并体验到异国的文化和历史。这种直接的、亲身的文化体验，往往能够让人们对异文化产生更加深刻的理解和感知，从而促进全球的文化交流。另一方面，文旅融合也能通过创新的方式，如3D扫描和建模、VR等技术，使文化交流更加便捷和生动。例如，通过3D扫描和建模的方式，一些重要的历史文物和艺术品可以被高精度扫描和复制，然后通过互联网传播到全球各地，让人们在家中就能欣赏到世界级的艺术作品。又如，通过VR技术，人们可以体验到身临其境般的文化景观和活动，使得文化交流的体验更加真实和生动。

除此之外，文旅融合也可以带来更多的跨文化交流和合作的机会。例如，各国通过共同组织国际文化旅游节、艺术展览等活动，在展示和推广各自的文化的同时，也可以吸引全球的游客和文化爱好者，从而提升文化的影响力和吸引力。这种跨文化的交流和合作，不仅有助于丰富全球的文化资源，也有助于增强全球的文化多样性和互动性。

（二）文旅融合在促进国际旅游发展中的作用

1. 文旅融合能够增强旅游的吸引力

通过将文化元素融入旅游中，旅游的内涵得以丰富，不再仅仅是观赏风景，还是一个了解和体验文化的过程。例如，博物馆、历史遗迹、民俗文化等都可以成为旅游的一部分，为游客带来更多的文化深度体验。这种富有文化内涵的旅游产品，不仅可以吸引更多的游客，也能提高旅游的附加值。

2. 文旅融合能够优化旅游体验

通过整合各种旅游资源，提供一站式旅游服务，游客可以在同一个地方享受到各种服务，从而节省了时间和精力。例如，文化演出、餐饮服务、住宿设施等都可以在同一个地方提供，使得游客的旅游体验更加便捷和舒适。

3. 文旅融合能够拓展市场需求

随着生活水平的提高，游客对旅游的需求也在发生着变化。对于游客而言，旅游已经不仅仅是休闲放松，更多的是一种精神文化需求的满足。在这种背景下，富有文化内涵的旅游产品便有了较为广阔的市场前景。例如，历史文化旅游、民俗体验旅游、艺术欣赏旅游等都是文旅融合的产物，它们既满足了市场多元化的需求，也推动了旅游业的发展。

(三)文旅融合在拓展全球市场中的作用

在全球经济日益一体化的背景下,文旅融合在拓展全球市场方面发挥了关键性的作用。它通过创新的方式将文化资源转化为具有吸引力的旅游产品,帮助旅游目的地和企业在全球范围内吸引游客,扩大市场份额,提升市场竞争力。

对于旅游目的地而言,丰富的文化资源是其独特的优势和魅力所在。文旅融合,使得这些文化资源可以被转化为具有吸引力的旅游产品,从而吸引全球游客。例如,中国的故宫、意大利的罗马竞技场等,都是以其独特的文化和历史背景,吸引了全球游客。这些旅游产品的成功在于,它们不仅仅是旅游目的地,更是一种文化的体验和传承。在此过程中,旅游目的地不仅能够吸引全球游客,扩大其在全球旅游市场的份额,还有助于本地文化的保护与传承。

对于旅游企业而言,文旅融合为其提供了创新和发展的新机遇。随着全球消费者的旅游需求日益多样化,旅游企业需要开发出别具一格的旅游产品,以满足消费者不断变化的需求。从客观上看,这需要旅游企业深入了解各地的文化,挖掘其独特的文化价值,将其融入旅游产品中。这样的旅游产品,不仅能够满足消费者的体验需求,还能够提升企业的竞争力。例如,一些旅游企业已经开始推出历史文化主题的旅游路线艺术演出+文博体验旅游等,这些都是文旅融合的典型案例。文旅融合还能通过提供多元化的文化体验,吸引全球消费者,帮助企业开拓新的市场。例如,随着VR等技术的发展,消费者可以坐在家中体验异国风情。这不仅仅开启了新的旅游方式,也帮助企业开拓了新的市场。在这个过程中,文旅融合发挥了关键性的作用。

三、构建国际化的文旅融合发展路径

(一)设计国际化的文旅融合战略

设计国际化的文旅融合战略是在全球范围内推动文旅融合发展的关键一步。这个过程不仅涉及对全球市场的深入理解,还包括对不同国家

和地区的文化特性、旅游需求以及相关法律法规的全面考虑。在了解全球市场需求的过程中不难看出，随着生活水平的提高和视野的开阔，人们越来越追求独特的文化体验。因此，理解全球市场需求，就是要了解全球消费者对于旅游和文化体验的需求，这是设计国际化文旅融合战略的重要前提。要对不同国家和地区的文化特性有深入的理解，这是因为每个国家和地区都有其独特的文化，这是其吸引游客的独特魅力所在。而如何将这些独特的文化转化为旅游产品，是文旅融合发展的重要任务。因此，了解并尊重不同国家和地区的文化特性，对于设计国际化文旅融合战略至关重要。与此同时，在这一过程中，还需要对全球旅游市场的法律法规有全面的了解。不同国家和地区的法律法规有所不同，这对于文旅融合的实施方式和流程可能会产生影响。因此，充分理解并遵守相关法律法规，是保证文旅融合顺利进行的重要保证。除此之外，在确定目标市场后，还需要设计出适应目标市场的旅游产品和服务，这是吸引消费者的关键。

（二）实施国际化的文旅融合项目

实施国际化的文旅融合项目是文旅融合战略从理论到实践的关键过程。它不仅需要开发符合目标市场需求的旅游产品和服务，建立和完善销售和服务网络，进行有效的市场推广，还需要在尊重目标市场的文化习俗、遵守当地法律法规的同时，注重环境保护和社区参与，以实现可持续发展。

开发符合目标市场需求的旅游产品和服务是实施文旅融合项目的基础。这需要在充分理解目标市场的消费者需求的基础上，结合本地的文化资源和旅游资源，创新设计旅游产品和服务。举例来说，可以设计以本地文化为主题的旅游路线，或者开发以文化体验为特色的旅游产品。与此同时，也需要在服务设计中考虑到消费者的不同需求，如语言服务、交通服务、餐饮服务等，以提高游客的旅游体验。

建立和完善销售和服务网络是实施文旅融合项目的关键环节。销售网络的建立需要选择合适的销售渠道，如在线旅游平台、旅游代理商等，以便产品能够顺利进入目标市场。服务网络的建立则需要与当地的旅游服务提供者进行合作，如酒店、餐厅、导游等，以保证能够为游客提供高质量的旅游服务。

进行有效的市场推广是实施文旅融合项目的重要手段。这包括通过各种媒体渠道进行广告宣传、参加旅游展览会、开展合作营销等，以提高项目的知名度和影响力。

尊重目标市场的文化习俗和遵守当地法律法规是实施文旅融合项目的基本原则。每个国家和地区都有其独特的文化和法律环境，尊重和遵守这些文化和法律，是确保项目顺利进行的重要保证。

（三）评估并优化国际化的文旅融合发展效果

评估国际化的文旅融合发展效果需要收集和分析多种数据。举例来说，可以通过统计游客数量来反映项目的吸引力；通过测评游客满意度来评估服务质量和旅游体验；通过计算经济效益来衡量项目的经济价值。通常来说，这些数据可以从各种渠道获取，包括官方统计、市场调查、社交媒体反馈等。在数据收集和分析的过程中，需要注重数据的真实性和准确性，避免因数据误差导致评估结果的偏差。一般情况下，评估结果可以促使人们对项目实施效果有深入了解。对数据的深入分析，既可以发现项目运行中可能存在的问题，如旅游产品和服务的不足、市场策略的不当、合作伙伴的选择错误等，也可以发现项目的优点和成功经验，为今后的运行提供借鉴。因此，根据评估结果进行优化是提升项目效果的关键。针对评估结果中发现的问题，可以有针对性地进行必要的调整。具体来说，如果发现旅游产品和服务不满足游客需求，可以对产品和服务进行改进；如果发现市场策略不适应市场变化，可以对策略进行调整；如果发现合作伙伴无法提供有效的支持，可以重新选择合作伙伴。除此之外，在优化过程中，还需要持续监控优化效果，根据实际效果进行动态调整。

参考文献

[1] 潘丽丽. 文旅融合理论探索与浙江产业发展实践 [M]. 杭州：浙江工商大学出版社，2021.

[2] 厉建新. 北京文旅融合发展与传播 [M]. 北京：旅游教育出版社，2021.

[3] 刘佳雪. 文旅融合背景下的乡村旅游规划与乡村振兴发展 [M]. 长春：吉林大学出版社，2021.

[4] 张建荣. 文旅融合视角下的旅游演艺发展研究 [M]. 长春：吉林大学出版社，2021.

[5] 周建明，牛亚菲，宋增文. 文旅融合发展规划理论探索与山东实践 [M]. 北京：中国旅游出版社，2021.

[6] 关冠军. 我国经济内循环的产业关联关系研究：基于四期投入产出表的数据 [J]. 统计与决策，2023，39（8）：86-90.

[7] 郝志杰. 双循环格局下畅通国民经济内循环的路径：基于江苏省的社会网络分析 [J]. 江苏商论，2022（12）：123-127，136.

[8] 陈普，傅元海. 全球价值链视角下经济内循环测度与应用 [J]. 统计研究，2022，39（11）：19-31.

[9] 朱富强，孙晓冬. 经济内循环下如何推行消费政策：兼论根基于效用原则的供给侧管理 [J]. 上海财经大学学报，2022，24（4）：18-32.

[10] 高振娟，赵景峰. 创新驱动经济内循环的效应分析与路径选择 [J]. 经济体制改革，2022（1）：195-200.

[11] 高晓波，孙秀娟. 文旅融合背景下文化产业与旅游经济互动发展路径 [J]. 南方农机，2023，54（13）：103-105.

[12] 李静. 文旅融合视角下乡村旅游品牌形象建构研究 [J]. 佳木斯职业学院学报, 2023, 39 (6): 43-45.

[13] 任飞. 聚焦文旅融合传播博物馆文化 [J]. 文化产业, 2023 (15): 147-149.

[14] 李娇杨. 创新文旅融合模式助力文化强省建设: 以陕西省婚庆服务业为例 [J]. 新西部, 2023 (5): 104-106.

[15] 廖志毅. 文旅融合下梧州本土文化的艺术色彩创作和应用 [J]. 丝网印刷, 2023 (10): 114-117.

[16] 刘佳琪. 群众文化助推文旅融合发展的实践路径探索 [J]. 大众文艺, 2023 (10): 3-5.

[17] 雷楠, 石亮. 文旅融合背景下重庆市影视旅游发展对策 [J]. 合作经济与科技, 2023 (12): 40-42.

[18] 何德君. 文旅融合背景下旅游管理专业人才培养模式创新研究 [J]. 湖北开放职业学院学报, 2023, 36 (9): 6-8.

[19] 颜梦达. 数字化设计助力生态环境教育与文旅融合 [J]. 环境工程, 2023, 41 (5): 253.

[20] 张保伟. 数字经济时代江苏省文旅融合高质量发展策略研究 [J]. 边疆经济与文化, 2023 (5): 50-53.

[21] 刘英基, 邹秉坤, 韩元军, 等. 数字经济赋能文旅融合高质量发展: 机理、渠道与经验证据 [J]. 旅游学刊, 2023, 38 (5): 28-41.

[22] 朱佳玮, 孙文章, 赵梓涵, 等. 数字赋能文旅融合创新发展、促进消费升级的思考与建议 [J]. 中国发展, 2023, 23 (2): 46-54.

[23] 高洁. 文旅融合视域下河北省红色旅游开发与国际化发展研究 [J]. 四川旅游学院学报, 2023 (3): 30-34.

[24] 徐延章. 元宇宙视域下城市文旅融合服务的创新表现策略 [J]. 城市观察, 2023, 84 (2): 136-145, 163.

[25] 徐天宝, 巩汶琪, 秦秀珍. 淄博文旅整合优质资源深度推进文旅融合 [J]. 山东国资, 2023 (5): 91-92.

[26] 桂峰兰. 文旅融合视域下整合乡村红色旅游资源助力乡村振兴 [J]. 农业经济, 2023（5）: 137-139.

[27] 董春月. 试析文旅融合视角下旅游资源的开发与整合 [J]. 西部旅游, 2023（6）: 100-102.

[28] 周林兴, 张笑玮. 以文促旅, 以旅彰文: 地方特色档案资源赋能文旅融合研究 [J]. 档案管理, 2022（3）: 34-38.

[29] 萧放, 周茜茜. 文旅融合视阈下节日类非遗传承与非遗资源的开掘利用 [J]. 广西民族大学学报（哲学社会科学版）, 2021, 43（6）: 52-57.

[30] 苏瑞竹, 陈雪芬, 张颖. "文旅融合"背景下东盟文化旅游信息资源开发与传播研究 [J]. 图书馆工作与研究, 2021（10）: 3-11.

[31] 叶建. 文旅融合视角下的城市品牌建设研究: 以广西南宁市为例 [J]. 特区经济, 2023（5）: 153-156.

[32] 张雪萍, 张军, 蒋郅杰. 文旅融合视域下"太平泥叫叫"文化创意品牌设计探析 [J]. 工业设计, 2023（4）: 125-127.

[33] 张艺博. 文旅融合视角下陕北乡村旅游品牌形象构建研究 [D]. 西安: 陕西科技大学, 2021.

[34] 厉建梅. 文旅融合下文化遗产与旅游品牌建设研究: 以山东天上王城为个案 [D]. 济南: 山东大学, 2016.

[35] 崔庆江. 文旅融合助推资源型城市转型发展模式研究: 以六盘水市为例 [D]. 昆明: 云南师范大学, 2016.

[36] 韦承艳. 以少数民族节庆增强中华民族文化认同研究 [D]. 南宁: 广西民族大学, 2022.

[37] 罗泽岸. 黎族节庆文化旅游资源保护性开发利用: 以保亭七夕温泉嬉水节为例 [D]. 三亚: 海南热带海洋学院, 2022.

[38] 谢宏兴. 城市旅游演艺项目开发利用探究: 以《如梦晋阳》为例 [D]. 太原: 中北大学, 2022.

[39] 高天. 文化旅游演艺企业价值评估：以宋城演艺为例 [D]. 呼和浩特：内蒙古财经大学，2022.

[40] 李来斌. 文化记忆视域下乡村节庆旅游品牌设计研究 [D]. 福州：福建工程学院，2022.

[41] 李俊颐. 成都典型文旅特色小镇发展模式与策略研究 [D]. 成都：电子科技大学，2022.

[42] 陈佳新. 中国特色小镇评价指标体系构建与应用研究 [D]. 桂林：桂林电子科技大学，2022.

[43] 张伟. 利益相关者视角下康养旅游特色小镇发展研究 [D]. 济南：山东建筑大学，2022.

[44] 安喜婵. 文旅特色小镇吸引力影响因素及综合评价研究 [D]. 西安：西北大学，2022.